"十三五"国家重点图书出版规划项目

新版《列国志》与《国际组织志》联合编辑委员会

主　　任　谢伏瞻
副 主 任　李培林　蔡　昉
秘 书 长　马　援　谢寿光
委　　员（按姓氏音序排列）

陈东晓	陈　甦	陈志敏	陈众议	冯仲平	郝　平	黄　平
贾烈英	姜　锋	李安山	李晨阳	李东燕	李国强	李剑鸣
李绍先	李向阳	李永全	刘北成	刘德斌	刘新成	罗　林
彭　龙	钱乘旦	秦亚青	饶戈平	孙壮志	汪朝光	王　镭
王灵桂	王延中	王　正	吴白乙	邢广程	杨伯江	杨　光
于洪君	袁东振	张倩红	张宇燕	张蕴岭	赵忠秀	郑秉文
郑春荣	周　弘	庄国土	卓新平	邹治波		

列国志 新版

GUIDE TO THE WORLD NATIONS

苏瑛 孙慧敏 编著

YEMEN

也门

社会科学文献出版社
SOCIAL SCIENCES ACADEMIC PRESS (CHINA)

也门国旗

也门国徽

古代也门传统城镇——图拉

哈德拉毛省的希巴姆古城

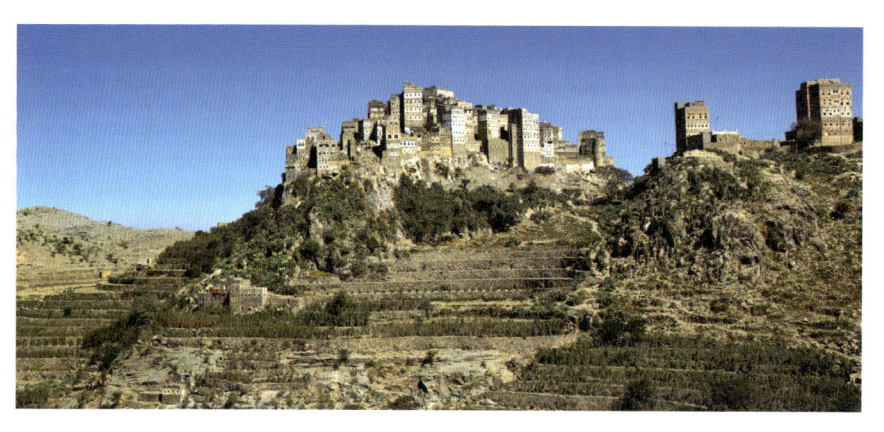

哈拉兹山上的石头镇

萨利赫大清真寺

也门国家博物馆

萨那城区住宅楼（丁柱军 摄）

索科特拉岛上的村庄

"沙漠玫瑰"：索科特拉岛上的瓶子树

索科特拉岛上的建筑

出版说明

《列国志》编撰出版工作自1999年正式启动，截至目前，已出版144卷，涵盖世界五大洲163个国家和国际组织，成为中国出版史上第一套百科全书式的大型国际知识参考书。该套丛书自出版以来，受到社会各界的广泛好评，被誉为"21世纪的《海国图志》"，中国人了解外部世界的全景式"窗口"。

这项凝聚着近千学人、出版人心血与期盼的工程，前后历时十多年，作为此项工作的组织实施者，我们为这皇皇144卷《列国志》的出版深感欣慰。与此同时，我们也深刻认识到当今国际形势风云变幻，国家发展日新月异，人们了解世界各国最新动态的需要也更为迫切。鉴于此，为使《列国志》丛书能够不断补充最新资料，更好地服务于社会各界，我们决定启动新版《列国志》编撰出版工作。

与已出版的144卷《列国志》相比，新版《列国志》无论是形式还是内容都有新的调整。国际组织卷次将单独作为一个系列编撰出版，原来合并出版的国家将独立成书，而之前尚未出版的国家都将增补齐全。新版《列国志》的封面设计、版面设计更加新颖，力求带给读者更好的阅读享受。内容上的调整主要体现在数据的更新、最新情况的增补以及章节设置的变化等方面，目的在于进一步加强该套丛书将基础研究和应用对策研究相结合，将基础研究成果应用于实践的特色。例如，增加了各国有关资源开发、环境治理的内容；特设"社会"一章，介绍各国的国民生活情况、社会管理经验以及存在的社会问题，等等；增设"大事纪年"，方便读者在短时间内熟悉各国的发展线索；增设"索引"，便于读者根据人名、地名、关键词查找所需相关信息。

顺应时代发展的要求，新版《列国志》将以纸质书为基础，全面整合国别国际问题研究资源，构建列国志数据库。这是《列国志》在新时期发展的一个重大突破，由此形成的国别国际问题研究与知识服务平台，必将更好地服务于中央和地方政府部门应对日益繁杂的国际事务的决策需要，促进国别国际问题研究领域的学术交流，拓宽中国民众的国际视野。

新版《列国志》的编撰出版工作得到了各方的支持：国家主管部门高度重视，将其列入"'十二五'国家重点图书出版规划项目"；中国社会科学院将其列为创新工程学术出版资助项目，王伟光院长亲自担任编辑委员会主任，指导相关工作的开展；国内各高校和研究机构鼎力相助，国别国际问题研究领域的知名学者相继加入编辑委员会，提供优质的学术指导。相信在各方的通力合作之下，新版《列国志》必将更上一层楼，以崭新的面貌呈现给读者，在中国改革开放的新征程中更好地发挥其作为"知识向导"、"资政参考"和"文化桥梁"的作用！

新版《列国志》编辑委员会
2013 年 9 月

前　言

自 1840 年前后中国被迫开关、步入世界以来，对外国舆地政情的了解即应时而起。还在第一次鸦片战争期间，受林则徐之托，1842 年魏源编辑刊刻了近代中国首部介绍当时世界主要国家舆地政情的大型志书《海国图志》。林、魏之目的是为长期生活在闭关锁国之中、对外部世界知之甚少的国人"睁眼看世界"，提供一部基本的参考资料，尤其是让当时中国的各级统治者知道"天朝上国"之外的天地，学习西方的科学技术，"师夷之长技以制夷"。这部著作，在当时乃至其后相当长一段时间内，产生过巨大影响，对国人了解外部世界起到了积极的作用。

自那时起中国认识世界、融入世界的步伐就再也没有停止过。中华人民共和国成立以后，尤其是 1978 年改革开放以来，中国更以主动的自信自强的积极姿态，加速融入世界的步伐。与之相适应，不同时期先后出版过相当数量的不同层次的有关国际问题、列国政情、异域风俗等方面的著作，数量之多，可谓汗牛充栋。它们对时人了解外部世界起到了积极的作用。

当今世界，资本与现代科技正以前所未有的速度与广度在国际流动和传播，"全球化"浪潮席卷世界各地，极大地影响着世界历史进程，对中国的发展也产生极其深刻的影响。面临不同以往的"大变局"，中国已经并将继续以更开放的姿态、更快的步伐全面步入世界，迎接时代的挑战。不同的是，我们所面

临的已不是林则徐、魏源时代要不要"睁眼看世界"、要不要"开放"的问题，而是在新的历史条件下，在新的世界发展大势下，如何更好地步入世界，如何在融入世界的进程中更好地维护民族国家的主权与独立，积极参与国际事务，为维护世界和平，促进世界与人类共同发展做出贡献。这就要求我们对外部世界有比以往更深切、全面的了解，我们只有更全面、更深入地了解世界，才能在更高的层次上融入世界，也才能在融入世界的进程中不迷失方向，保持自我。

与此时代要求相比，已有的种种有关介绍、论述各国史地政情的著述，无论就规模还是内容来看，已远远不能适应我们了解外部世界的要求。人们期盼有更新、更系统、更权威的著作问世。

中国社会科学院作为国家哲学社会科学的最高研究机构和国际问题综合研究中心，有11个专门研究国际问题和外国问题的研究所，学科门类齐全，研究力量雄厚，有能力也有责任担当这一重任。早在20世纪90年代初，中国社会科学院的领导和中国社会科学出版社就提出编撰"简明国际百科全书"的设想。1993年3月11日，时任中国社会科学院院长的胡绳先生在科研局的一份报告上批示："我想，国际片各所可考虑出一套列国志，体例类似几年前出的《简明中国百科全书》，以一国（美、日、英、法等）或几个国家（北欧各国、印支各国）为一册，请考虑可行否。"

中国社会科学院科研局根据胡绳院长的批示，在调查研究的基础上，于1994年2月28日发出《关于编纂〈简明国际百科全书〉和〈列国志〉立项的通报》。《列国志》和《简明国际百科全书》一起被列为中国社会科学院重点项目。按照当时的计划，首先编写《简明国际百科全书》，待这一项目完成后，再着手编写《列国志》。

1998年，率先完成《简明国际百科全书》有关卷编写任务的研究所开始了《列国志》的编写工作。随后，其他研究所也陆续启动这一项目。为了保证《列国志》这套大型丛书的高质量，科研局和社会科学文献出版社于1999年1月27日召开国际学科片各研究所及世界历史研究所负责人会议，讨论了这套大型丛书的编写大纲及基本要求。根据会议精神，科研局随后印发了《关于〈列国志〉编写工作有关事项的通知》，陆续为启动项目拨付研究经费。

为了加强对《列国志》项目编撰出版工作的组织协调，根据时任中国社会科学院院长的李铁映同志的提议，2002年8月，成立了由分管国际学科片的陈佳贵副院长为主任的《列国志》编辑委员会。编委会成员包括国际片各研究所、科研局、研究生院及社会科学文献出版社等部门的主要领导及有关同志。科研局和社会科学文献出版社组成《列国志》项目工作组，社会科学文献出版社成立了《列国志》工作室。同年，《列国志》项目被批准为中国社会科学院重大课题，新闻出版总署将《列国志》项目列入国家重点图书出版计划。

在《列国志》编辑委员会的领导下，《列国志》各承担单位尤其是各位学者加快了编撰进度。作为一项大型研究项目和大型丛书，编委会对《列国志》提出的基本要求是：资料翔实、准确、最新，文笔流畅，学术性和可读性兼备。《列国志》之所以强调学术性，是因为这套丛书不是一般的"手册""概览"，而是在尽可能吸收前人成果的基础上，体现专家学者们的研究所得和个人见解。正因为如此，《列国志》在强调基本要求的同

时，本着文责自负的原则，没有对各卷的具体内容及学术观点强行统一。应当指出，参加这一浩繁工程的，除了中国社会科学院的专业科研人员以外，还有院外的一些在该领域颇有研究的专家学者。

现在凝聚着数百位专家学者心血，共计141卷，涵盖了当今世界151个国家和地区以及数十个主要国际组织的《列国志》丛书，将陆续出版与广大读者见面。我们希望这样一套大型丛书，能为各级干部了解、认识当代世界各国及主要国际组织的情况，了解世界发展趋势，把握时代发展脉络，提供有益的帮助；希望它能成为我国外交外事工作者、国际经贸企业及日渐增多的广大出国公民和旅游者走向世界的忠实"向导"，引领其步入更广阔的世界；希望它在帮助中国人民认识世界的同时，也能够架起世界各国人民认识中国的一座"桥梁"，一座中国走向世界、世界走向中国的"桥梁"。

《列国志》编辑委员会

2003年6月

CONTENTS

目 录

第一章 概 览 / 1

  第一节 国土与人口 / 1

    一 国土面积 / 1

    二 地理位置 / 1

    三 地形气候 / 2

    四 行政区划 / 3

    五 人口、民族、语言 / 5

    六 国旗、国徽、国歌 / 7

  第二节 宗教与民俗 / 8

    一 宗教信仰 / 8

    二 节日 / 9

    三 民俗 / 9

  第三节 特色资源 / 13

    一 名胜古迹 / 13

    二 文化遗产 / 15

第二章 历 史 / 17

  第一节 上古简史 / 17

    一 早期文明 / 17

    二 部落国家 / 19

CONTENTS

目 录

第二节　中古时代 / 20

　　一　也门伊斯兰教化 / 20

　　二　阿拉伯帝国统治下的也门（628~820年）/ 21

　　三　也门独立王朝 / 22

　　四　奥斯曼帝国对也门的两次占领 / 22

　　五　也门早期历史的评述 / 24

第三节　近现代简史 / 26

　　一　穆塔瓦基利亚王国与阿拉伯也门共和国的建立 / 26

　　二　英国对也门南部的占领与南也门人民共和国的建立 / 34

　　三　也门国家统一的实现 / 38

第四节　当代简史 / 44

　　一　萨利赫时代 / 44

　　二　后萨利赫时代与也门危机的持续 / 46

第五节　著名历史人物 / 49

　　一　叶海亚·穆罕默德·哈米德丁 / 49

　　二　阿卜杜拉·萨拉勒 / 50

　　三　卡坦·穆罕默德·沙比 / 50

　　四　阿卜杜拉·本·侯赛因·艾哈迈尔 / 51

　　五　阿里·阿卜杜拉·萨利赫 / 52

　　六　阿卜杜·马利克·巴拉丁·胡塞 / 53

CONTENTS
目 录

第三章 政 治 / 55

第一节 政治制度的演变 / 55
一 早期政治制度概述 / 55
二 共和制的建立 / 57
三 统一后的政治制度 / 58
四 "阿拉伯之春"后的政治变局 / 59
五 政治制度演变的特征 / 60

第二节 宪法与国家元首 / 61
一 宪法 / 61
二 国家元首 / 68

第三节 国家机构 / 70
一 议会及协商会议 / 70
二 中央政府（部长会议）/ 73
三 地方政府 / 75

第四节 司法机构 / 77
一 司法体系的演进 / 78
二 现代司法系统的建立 / 78

第五节 政党 / 80
一 历史上的政党组织 / 81
二 政党法 / 82
三 主要政党 / 83

CONTENTS
目录

第四章 经 济 / 89

第一节 也门经济发展史及宏观经济政策概述 / 89

一 早期经济概况 / 89

二 南、北也门时期的经济发展 / 91

三 统一后国家的经济发展 / 92

四 "阿拉伯之春"后的经济概况 / 94

五 宏观经济政策 / 99

第二节 第一产业 / 103

一 农业发展的限制性条件 / 103

二 种植业 / 105

三 渔业 / 107

第三节 第二产业 / 108

一 制造业 / 109

二 水泥产业 / 109

三 石油、天然气产业 / 110

四 采矿业 / 112

第四节 第三产业 / 115

一 交通运输业 / 115

二 通信业 / 116

三 金融服务业 / 116

四 旅游业 / 118

CONTENTS
目 录

第五节 经济体制的改革／119

第五章 军 事／123

第一节 概述／123

　一　军队简史／123

　二　国防领导体制／125

　三　军费开支／126

　四　兵役制度与军衔／126

　五　军队纪律与处分／127

第二节 实力、编成与装备／127

　一　陆军／127

　二　海军／129

　三　空军／129

　四　边防部队／131

　五　国防储备军／131

　六　战略储备军／131

第三节 军事工业与武器贸易／132

　一　军事工业／132

　二　武器贸易／133

第四节 近期军事焦点／135

　一　胡塞武装组织／135

CONTENTS
目录

　　二　"决战风暴" / 136

　　三　荷台达之战 / 136

第六章　社　　会 / 139

第一节　社会结构与部落社会 / 139
　　一　社会结构 / 139

　　二　部落社会 / 142

第二节　国民生活 / 146
　　一　居住 / 146

　　二　就业 / 149

第三节　医疗卫生 / 151
　　一　2015年内战前医疗卫生发展状况 / 152

　　二　2015年内战后医疗卫生发展状况 / 154

　　三　政府医疗卫生计划 / 155

第七章　文　　化 / 157

第一节　教育 / 157
　　一　现代教育简史 / 157

　　二　教育预算 / 158

　　三　教育体制 / 159

　　四　国际教育合作 / 167

CONTENTS
目 录

第二节　文学艺术 / 168

　　一　文化机构 / 168

　　二　文学 / 168

　　三　音乐 / 171

　　四　舞蹈 / 173

　　五　造型艺术 / 174

　　六　摄影与电影 / 176

第三节　媒体 / 177

　　一　广播与电视 / 177

　　二　新闻出版 / 178

　　三　通信与网络 / 179

第四节　体育 / 180

　　一　体育机构与设施 / 180

　　二　体育项目 / 181

　　三　体育水平 / 181

　　四　女性体育运动 / 183

　　五　战争对体育的影响 / 183

第八章　外　交 / 185

第一节　外交政策 / 185

第二节　与沙特的关系 / 186

CONTENTS
目 录

第三节　与伊朗的关系 / 189

第四节　与苏联/俄罗斯的关系 / 190

　一　苏联解体之前 / 190

　二　苏联解体之后 / 191

第五节　与美国的关系 / 193

第六节　与英国的关系 / 197

第七节　与埃及的关系 / 199

第八节　与伊拉克的关系 / 201

第九节　与中国的关系 / 202

　一　也门统一之前 / 202

　二　也门统一之后 / 203

大事纪年 / 207

参考文献 / 211

索　引 / 217

第一章

概　　览

第一节　国土与人口

一　国土面积

也门共和国，简称也门，1990年5月，由阿拉伯也门共和国（北也门）和也门民主人民共和国（南也门）合并组成。2014年2月10日，也门宣布国家由共和制变为联邦制；2015年3月至今，也门陷入持续战乱中。也门国土面积52.8万平方公里。也门在阿拉伯语中由"成为幸福的"或"成为幸运的"一词转化而来，该词的本义是右边或右方，也可转义为南方。古代阿拉伯半岛的一些骆驼商队从麦加出发向东，然后右转，向南方的也门方向行进，也门因此得名，意为"南方之国"。

二　地理位置

也门位于阿拉伯半岛西南端，东邻阿曼，北接沙特阿拉伯，西临红海，南濒亚丁湾、阿拉伯海，隔曼德海峡与厄立特里亚和吉布提相望，扼红海通往印度洋的出口。也门有1906公里长的海岸线，海上交通十分便利。也门曾是著名的古代海上丝绸之路的中转站和香料之路的起始站，位于也门西南部的曼德海峡是国际重要通航海峡之一，是欧、亚、非三大洲的海上交通要道，因此也门的战略位置十分重要。

也门还拥有众多岛屿，其中人口最多的是卡马兰岛，此外哈尼什群岛和索科特拉岛等岛屿也占据着重要的战略位置。

三 地形气候

（一）地形特征

也门全境以山地、高原为主，多沙漠和半沙漠，整体来看，也门地势由西向东倾斜。鲁卜哈利沙漠由也门北部伸入中部腹地，将也门分割为联系并不紧密的东西两部分。除了西部沿海有面积狭小的平原地带外，也门内陆山脉连绵，高原迭起。北部同沙特阿拉伯相邻的地方有著名的拉济赫山（在沙特阿拉伯境内），海拔3658米。中部在首都萨那西南有阿拉伯半岛最高的山峰哈杜尔舒艾卜峰，海拔3760米，也是阿拉伯半岛的最高点。南部邻近亚丁的地方有沙波尔山，海拔3006米。也门西部红海沿岸一带是一条南北走向的狭长低地，这是也门全境最低的地方，这一地区除个别绿洲外，大部分为沙质平原。

（二）气候

也门大部分地区属于热带沙漠气候和热带草原气候。冬季低气压笼罩整个阿拉伯半岛，形成大陆性的热带气团。夏季这里是高气压的中心。也门全境除山区外，1月平均气温为20℃，7月平均气温在30℃以上。红海沿岸一带的低地上，最高气温可达45℃以上。总体来看，西部沿海平原地区属于热带气候，南部属于热带干旱气候，北部和中部高原地区气候种类多样，东北部属于热带沙漠气候。

西部沿海平原地区夏季炎热潮湿，气温一般在35℃~40℃，湿度为80%~90%，但由于天气炎热，蒸发量大，年平均降水量不足100毫米；南部一年分为两季，4~10月为热季，平均气温37℃，11~3月（次年）为凉季，平均气温27℃，年降水量50毫米；北部地区气候种类多样；东面是沙漠和半沙漠地区，气候干燥，炎热少雨；中央高原地区和丘陵地区，气候温和，雨量充沛，雨季主要集中在3~5月和7~9月；东北部地区炎热缺水，最高气温可达48℃，年降水量不足50毫米。

也门首都萨那位于萨那盆地,平均海拔2200米。萨那气候温和,日照充足,年平均气温17.5℃,夏季气温一般不超过30℃,冬季最低气温0℃;年降水量约250毫米,萨那一年有两个雨季,每年的3~4月为小雨季,7~8月为大雨季。

四 行政区划

也门行政区划所遵循的原则是:有利于巩固也门统一;体现中央政权和地方政权对全国所有行政单位行使主管权;满足所有行政单位的发展需要;巩固安全、稳定;兼顾地理、人口、物质能力等因素。

根据行政区划网2013年的数据,也门全国行政区域划分为首都行政区萨那市和21个省,下辖333个区/县、2210个乡和38284个村。省和区是主要的行政单位,城市多是省和区的核心所在,城市之下又划分为多个街区;农村地区的主要行政单位是县、乡镇、村庄和营寨。也门行政区划见表1-1。

表1-1 也门行政区划

	省(中文)	省(英文)	区/县数量(个)	城市数量(个)	省会
1	伊卜省	Muhafazat Ibb	20	17	伊卜
2	首都行政区(萨那)	Amanat Al Asimah (San'a)	10	1	萨那
3	贝达省	Muhafazat Al Bayda	20	9	贝达
4	塔伊兹省	Muhafazat Taizz	23	14	塔伊兹
5	焦夫省	Muhafazat Al Jawf	12	11	焦夫
6	哈杰省	Muhafazat Hajjah	31	19	哈杰
7	荷台达省	Muhafazat Al Hudaydah	26	29	荷台达
8	宰马尔省	Muhafazat Dhamar	12	7	宰马尔
9	萨达省	Muhafazat Sa'dah	15	12	萨达
10	萨那省	Muhafazat San'a	16	10	萨那

续表

	省(中文)	省(英文)	区/县数量(个)	城市数量(个)	省会
11	马里卜省	Muhafazat Ma'rib	14	4	马里卜
12	迈赫维特省	Muhafazat Al Mahwit	9	5	迈赫维特
13	阿姆兰省	Muhafazat Amran	20	15	阿姆兰
14	达利省	Muhafazat Ad Dali	9	7	达利
15	利玛省	Muhafazat Raimah	6	2	杰比
16	阿比扬省	Muhafazat Abyan	11	10	津吉巴尔
17	哈德拉毛省	Muhafazat Hadramawt	28	29	穆卡拉
18	迈赫拉省	Muhafazat Al Mahrah	9	5	盖达
19	舍卜沃省	Muhafazat Shabwah	17	10	阿塔格
20	亚丁省	Muhafazat Aden	8	0	亚丁
21	莱希季省	Muhafazat Lahij	15	9	莱希季
22	索科特拉省	Muhafazat Suqutra	2	0	哈迪布
总计	—	—	333	225	—

资料来源：行政区划网，http://www.xzqh.org/old/waiguo/asia/1038.htm。

2014年2月10日，也门宣布国家实行联邦制，全国除首都行政区外共划分为6个大区：

一是哈德拉毛区，由迈赫拉、哈德拉毛、舍卜沃和索科特拉四省合并而成，首府穆卡拉；

二是萨巴区，由焦夫、马里卜和贝达三省合并而成，首府萨巴；

三是亚丁区，由亚丁、阿比扬、莱希季和达利四省组成，首府亚丁；

四是津德区，包括原塔伊兹省和伊卜省，首府塔伊兹；

五是阿扎勒区，由萨达、萨那、阿姆兰和宰马尔四省组成，首府萨那；

六是帖哈麦区，包括荷台达、哈杰、迈赫维特和利玛四省，首府荷台达。

但联邦制方案受到胡塞武装组织和南方势力的反对并由此引发持续至今的内战冲突。2015年，也门内战以来其国内基本可分为胡塞武装控制的西北部地区、哈迪政府控制的东南部及中西部地区和伊斯兰极端武装（包括基地组织）控制区。

五 人口、民族、语言

（一）人口

也门2004年进行了全国人口普查，2005年国家公布的全国人口统计数字为19721643人，人口密度为每平方公里35.53人。据2005年也门人口统计数据，首都萨那市人口为1747624人，占总人口的8.86%；塔伊兹省人口最多，为2402569人，占总人口的12.18%；其次为荷台达省2161379人，占10.96%；伊卜省2137546人，占10.84%；迈赫拉省人口最少，为89093人，仅占总人口的0.45%。2014年，也门政府曾经宣布进行全国人口普查，但2015年政治危机导致人口普查工作中断。

2015年以后由于冲突频发，也门国内陷入严重的人道主义危机。民众面临着严重的粮食安全问题，超过40%的人口每天食不果腹，500万人正面临严重的粮食危机和营养危机。联合国人口基金数据显示，2017~2018年也门严重饥饿的人数增加了25%。联合国儿童基金会2018年发布的一份报告显示，也门有1637万人需要基本医疗救援，有220万名儿童带有急性营养不良症状。截至2018年占也门总人口大约75%的近2200万人需要人道主义援助，包括没有援助就无法活下去的1130万名儿童。至少60%的也门人食品无保障，1600万人没有安全饮用水和适当的卫生条件。自2015年以来，战乱导致2.8万多名也门人死亡或受伤。

根据华经产业研究院整理的世界银行的数据：2019年也门共和国人口总数为2916.19万人，相比2018年增长了66.32万人；与2010年人口数据对比，也门共和国近10年人口增长了600.71万人。

从性别结构来看，2019年也门共和国男性人口数量为1469.23万人，占总人口的50.38%；女性人口数量为1446.96万人，占总人口的49.62%。

从年龄构成来看，2019年也门共和国0~14岁人口占比为39.22%，15~64岁人口占比为57.87%，65岁及以上人口占比为2.90%；2019年也门共和国65岁及以上人口数量为84.63万人，相比2010年增长了

22.97万人。[①]

从城乡结构来看,2019年也门共和国城镇人口数量为1086.95万人,农村人口数量为1829.24万人;2019年也门共和国城镇化率为37.27%。

(二)民族

现代也门在民族构成上表现出很大的同质性:绝大多数是阿拉伯人,占人口的90%以上,还有少量非阿拉伯人,包括非洲索马里人、达纳吉尔人、安哈拉人、苏丹人。历史上,曾有数量可观的犹太人在也门定居。20世纪初,约10万名犹太人分别居住在也门各地区,其中4/5居住在农村地区,8000~10000名犹太人居住在首都萨那。随着"犹太复国主义运动"兴起,大批犹太人陆续迁出也门,1948年留在也门的犹太人约有5万人。1949~1951年,统治亚丁的英国殖民当局将4.5万多名犹太人迁往巴勒斯坦。21世纪初,在也门的犹太人仅剩数百人,主要集中在首都萨那和也门北部的萨达省。

也门人公认自己是盖哈坦(南阿拉伯人)的子孙,盖哈坦也就成了也门人的代称。据考古发现,早在远古时期,阿拉伯半岛就有人群生活,盖哈坦人就是这里的早期居民之一。阿拉伯谱录学家将阿拉伯半岛的早期居民划分为两大类:一类是消亡了的阿拉伯人,另一类是存留下来的阿拉伯人。前者指伊斯兰教兴起之前已经不复存在了的阿拉伯部落,如阿德人、赛莫德人、泰斯米人等,他们的消亡既有天灾的原因,也有战争的因素,但不可否认,他们中的一部分人融入了存留下来的部落之中。而后者又分为两大族:一族被称为纯粹的阿拉伯人,即南阿拉伯人;一族被称为归化的阿拉伯人,即伊斯玛仪的后裔阿德南的子孙北阿拉伯人,也称阿德南人。纯粹的阿拉伯人即指盖哈坦的子孙南阿拉伯人,也称盖哈坦人或也门人,由于他们很早就定居在这里,故自称土著阿拉伯人。盖哈坦人出现在也门的具体时间,至今仍缺乏确凿可信的史料证据。

(三)语言

也门的官方语言为阿拉伯语,英语仅在涉外政府部门和其他领域小范

[①] 本部分数据来自《2010~2019年也门共和国人口数量及人口性别、年龄、城乡结构分析》,华经情报网,2020年7月24日,https://www.huaon.com/channel/distdata/634470.html。

围应用。

古代也门人使用的语言，通称南阿拉伯语，也称希木叶尔语。曾有四种方言，分别是萨巴语、曼因尼语、卡特巴语和哈德拉姆语，四种方言都是使用希木叶尔文字书写。伊斯兰教在阿拉伯半岛取得统治地位后，北方阿拉伯语成为统一国家的官方语言，伊斯兰教的《古兰经》就是北方阿拉伯语语言的典范。出于政治和宗教信仰的原因，也门人逐渐用北方阿拉伯语取代了希木叶尔语。

六 国旗、国徽、国歌

（一）国旗

也门国旗是一面红、白、黑三色横条组成的旗帜，1990年5月22日启用。国旗呈长方形，长宽之比为3∶2。旗面自上而下由红、白、黑三个面积相等的长方形组成：红色象征革命和胜利；白色象征神圣与纯洁；黑色象征过去的黑暗时代。

（二）国徽

1990年，国家统一之前，南、北也门共和国分别有各自的国徽，国家统一后于1990年公布了也门共和国的国徽。国徽是一只头向左方、展翅欲飞、高贵、圣洁的金色雄鹰。雄鹰是也门的国鸟，也是国家的精神之鸟。雄鹰胸前有一个盾徽，上面绘着雄伟的马里卜水坝，这是也门人民引以为豪的建设成就。大坝上挺立着也门盛产的咖啡树。雄鹰双翼下飘扬着两面呈弧形交叉的也门国旗。雄鹰爪下的饰带用阿拉伯文写着"也门共和国"。

（三）国歌

国歌名为《联合共和国》，由阿尤布·塔里什·阿布西作曲，阿卜杜拉·阿卜杜勒瓦哈卜·诺阿曼作词。这首歌曾是南也门的国歌，整首歌有四段歌词。1990年，南、北也门统一后，它被冠以《联合共和国》的名字作为整个国家的国歌使用至今，但只选取其中部分歌词：

啊世界，我反复地歌颂。
让它的回声一重又一重。

记住，在我的欢乐中，为每个受难者披上我们节日的盛装。

啊世界，我反复地歌颂。

怀着爱心和忠诚，我是人类的一分子。

我这辈子就是阿拉伯人。

我的心为也门而跳动，没有外人可以把也门操纵。

第二节 宗教与民俗

一 宗教信仰

古代王国时期也门宗教以多神信仰为主，就其本源来说属于拜物教，主要特征是星宿崇拜。阳性的月亮神在名目众多的神灵中占据首位，太阳女神"舍姆斯"的名称是通用的，它被看作月亮神的配偶。金星"阿斯太尔"是它们的儿子，它是执掌土地和农业的神灵，个别地区还称其为贸易的保护神。除了全国性的神灵，各部落往往还有自己的部落神或家族神。风、雨等自然现象及农作物都可能成为其崇拜对象。为了表达对神灵的尊崇，得到神灵的庇佑，也门人修建了许多神庙，除定期在神庙举行隆重的祭祀活动外，遇到从战场得胜而归、农业丰收、久病痊愈、经商赢利等喜庆时刻，也要去神庙敬献财物，以谢神灵的庇佑。对触犯戒律者的惩罚是在神庙中竖立一块忏悔还愿的铜板，上书铭文。

公元1世纪后，犹太教和基督教先后传入也门，部分也门人逐渐接受了这些一神教。7世纪早期，伊斯兰教在阿拉伯半岛蓬勃兴起，也门人普遍皈依伊斯兰教。从教派分布上看，也门99%的人口信仰伊斯兰教，其中什叶派穆斯林约占穆斯林总数的45%，逊尼派穆斯林约占55%。也门的什叶派穆斯林以其重要分支栽德派为主，约占居民的44%，主要集中在萨那、哈杰、萨达等省。此外还有少量的伊斯玛仪派信徒，约占人口的1%，主要分布在哈拉兹、布尼·穆戈提勒和萨阿瓦山一带村庄。由于遵循的教法学派存在差异，也门逊尼派穆斯林分属不同的派别，但主要流传的是沙斐仪教法学派，北方沿海平原地区、塔伊兹省和南方省区的绝大部分居民及萨那的部分居民属于该派。在也门与沙特阿拉伯交界的北方地区有少量哈乃斐派和罕百里派信徒。此外,在北部边境地带还有少数的穆斯林尊崇瓦哈比派。

二 节日

也门国家的法定节日分为公共节日和宗教节日(见表1-2、表1-3)。其中,宗教节日具有传统特色。

表1-2 也门公共节日简况

节日名称	时间	由来
国际劳动节	5月1日	1886年5月1日美国芝加哥工人大罢工
国庆节	5月22日	1990年5月22日南、北也门宣布统一
"9·26"革命日	9月26日	1962年9月26日北也门推翻王室,成立阿拉伯也门共和国
"10·14"革命日	10月14日	1963年10月14日也门南部爆发驱逐英国殖民者的革命
独立日	11月30日	1967年11月30日最后一批英国士兵撤离南也门,南也门共和国成立

资料来源:笔者根据相关资料制作。

表1-3 也门宗教节日简况

节日名称	时间	特色
伊历新年	伊历1月1日	聚会、纪念先知穆罕默德带领信徒迁居麦地那的活动
圣纪节(穆罕默德诞辰日)	伊历3月12日	集会、绿色装饰
开斋节	伊历10月1日或2日	民族舞(巴尔阿)、射箭比赛(纳斯阿)、走亲访友
宰牲节	伊历12月10日	宰羊、甜品点心(加埃莱)、走亲访友

资料来源:笔者根据相关资料制作。

三 民俗

(一)服饰

也门服饰风格和衣着习惯差异与当地的气候、宗教以及个人的社会地位有着密切的关系。

也门男性一年四季的衣着以短袖衫、衬衫和裙子为主,并习惯穿拖

鞋、缠头巾。冬季气温较低时，则外穿皮衣或毛衣等厚外套。男裙是也门传统服饰的一大特色，其中裙子色彩及风格与年龄有关，年轻人和儿童裙子色彩和花纹相对丰富鲜活，年长者则穿素色的居多。也门男性从15岁开始佩带腰刀和系束华丽的腰带，这是也门成年男子最重要的装饰品和身份象征。实际上，在大多数地区，男性基本上都拥有一件或数件阿拉伯大袍，这种大袍宽大、简便、舒适，深受男性喜爱。此外，宗教学者、地方长老、法官和部落首领有穿长衫的习惯。

也门女性的服饰因条件、地区和年龄不同而存在差异。一般来看，也门女性习惯穿裤子并在裤外套上长裙，颜色以黑色为主，通常光脚穿拖鞋。因为宗教和传统因素，女性在外出时需身披黑色长袍，戴黑色头巾、黑色面纱，从头到脚包裹严实。在部分地区甚至眼睛都需要遮挡起来。尽管也门女性外表服饰以黑色为主，但其里面的衣服通常颜色艳丽。也门女性喜欢佩戴精美的手镯、项链、耳环等首饰，并且在手、脚和脸上画图案作为装饰，且喜欢大量使用香水和其他化妆品。女性在独处或聚会时，则会卸下黑袍、面纱，展露华丽的妆容和服饰。也门南部、中部和农村地区的妇女，外出时一般不佩戴面纱；北部地区部分部落的妇女外出时也不穿黑袍、不佩戴纱巾，取而代之的是花布披单；沿海一带的妇女则喜欢穿黄色和绿色衣服。此外，同男性一样，年长女性多穿素色服装，年轻女性则更喜欢鲜艳的色彩。

随着时代的变迁，也门人的服饰也开始与现代时尚接轨，民众开始接受并穿着西服、T恤衫、牛仔上衣和牛仔裤。一部分受过高等教育并从事工作的也门妇女开始只包头巾而不戴面纱。

(二) 日常礼仪

1. 称谓

也门人在现代工作和生活中基本以"先生""女士"等西化称谓相称，以表达基本礼貌。普通民众在日常生活之中则常以"萨的格"（朋友）相称，以示亲热。

2. 见面礼仪

现代社会中也门人与同事或朋友见面一般握手问候。同时，吻手、吻脸、吻膝和吻足则是也门人见面的传统礼仪。其中亲朋好友或熟人见面时习惯拥抱、吻面颊。下级对上级或下层对上层行吻手或吻脸礼，表示尊敬；平级之间行吻手礼，表示亲密或感谢；小辈对长辈有吻膝、吻足礼，表示尊重、敬意和祝福。此外，摘帽也是一种礼仪，表示摘帽者的要求和意愿一定要被答应和尊重。

3. 交往礼仪

也门人热情好客但不太讲究外事礼仪，对外交的对等性亦无刻意要求。他们时间观念不强，存在违约、拖延、迟到和早退现象。也门人讲究卫生，有进屋脱鞋和换拖鞋的习惯。在参加"卡特聚会"和参观清真寺前，必须脱鞋才可进入。

作为伊斯兰教国家，也门男性不主动与女性握手，对妇女和儿童拍照也是一种严厉禁止的行为。同时也门举行外交和外事活动，一般不邀请夫人参加或露面，国家领导人出访也鲜有偕夫人同行的。

（三）饮食

也门人喜食甜食，休闲食品多为当地盛产的椰枣、蜂蜜以及各种样式的甜点。主食则比较单一，以面食为主，其中用高粱面、玉米面和小麦面做成的大饼是每天的主食，主食还有面包和米饭等。肉类主要有牛、羊和鸡肉，以及鱼、虾等海鲜。也门的蔬菜、瓜果种类较为丰富：蔬菜有卷心菜、菠菜、黄瓜、洋葱、土豆、辣椒、青椒、西红柿等；水果则有葡萄、西瓜、哈密瓜、桃子、石榴、荔枝、香蕉、杧果、香瓜等。常见的干果有花生、榛子、葡萄干、松子等。

也门人喜饮红茶和咖啡，并且喜欢在饮用前放入大量的糖。实际上，也门人饮用咖啡历史悠久，咖啡树早在15世纪便由东非传入也门。也门咖啡品种繁多，风味各异，闻名遐迩，是也门主要的经济作物和出口产品。

此外也门人有咀嚼卡特①的传统，并设有专门的卡特市场。市场上的

---

① 卡特（Gat）是一种木本植物，终年常青，其叶椭圆，呈锯齿状，开小白花，种植于丘陵和山坡地带，树高可达数丈。古代的阿拉伯人曾用卡特叶作为酒类的代用品，所以卡特又被称为阿拉伯茶，其树叶中含普鲁卡因，有提神和使人兴奋的作用，长期咀嚼，会成瘾，更会损害人体的神经系统、消化系统和呼吸道系统，继而诱发癌症等疾病。

卡特品级不一，价钱不等。由于卡特易久嚼成瘾，也门家庭用于购买卡特的费用基本会占到其家庭总收入的一半以上。

卡特是也门一种独特的社会文化和社交方式。大多数也门家庭有自己的卡特屋用以议事、庆祝和聚会，由此演变成"卡特聚会"。也门人的卡特屋即会客室。聚会时的民众来自社会的不同行业、阶层，大家在卡特屋内一边咀嚼卡特，一边商讨议论普遍关心的各种问题。卡特及卡特文化的存在也给也门带来了一系列的社会问题，包括卡特成瘾性及对人体的副作用，民众为购买卡特造成社会财富的浪费和家庭经济危机，同时咀嚼卡特严重影响人们的工作状态。为此，也门总统和政府曾数次发布禁令和做出政策调整，并发起抵制卡特的社会行动，但均因遇到强大的社会阻力而失败。

也门人饮食习惯中以午饭作为正餐，大部分也门人还喜欢在饭后喝砂糖红茶、咖啡，吃香蕉蘸蜂蜜的甜点。此外，手抓饭也是请客时常见的食物。也门人进餐时习惯用右手，忌讳用左手进食以及同他人接触或传递东西。受伊斯兰教传统影响，也门禁食教法所禁忌的食物，包括猪肉、自死物、血液等，国内禁酒。

（四）休闲

也门民众大多能歌善舞，在节日、婚礼和聚会等场合，人们会打击乐器，咀嚼卡特，跳集体舞，但受制于伊斯兰教传统，男女须分开进行。此外，抽水烟作为海湾阿拉伯国家普遍的休闲娱乐方式，也深受也门民众喜欢。

随着也门现代经济的发展，在城市地区，民众逐渐接受看电视和电影等新的休闲方式。

（五）婚礼

也门绝大多数地区的人们会按照惯例接受由父母包办的婚姻。在也门传统家庭里，父亲对儿子的婚姻拥有绝对权威，但会征求儿子的意见。也门男性的结婚程序一般包括相亲、求婚、订婚和结婚典礼。同其他阿拉伯国家相同，表兄妹婚姻在也门较为常见。此外，也门没有女方提亲的习惯。按照传统的风俗惯例，婚礼一般持续六天到八天不等，各种庆祝活动会同时在男女双方家进行。漫长的婚礼和高额的彩礼，给男女双方都带来了沉重的经济负担，特别对男方而言，婚礼所耗费的钱财更为巨大，这加剧了民众的负担。

（六）葬礼

也门人的葬礼是按照伊斯兰教的丧葬习俗实行简单的土葬，要求速葬，即亡者应在死后三日内下葬，没有具体时间，但一般多选在当天或第二天（夜间死亡）。整个葬礼过程包括：整理亡者遗容，入棺，出殡，下葬及祈祷仪式。由于民众普遍信仰伊斯兰教，从出殡到封葬，人们都会时刻诵读《古兰经》以安抚亡灵。在安放棺材时，亡者的头必须面向麦加方向。

此外，伊斯兰教有"守制"一说，即丈夫死后，妻子需为其服表4个月零10天，其间只能幽禁在家，服饰从简且不能梳妆打扮，更不得外出。过了服丧期，遗孀则有权改嫁他人，且他人无权阻拦。

第三节 特色资源

一 名胜古迹

（一）萨那古城

萨那古城，位于也门首都萨那的东部，拥有优美的自然景色和众多的名胜古迹，1986年作为文化遗产列入《世界遗产名录》。萨那古城是伊斯兰阿拉伯建筑风格的代表，且整个古城内的建筑都保存得完好无损，整座古城看上去宛如雕塑和绘画作品一样美丽，风韵无限。萨那市区分老城和新城两部分，中间由一瓶颈地带连接，状似葫芦。老城街道狭窄，商店云集，保留着许多古代王朝的遗迹，可以体现正统的伊斯兰阿拉伯建筑风格，楼堂屋宇多用青石、白石、黄石垒砌而成。老城外围有一道5米高的厚厚城墙，建于800年前。位于老城正南方的一座保留下来的城门名为"也门之门"，是萨那通往塔伊兹公路的起点，既是萨那的正式城门，又是该城保存得最完整的古迹之一。老城还有号称世界第一座摩天大楼的加姆达尼宫，建于2000多年前。整个宫殿呈正方形，共20层，高约100米，墙体分别用白、黄、红、黑四色大理石砌成，宫顶是用一块完整的当

地特有的透明白云母片盖成,从宫里仰视天空,可以观星月、看彩云,甚至能分辨出空中飞禽的种类。宫的四角各有一只口中含铃的空腹狮子,刮风时,狮子便会发出吼声,宫里的人就可知道风向。萨那的新城主要指1962年也门革命后兴建起来的城区,在老城的西面,一部分是庄园区,为奥斯曼人所建,另一部分叫作"平地",从前是犹太人的居住区。这里是一派现代城市的风貌。

(二) 石头宫

在也门共和国首都萨那西北郊达赫尔谷地的绿野上,有一座希木叶尔王朝时期的教长王宫——哈吉尔宫,整个宫殿建筑在一块高20多米的完整的巨大沉积岩上,岩石正面峭壁似盾面,宫殿为6层,宏伟壮观,装饰精美,被称为"石头宫",是也门建筑史上"巨岩造宫"的典型。石头宫是18世纪也门国王曼苏尔·阿里·本·阿巴斯的避暑寝宫。由于历时很久,遭遇过多次洪水,石头宫已面目全非。直到20世纪初期,也门国王叶海亚·穆罕默德·哈米德丁(1904~1948年在位)才对其进行了彻底修复,恢复其原有的面貌。现在这座石头宫是也门著名的景点之一。

(三) 希巴姆古城

也门希巴姆古城建于公元3世纪,位于鲁卜哈利沙漠南部边缘的繁忙商旅通道上,古城突出耸立于哈德拉毛河谷旁边的小山丘上,数条季节河交汇于此,其中主要的季节河——哈德拉毛河在这儿逐渐变窄,希巴姆古城三面映掩在茂密的棕榈树林之中。历史上希巴姆以采矿业著名,是商队驿站镇和行政中心。希巴姆古城位于首都萨那以东约470公里处。古城呈长方形,东西长约500米,南北宽约400米,被城墙环绕。1982年,联合国教科文组织将希巴姆古城作为文化遗产,列入《世界遗产名录》。

(四) 宰比德古城

宰比德古城位于沿着红海的狭长、炎热的帖哈麦平原。离海岸25公里,而且距上高原较近,它处在连接荷台达港与塔伊兹城的海拔较高的道路边。在更大范围内说,它过去坐落于亚丁—麦加的路线上,是印度与麦加间通道的一部分。宰比德在公元7世纪就已存在,拥有著名的大学,并且是政治和贸易中心。这座城是也门国内的军用建筑,它都市化的设计具有很高的艺术性和历史价值。除了也门的首都，13～15世纪，宰比德因它的伊斯兰大学而闻名于阿拉伯和伊斯兰世界。1993年，根据世界文化遗产遴选标准C（Ⅱ）（Ⅳ）（Ⅵ），其被列入《世界遗产名录》。

（五）索科特拉岛

索科特拉岛，名字来自梵语，意为"极乐岛"，印度洋西部群岛，属也门哈德拉毛省。其位置在阿拉伯半岛以南约350公里，非洲之角以东，阿拉伯海与亚丁湾的交接处。该群岛由4个岛组成，群岛面积为3650平方公里，主岛面积为3635平方公里。该岛与大陆板块已经隔绝了1800万年，长期的地理隔离使其生成了很多特有的动植物。索科特拉岛37%的植物（共825种）、90%的爬行动物和95%的蜗牛都是岛上独有的。由于其稀有生物品种多，因此被认为是"印度洋的加拉帕戈斯"。2008年被列入联合国教科文组织《世界遗产名录》。

二 文化遗产

也门具有悠久的历史，拥有丰富的文化遗产。也门的文化遗产由物质文化遗产和非物质文化遗产两部分组成。也门国家物质文化遗产的保护与管理工作由文化和旅游部下属的古迹与博物馆总局和历史名城保护总局负责。非物质文化遗产的保护与传承工作由文化和旅游部直接负责。

也门的物质文化遗产主要包括文物古迹、文化景观等。也门很早就有人类的活动轨迹。目前，也门考古发掘与保护能力有限，只有少部分区域被探知。因此，也门文物管理部门十分注重与国际先进考古团队的合作。也门的文物主要收藏于国家各大博物馆，也有部分收藏于西方国家博物馆。手稿是也门重要的文化遗产，萨那手稿馆馆藏丰富，有10315卷手稿，其中包括一组羊皮卷《古兰经》手稿，该手稿由15000块碎片组成，其历史可追溯到伊斯兰教历3世纪。遗憾的是，该手稿馆暂不对外开放。此外，位于塔里姆市的艾哈高夫图书馆约藏有6000卷手稿，一些私人图书馆和书库也保存着一些手稿。也门的历史古城主要有希巴姆古城、萨那古城和宰比德古城。由于政府及有关单位对古城疏于维护，古城建筑状况

恶化，宰比德古城自2000年开始就被列入危险名单。自也门内战爆发后，因受到战火威胁及疏于维护，萨那古城和希巴姆古城于2015年也被列入危险名单。此外，也门还有许多物质文化景观，如萨巴王朝留下的月亮神庙、马里卜水坝，以及各个时期遗留下来的清真寺和市场等。

也门的非物质文化遗产种类繁多，主要有音乐、语言、传统风俗、手工艺品等。最能象征也门音乐遗产的非乌德琴莫属。阿拉伯语是也门的官方语言，也是一门古老的语言。迈赫拉省的迈赫拉语和索科特拉省的索科特拉语是也门境内另外两种有着悠久历史的语言，这两种古语的使用者约有数万人。此外，也门的方言也因地区不同而不同，各具特色，丰富了也门的语言文化。也门的传统风俗习惯主要体现在各种集体活动中的仪式与禁忌上，如出生礼、割礼、婚礼、葬礼、部落庆典、朝觐接待等。也门的手工艺品主要有腰刀、雕刻石、编织篮、编织垫、皮革艺术品、金银器具等。也门人民通过这些有形或无形的方式，传承了他们的非物质文化遗产。

第二章

历　史

也门有3000多年文字记载的历史,是阿拉伯世界古代文明的摇篮之一。在伊斯兰教兴起之前,这片土地就已经形成了自己的地理疆界和独特文明。公元前14世纪到公元525年,先后建立了马因、盖太班、哈德拉毛、萨巴、希木叶尔等王国。7世纪成为阿拉伯帝国的一部分。16世纪初葡萄牙人侵入,1789年英国占领了属也门的丕林岛,1839年又占领了亚丁。1863~1882年,英国先后吞并哈德拉毛等30多个部落酋长领地,组成"亚丁保护地",将也门南方的大部分领土分割出来。整个19世纪,也门政治结构充斥着各类王朝和宗教势力,不存在国家的统一。单一也门国家的诉求是在奥斯曼帝国和英国殖民统治塑造的环境中出现的。20世纪,也门历史围绕着建立国家而努力。北也门于1962年9月26日推翻了穆塔瓦基利亚王国,建立了阿拉伯也门共和国。南也门在1967年成立了南也门人民共和国,后改名为也门民主人民共和国。1990年也门实现国家统一,结束百余年来的南北分裂局面。2011年,"阿拉伯之春"爆发,在民众示威中,执政33年的也门总统萨利赫下台,也门进入政治过渡期。2015年2月,胡塞武装强势崛起,也门政局再次陷入动荡并持续至今。

第一节　上古简史

一　早期文明

据阿拉伯史学家和希腊史学家的著作记载,古代也门疆域北跨纳季

德、希贾兹，南濒印度洋，东至阿拉伯海，西达红海，包括南阿拉伯半岛的全部地域。现代也门疆域已发生极大变化，海湾地区出现了许多独立酋长国和王国，阿西尔地区和奈季兰地区并入沙特，现今的也门是除阿联酋和奈季兰、阿西尔以外的半岛最南端的地域。20世纪30年代，东方学者在哈德拉毛地区发现了一些石器，这些石器与在东非发现的石器十分相似。80年代初，也门矿产石油总公司勘探队在马里卜东北80公里处的萨菲尔发现了一批属于新石器时代的石器，其中有马蹄形的武器和大量箭头。1982年，美国宾夕法尼亚大学考古队在马里卜南35公里的朱维亚谷地发掘到一些史前人类工具；意大利考古队在豪兰地区也发现了一批类似的工具。从也门及其附近地区考古发现的石器、雕刻铭文等可以确定，古代也门社会经历了从石器时代到金属时代，从母系社会到父系社会，从血缘氏族到部落群体、部落联盟的原始部落社会的各个发展阶段。

考古学家和历史学家确认了远古时代出现于也门的第一个国家是阿德王朝。阿德人是"消亡了的阿拉伯人"中最早出现在也门地区的人群，其王朝的缔造者是阿德·本·奥赛·本·欧拉姆·本·萨利姆·本·努哈。其继任者舍达德·本·阿德攻占过沙姆、伊拉克，兼任过埃及国王。盖哈坦人出现在阿拉伯半岛时，南阿拉伯半岛还生活着"消亡了的阿拉伯人"的其他一些部族，如阿德人和阿马里克人。盖哈坦人同阿德人、阿马里克人进行了激烈持久的战斗，消灭了阿德人，赶走了阿马里克人，才建立起自己的国家——盖哈坦王朝。谱录学家根据《旧约·创世记》的记载，推论盖哈坦是先知呼德的后裔，呼德是闪姆·本·努哈的后裔，因此盖哈坦人是圣裔，其又称土著阿拉伯人、纯粹的阿拉伯人或也门人。盖哈坦王朝最初的统治中心是萨那，其缔造者是盖哈坦·本·阿比尔，他被认为是也门的第一个加冕国王，政绩卓著，声誉甚隆。国王武功卓绝，先后统一了哈德拉毛、阿曼等海湾沿岸诸酋长国，封派王族成员到被开拓的地方建立藩属王国。传说盖哈坦王朝曾攻占埃及，在开罗附近建造了埃因舍姆斯城。据说也门的古城马里卜也是盖哈坦王朝所建。王朝全盛时期的国王萨巴·阿卜杜·舍姆斯的两个儿子凯赫兰和希木叶尔的后裔形成了也门古代史上的两大部族——凯赫兰族与希木叶尔族,也门古代的盖太班王国和希木叶尔王国就是这两个部族建立的。

二 部落国家

(一) 主要部落国家

公元前14世纪至公元525年,随着农耕的发展,金属工具的使用,以部落联盟为中心,也门陆续兴起了马因、盖太班、哈德拉毛、奥桑、萨巴、希木叶尔等部落国家。其中最著名的是马因、萨巴和希木叶尔三个王国。

1. 马因王国(公元前14世纪至公元前630年)

马因王国是最早出现在阿拉伯半岛的国家,也是也门历史上出现的第一个王朝于公元前14世纪在萨那北部建立的国家。马因王朝最初是以神庙经济为中心发展起来的神权政体,国王称为"麦兹瓦德",即大祭司,在宗教的基础上进行统治,后改称为"马利克",即国王,国家体制改为世俗体制,但国家仍被视为神权的代理人。实行王位世袭,先后有27位国王当政。农业是马因社会的基础经济,但马因人以其商业活动闻名于世。他们打通了马因经阿拉伯半岛北部游牧地区通向埃及、叙利亚的商道,把也门特产的各种香料、手工业品及来自印度的货物用庞大的驼队运到阿拉伯半岛、叙利亚、两河流域及埃及。驼队有强大的军队护送,沿途设有驿站及货仓,供给往来商旅生活用品及保管转运货物,并收取费用及税金,由此"世界商人"成为也门人的称号。

2. 萨巴王国(公元前10世纪至公元前115年)

萨巴王国是古代也门最著名、最强盛、历时最长的王国,是盖哈坦人萨巴·阿卜杜·舍姆斯之子凯赫兰的后裔所建,起初只是一个小酋长国,后经过一系列征服扩张,发展成为地域辽阔的强盛王国。萨巴王国以公元前650年为界分为前后两个时期:公元前650年之前因统治者得名为穆卡拉布时期,这一时期共有15位国王;后期称为马利克时期,即萨巴国王时期,其间约有22位国王执政。萨巴王国不仅在公元前540年萨巴女王巴尔吉斯统治时期实现了也门统一,而且注重农业和工程建设,建造了著名的马里

卜大坝。萨巴人继承和发扬了马因人的商业传统，使阿拉伯半岛的商业和对外贸易更加活跃。公元前115年萨巴王国被希木叶尔王国取代。

3. 希木叶尔王国（公元前115年至公元525年）

希木叶尔王国是伊斯兰教诞生之前也门的最后一个王国，希木叶尔人是盖哈坦人希木叶尔支派的后裔，公元前200年征服了周边的其他部落，随之推翻萨巴政权，于公元前115年建国。希木叶尔王国存在的640年分为两个时期，前期从公元前115年到公元300年，后期是公元301～525年。后期希木叶尔人征服了哈德拉毛、叶麦纳特和帖哈麦，统一了南阿拉伯半岛。当时的国王封号为"萨巴·里丹·哈德拉毛·叶麦纳特·帖哈麦的阿拉伯人之王"。

（二）外族入侵

1. 阿比西尼亚人的两次入侵

公元3世纪，红海对岸的基督教徒阿比西尼亚（今埃塞俄比亚）的阿克苏姆王朝日趋强盛。公元340年，在罗马皇帝支持下入侵也门，在统治35年后被希木叶尔国王赶出也门；公元523年，阿比西尼亚人越过红海，第二次入侵也门，两年后占领了也门，至此也门古代最后一个独立的奴隶制国家灭亡。阿比西尼亚人统治时期，基督教和犹太教传入也门，使也门传统的寺庙权力和影响逐渐衰落。

2. 波斯入侵

公元575年，面对也门反对阿比西尼亚运动的求援，波斯国王派遣远征军进入也门，打败阿比西尼亚人，将也门纳入波斯的统治范围，直至628年也门成为阿拉伯哈里发帝国的一个省份。

第二节　中古时代

一　也门伊斯兰教化

位于麦加以北300公里的希贾兹商道上的叶斯里布（后改名为麦地那），周围散布着绿洲。这里居住着3个犹太部落和2个来自也门的奥斯和海兹莱吉部落,其祖先在也门马里卜水坝倒塌后迁居此地。公元6世纪中叶,逐渐强大起来的这两个阿拉伯部落夺得了管理绿洲的权力,但两者为了各自的利益经常发生冲突和争斗,非常需要一个德高望重的人来调解彼此之间的矛盾,在得知穆罕默德的为人后,一致同意让他作为双方的调解人。约在公元620年,6个海兹莱吉部落人在麦加的乌卡兹集市会见了穆罕默德,经穆罕默德的宣讲说教,他们皈依了伊斯兰教。第二年,又有10个海兹莱吉人和2个奥斯人在麦加附近与穆圣相会后皈依伊斯兰教。这些人回到叶斯里布后,在同族里传播伊斯兰教,说服本族人皈信伊斯兰教,在他们的教化下,穆斯林人数逐渐增多,这18个人便成为伊斯兰教最早的辅士。

公元628年,先知穆罕默德向阿拉伯半岛上的国家和部落发出皈依伊斯兰教的号召,也门帖哈麦地区的阿沙伊拉部落、哈姆丹部落,以及希木叶尔部落等先后派出代表团到麦地那,要求皈信伊斯兰教,也门从此进入伊斯兰时代,并对伊斯兰教的传播发挥了重要作用。穆罕默德将也门划分为3个省,分别为萨那省、杰纳德省和哈德拉毛省,也门作为行省一直延续到阿拉伯帝国时期。

二 阿拉伯帝国统治下的也门(628~820年)

四大哈里发时期,为了有效管理,将也门分为南、北两省,北也门首都设在萨那,南也门的首都设在杰纳德(位于亚丁北部),省总督由麦地那中央政权派遣,总督从地方官员中挑选助手,协助管理。倭马亚王朝时期帝国划分为9个省区,也门和南阿拉伯为一个省区,前后历经7位省长,是帝国财政的重要来源之一。阿拔斯王朝强盛时期,作为帝国行省之一的也门经济发展、贸易活跃。阿拔斯王朝初期,也门上缴王朝的年税款达60万第纳尔,也门省长的月俸达1000第纳尔,王朝中后期也门上缴的年税高达87万第纳尔,省长的月俸已高达2000第纳尔。9世纪中叶以后阿拔斯王朝开始衰落,也门省曾于820年脱离阿拔斯王朝,建立了第一个独立王朝——基亚德王国,此后又出现过10余个独立和半独立的政权。

三　也门独立王朝

公元9世纪初开始，也门掀起了反对哈里发政权的斗争，并相继建立了一批独立、半独立的封建国家：基亚德艾米尔王国（818～1021年）、雅法尔艾米尔王国（824～1002年）、阿里·本·法德勒王朝（9世纪末至917年）、栽德派伊玛目①王朝（898～1962年）、纳贾赫王朝（1021～1159年）、祖赖阿王朝（1138～1174年）、哈蒂姆王国（1099～1174年）、马赫迪王国（1159～1174年）。1174年也门成为阿尤布王朝的属国，之后的300年间，也门先后建立了独立的拉苏勒王朝（1231～1450年）和塔希尔王朝（1450～1517年）。

上述王朝中对也门近代历史影响最大、存在时间最长的是栽德派伊玛目王朝。公元901年，叶海亚·本·侯赛因在也门建立栽德派伊玛目国家，以萨达地区为大本营将势力扩大到整个北也门地区。16世纪，伊玛目王朝打着伊斯兰旗号带领也门人民抗击奥斯曼人，并一度建立了统一的也门政权。从10世纪到20世纪历经1000多年，共51位伊玛目。1962年被也门民族民主革命推翻。

四　奥斯曼帝国对也门的两次占领

（一）奥斯曼帝国的第一次占领

1517年，塔希尔王朝最后一任国王阿米尔被马木鲁克人杀死，王朝灭亡后不久，奥斯曼帝国素丹塞利姆一世的使者来到萨那带来了马木鲁克王朝覆灭的消息，在萨那的马木鲁克司令亚历山大宣布归顺奥斯曼帝国。1538年8月，奥斯曼帝国素丹派遣苏莱曼帕夏率80艘战船和2万名士兵抵达亚丁港，用大炮轰开亚丁城，推翻了塔希尔人的最后一个地方政权，在亚丁建立了以比哈拉姆为首的奥斯曼人的政府。这一年被认为是奥斯曼第一次统治也门的开始。

---

① 伊玛目，阿拉伯语音译，原意为教长和领袖，历史上有些受宗教影响较深的阿拉伯国家元首由伊玛目担任，其制度具有政教合一的封建神权专制性质。

面对奥斯曼人以亚丁和札比德为基地向也门内地的扩张，萨那的伊玛目王国是也门存留下来的唯一王国，伊玛目沙拉夫丁的军队成为抗击奥斯曼人的主要力量。双方互有胜负，奥斯曼人始终没有彻底消灭也门的抵抗力量，并分别在 1552 年和 1570 年与伊玛目王国签署和平协议。1597 年，在也门抗奥斗争陷入低潮时，卡塞姆王朝兴起成为新的抗奥斗争的领导力量，在伊玛目穆艾伊德时期发动对奥战争，终于迫使奥斯曼军队于 1635 年全部撤出也门，结束了其对也门长达百年的占领与统治。

（二）奥斯曼帝国的第二次占领

18 世纪后半叶，也门国内大部分领土掌握在本土的统治者伊玛目的手中。1832 年，埃及总督穆罕默德·阿里以追击逃往穆哈的奥斯曼土耳其叛将为名，派大军前往也门占领了穆哈和荷台达等地。因为当时埃及名义上属于奥斯曼帝国，由此便开始了在奥斯曼旗帜下埃及对也门的统治。1836 年，阿里帕夏派驻军队占领了帖哈麦全境和塔伊兹地区，任命易卜拉欣为也门总督，首府设在荷台达。1840 年，受到来自英国和奥斯曼帝国的双重压力，阿里帕夏的埃及势力退出也门，等待也门的是奥斯曼帝国的第二次占领和英国殖民者对也门南方地区的占领。

1849 年，奥斯曼帝国在红海海岸成为军事存在。接下来的 10 年中，奥斯曼军队遭到北部阿西尔地区艾米尔的反抗，至 1869 年苏伊士运河开通后，奥斯曼帝国才在也门北部高原站稳脚跟。1872 年，奥斯曼军队占领萨那，并迅速控制萨那南部塔伊兹地区。也门的政治、军事和财政大权完全落入奥斯曼当局手中。

尽管也门伊玛目穆塔瓦基勒与谢里夫侯赛因的争端使得奥斯曼人第二次占领也门时没费一枪一弹，但奥斯曼人在也门的统治并不牢固。从 19 世纪 70 年代起，也门各地方的部落开始了反对奥斯曼人的游击战争，也门成为"奥斯曼人的坟墓"。1904～1905 年，也门爆发大规模反奥起义，迫使奥斯曼素丹政府承认起义的领袖叶海亚·伊本·穆罕默德任也门的伊玛目。1911 年，双方签订《达安合约》，根据合约，奥斯曼政府承认叶海亚在北部山区自治，叶海亚则承认奥斯曼帝国的宗主权，1913 年，奥斯曼素丹正式承认也门的自治权，承认伊玛目叶海亚对也门什叶派部落地区

的教权和政权。也门名义上虽然还是奥斯曼帝国的领土，但事实上北方已获得独立主权。奥斯曼帝国在第一次世界大战中战败，1918年，也门北方正式脱离奥斯曼帝国宣告独立，建立了穆塔瓦基利亚王国。

奥斯曼帝国两次占领期间，所带来的暴政、腐败和残酷剥削给也门人民造成了极大痛苦。但与第一次相比，奥斯曼人第二次占领也门时期，经过坦齐马特改革洗礼和受西方现代文明影响的开明总督，在也门推行了现代化改革。主要措施包括以下几个方面。政治上在也门一些地区设置了具有代议制性质的"行政会议"，行政会议由人民代表组成。在也门原有单一伊斯兰教法法庭基础上，增加了商业法庭、民事法庭以及上诉法院和最高法院。经济上推行了改进交通和引进现代农业技术的措施。派遣一批农业专家进入也门，其中包括也门农业实施和土地状况研究小组，安排烟草、果树和棉花种植领域的专家培训当地村民，将进口的优良种子免费分发给农民，并保证专家指导的长期化。教育领域，1900年奥斯曼帝国的《公共教育法》在也门实施，萨那成立了教育行政管理机构——教育局和师资局。在萨那、荷台达等城市创办了一批初级中学和几所工业学校，萨那还开设了一所军事学校。1901年，也门出现了两所职业夜校、两所中学夜校、两个教师机构、六所小学和三所中学，服务于1600名"热切支持"的学生。在奥斯曼人开办的新型学校学习过的年轻知识分子，成为也门独立后伊玛目叶海亚政府司法、行政、教育和军队等部门中的管理人才。奥斯曼帝国的上述改革为也门未来社会现代化发展打下了一定基础，但其改革的目的是维护帝国在也门的统治，所以改革成效有限，贫穷、落后仍与也门社会紧紧相连。

五 也门早期历史的评述

第一，早期历史为也门人共同的民族文化心理奠定了基础。也门人都承认自己是盖哈坦的子孙，盖哈坦王朝全盛时期的国王萨巴·阿卜杜·舍姆斯的两个儿子凯赫兰和希木叶尔的后裔形成了也门古代史上的两大部族——凯赫兰族与希木叶尔族，这两大支系在也门经过长期发展，分化成大大小小、数以百计的部落群体，今天的也门人，大多可以追溯到这两个

第二章 历 史

部族。也门古代的萨巴王国和希木叶尔王国就是这两个部族建立的,也门人至今以其历史上有这两个强盛时代而自豪。此外,萨巴王国时期修建的马里卜大水坝,在阿拉伯古代历史上占有极其重要的地位,它的名字不仅见于《古兰经》,而且常出现在古代阿拉伯诗歌、散文、故事和传说中,它的兴衰成为阿拉伯民族历史从渐变到突变的里程碑。因此,也门共和国将马里卜大水坝的图案刻在了国徽上。

第二,部落生活始终是也门社会生活的重要组成部分,其影响延续至今。部落最初是同血缘亲属的集合体,首领称吉勒(即酋长)。随着一部分部落人口、财富和势力的增长,逐渐吞并或统辖其他部落,形成部落联盟。部落联盟具有全面的社会、政治和经济职能。几个部落联盟形成国家,如希木叶尔王国就是由 8 个部落联盟组成,以希木叶尔为王国的统治核心。古代也门,最强大的部落联盟的首领成为国王,其他部落酋长担任省、区等地方行政长官,大部落首领集团和军事力量在国家政治中起着支柱作用,国王与各部落首领间存在相互依存的经济和政治关系。因此,国王对部落联盟长时而拉拢,时而分化打击,这种关系导致部落间矛盾迭出、争战连绵、部落的地位变幻不定,因此也门社会难以实现长期的稳定和安宁。

第三,也门早期历史更是一部文明融合的历史。自公元 6 世纪始,也门国内先后遭受阿比西尼亚人和波斯人的入侵统治,导致了一场持续 400 年的从南方迁到北方的阿拉伯民族大迁徙。其中,也门的京岱部落迁居到阿拉伯半岛中部;奥斯部落和海兹莱吉部落迁徙到叶斯里布;胡扎尔部落迁徙到麦加附近;百努·加萨尼族人迁徙到叙利亚地区并建立了加萨尼王国;百努·来赫米族人迁徙到伊拉克南部并建立了希拉王国。因此,整个阿拉伯半岛、叙利亚、巴勒斯坦乃至北非,都遍布着从也门迁徙而来的部落,有些迁徙部族还建立起强大的王国,宗教信仰和文化语言的广泛交流融合使得也门成为阿拉伯民族和文化的发祥地之一。

第四,伊斯兰教提供了共同的宗教基础。也门人早期宗教经历了从拜物教到一神教的转变,7 世纪早期,作为最早开始伊斯兰教化的地区之一,也门人普遍皈依伊斯兰教。如今伊斯兰教亦是也门的主流宗教,99% 的居民是穆斯林。11~16 世纪也门诸多政教合一的独立王朝的统治,对

25

也门政治、经济、文化和社会生活具有重要影响。伊斯兰教还在近代也门反对殖民主义、实现民族国家独立中发挥了重要作用。

第三节 近现代简史

一 穆塔瓦基利亚王国与阿拉伯也门共和国的建立

(一) 穆塔瓦基利亚王国的建立与统治 (1918~1962年)

一战结束后,奥斯曼帝国土崩瓦解。1918年11月,伊玛目叶海亚入主萨那,建立了以其尊号命名的穆塔瓦基利亚王国。也门成为阿拉伯地区第一个脱离殖民统治宣告独立的国家。1923年7月,英、法、意、苏、土等国签订的《洛桑条约》承认也门为国际公认的独立王国。也门进入了一个新的历史时期。

1. 穆塔瓦基利亚王国统一也门的努力

穆塔瓦基利亚王国成立伊始,控制阿西尔地区的伊德里斯人成为叶海亚最危险的竞争者和实现也门统一的重要障碍之一。1922年,伊德里斯人又从英国人手中接管了帖哈麦地区和荷台达与伊玛目政权分庭抗礼。同年,叶海亚乘伊德里斯死后统治家族内讧之机夺取帖哈麦及荷台达,接着向阿西尔地区进军,伊德里斯人被迫向沙特求助,双方签订保护条约。1924年,沙特占领阿西尔北部地区。1934年,沙特与叶海亚谈判无果后进军也门,也门人在北部山区取得局部胜利,但在西部沿海地区损失惨重,双方重新回到谈判桌前。1934年5月19日,叶海亚与沙特的代表签订了为期20年的《塔伊夫条约》,根据条约,阿西尔、吉赞和奈季兰地区划入沙特阿拉伯版图,结束双方的战争状态。

1918年底,英国动用15艘军舰炮击荷台达、萨利夫、穆哈等港口城市,并出兵占领帖哈麦的海港和城镇,企图扩大其在也门的殖民势力,迫使伊玛目叶海亚承认英国对也门南方地区统治的合法性。叶海亚强烈反对英国入侵帖哈麦,要求其归还占领的南方领土。几经谈判破裂后,1928年6月,英国军队在军舰和飞机掩护下向叶海亚占领的南方城镇发起了大规模进攻,叶海亚被迫撤离。1934年2月,英国乘也门同沙特阿拉伯因边境纠纷发生战争之机迫使也门签订了为期40年的英也《友好互助条约》,即《萨那条约》。根据条约,英国承认也门独立,但要也门同意"暂缓"解决边界问题,从而暂时结束了英也双方因南方问题而产生的长期冲突,也门被正式分割为南、北两部分。

虽然伊玛目叶海亚统一也门的活动失败了,但其从西北部萨达到中西部帖哈麦地区的统治疆域逐渐确立。重要的是,伊玛目在与英国和沙特签订条约时都是以他的尊号伊玛目叶海亚·穆罕默德·哈米德丁即也门国王的名义进行的,这意味着也门已经成为获得国际社会承认的独立国家。

2. 封建神权统治的强化

叶海亚建立的穆塔瓦基利亚王国是一个典型的政教合一的国家,栽德派伊玛目叶海亚既是宗教领袖,也是政治元首——国王和国家最高军事统帅,以高度的专制和庞大的官僚体系维护王权。伊玛目任命王族和"圣裔"(先知穆罕默德后裔)家族成员担任中央政府官职;同时加强对地方的管理,效仿奥斯曼帝国统治也门时的做法,将也门划分为7个行省,下设县、区、村各级行政机构,任命地方官员和教法执行官代其行使职权,审批所有地方行政事务。伊玛目王朝从建立时起,政权不依附于任何阿拉伯王朝,并反对外国殖民主义入侵,受到了也门人的拥护,成为从中世纪到近代也门民族主义政权的典范。另外,为了达到维护封建制度和统治权力的目的,独立后的伊玛目政权采取闭关锁国政策,抵制一切外来影响。民族主义和国家封闭是穆塔瓦基利亚王国统治的特点。

3. 现代宗教、政治改革运动的兴起

长期的专制统治和闭关自守使得独立后的也门一直处于封闭保守、愚昧落后状态,人们对叶海亚的统治日渐不满。自20世纪30年代中期开始,也门出现了反对伊玛目专制统治的现代宗教和政治改革运动。具有代表性的有艾哈迈德·本·穆塔阿在1935年组建的要求伊玛目进行改革的"斗争协会"和艾哈迈德·阿卜杜勒·瓦哈布·瓦里斯发起的伊斯兰现代主义改革运动。这些协会、运动都受到伊玛目当局的打压,但也门革命活动并未停止。知识分子和民族主义者努曼和祖贝里于1942年发起自由人

运动，运动形式经历了从早期秘密聚会到建立世俗学校公开宣传改革思想再到建立各种组织和党派的过程。自由人运动的领导者们先后发起了"劝善戒恶"青年运动，建立了也门自由人党、也门"伊斯兰改革集团"、也门协会以及1952年的也门联盟等。自由人运动还发动了1948年和1955年政变，但均以失败告终。

穆塔瓦基利亚王国时期伊玛目叶海亚成功地通过政教合一的神权专制统治将一盘散沙的也门社会置于其管理之下。与当时混乱的南部相比，伊玛目治下的北也门地区保持着和平稳定的局面。尽管伊玛目严格控制与国外的交往，但也门并不是"禁地"，作为阿拉伯世界最早实现独立，统治疆域摆脱外部势力干预的国家，也门这一时期与阿拉伯世界的交往并没有停止。伊斯兰现代改革思潮及现代民族主义运动和组织的兴起不断冲击着王国的政治合法性，最终人们在1962年的"9·26"革命中推翻了伊玛目的神权统治。

（二）阿拉伯也门共和国的建立与发展（1962～1990年）

1962年，阿拉伯也门共和国的建立标志着也门结束了封建神权统治，进入现代国家构建的全新阶段。

1. "9·26"革命与共和国的建立

第二次世界大战后，随着阿拉伯民族解放运动的高涨，也门国内出现了以要求推翻封建神权统治，建立自由、统一的也门共和国为目标的民族主义运动。1952年7月，埃及"自由军官组织"发动革命推翻了封建王朝，掌握了国家政权，这对也门军队中的爱国官兵产生了巨大影响。1954年，也门国内建立了旨在反对伊玛目专制统治的秘密军官组织。1961年10月，阿卜杜·克利姆·苏克里等15名年轻下级军官秘密组建了"自由军官组织"，确立了推翻伊玛目政权的目标，提出彻底变革政治、经济和社会结构的主张。"自由军官组织"成为也门新兴爱国革命运动的领导者、组织者和重要执行者。

1962年9月19日，伊玛目艾哈迈德去世，王储巴德尔继承伊玛目和国王职位。新国王颁布的第一道诏书是严厉镇压任何反抗新政权的人，这道诏书在"自由军官组织"中引起了强烈反响，成为革命爆发的导火索。1962年9月25日晚，王宫近卫队司令萨拉勒率兵占领了首都市内的军火库、广播站等

第二章 历 史

要地，并派坦克包围了王宫，同时炮击寝宫。国王及其随从从王宫后花园逃跑，流亡沙特。9月26日早晨，"自由军官组织"控制了萨那。7时整，萨那广播电台向也门人民和全世界庄严宣告，伊玛目王朝已经被推翻，阿拉伯也门共和国诞生了。根据革命指挥部的行动计划，塔伊兹、荷台达、哈杰等地的战略要冲均被"自由军官组织"占领，当地的局势被控制，为全国革命的胜利奠定了基础。革命成功的当天，成立了以萨拉勒准将为首的国家最高权力机关——革命指挥委员会，第二天萨拉勒领导的第1届内阁成立。

2. 内战的过程与共和国政权的巩固

第一，两大阵营的形成。"9·26"革命成功后，以伊玛目巴德尔为首的王室残余势力纷纷逃往沙特阿拉伯寻求庇护和援助。沙特王室出于维护和巩固自身政治利益的考虑，担心也门共和革命浪潮引发连锁反应，遂选择支持伊玛目巴德尔是也门合法政权的唯一代表，并向王室势力提供武器弹药、给养和财政援助，全力支持巴德尔推翻共和政权，恢复王位。占领南也门的英国殖民主义者与在也门及阿拉伯半岛有着经济、政治利益的美国，为维护既得利益，对也门革命采取敌视态度。也门国内西部地区部落也选择支持伊玛目。于是在各种利益驱动下，形成了一个反对也门共和政权的君主派阵营。面对外部势力支持下的君主派武装力量，新生的共和国受到埃及的帮助。纳赛尔政府在派遣部队、提供武器装备和开展军事行动上给予共和国大力支持和援助，并帮助也门共和政府建立了自己的管理机构。苏联出于南下战略利益的考虑，宣布承认共和政府，并向也门派出军事顾问，帮助共和政权训练军队。此外也门国内最大的部落联盟——哈希德部落和沙斐仪、帖哈麦地区各部落都表示支持共和政府。至此，也门国内形成共和派和君主派两大阵营，随之而来的内战不仅是沙特和埃及大国的较量，也演变为也门国内各部落之间的战争。

第二，内战持续与和平解决内战问题的努力。在共和国成立的第一周，伊玛目巴德尔的叔父哈桑亲王在部落武装的支持下攻占了焦夫的哈兹姆城、艾勒哈卜地区的萨纳万和萨达省府萨达城。同时盘踞在南也门的英国派飞机轰炸萨那东部的马里卜和哈里卜，策应君主派武装占领这两座城市。在萨那城危在旦夕之际，共和派在埃及伞兵部队的支援下，抢占了萨

尔瓦赫城的两处制高点，经过激烈战斗迫使君主派武装退出萨尔瓦赫城。1962年11月上旬，君主派武装占领了也门西北部的哈赖德，基本控制了也门东部和北部地区，巴德尔的指挥部从沙特转移到也门北部山区，形成了君主派和共和派两个政权对峙的局面。面对日趋严峻的局势，同年11月11日，也门共和政府与埃及签订了为期5年的《共同防御协议》。按照协议，任何一方受到武装侵略，另一方将给予全力支持，双方还建立了由埃及人所主导的最高委员会和军事委员会。1963年1月，埃及负责也门事务的总统委员会成员萨达特在也门视察后制订"斋月攻势"计划，并将在也门的埃及军队增加到了2万人。2月16日，埃及副总统兼武装部队总司令阿米尔元帅亲自指挥机械化部队由萨那北上，途中击溃了1500名君主派武装的阻击，2月18日攻克萨达城，接着攻占了焦夫省的哈兹姆城。随后埃及军队与也门共和派军队联合作战，歼灭了哈里卜的君主派武装力量，于3月7日占领哈里卜城。"斋月攻势"计划的胜利，使共和派几乎控制了也门所有的重要城镇和主要公路，共和政权趋于巩固。

　　1964年1月13日，第1届阿拉伯国家首脑会议在开罗举行。会议期间，埃及总统纳赛尔向沙特阿拉伯王储费萨尔提出了和平解决也门问题的建议，但遭到费萨尔的拒绝。此后4个多月，君主派武装向共和国和埃及军队发动了一系列军事行动，甚至一度切断了萨那周边重要的公路，破坏了共和派的后勤供给线。同年6月13日，在埃及纳赛尔总统访问也门后，双方签署了《统一协调协议》，规定两国在政治、经济、军事等方面"统一政策"和"统一行动"，并建立了埃也协调委员会和联合军事委员会，同时发动了夏季攻势，在杰贾地区重创君主派军队，攻占了卡拉山并捣毁了巴德尔的指挥部，巴德尔逃生后立即组织反击。在激战中交战双方都有巨大的人员伤亡。

　　1964年9月5日，第2届阿拉伯国家首脑会议召开之际，许多阿拉伯国家领袖对也门内战升级深感不安，因此开始为两派和解而呼吁奔走。10月底，在埃、沙两国政府代表的参与下，以祖贝里为首的共和派代表团和以艾哈迈德·穆罕默德·沙米为首的君主派代表团举行秘密会议。双方商定于1964年11月8日晚11点停火，通过了停止一切敌对活动的决

第二章 历 史

定。但双方并未执行停火决定，而是积极调动军队，争取军事上的主动权。战火再起，和平协议化为泡影。

埃及对也门的全面援助带来的是其对也门国内政治、经济、军事的全面干预，这导致1964年至1965年的共和国内部爆发政治危机，1966年上半年，君主派连连获胜，而共和国军队处于被动挨打态势。

1965年8月初，一大批来自也门君主派、共和派和中立派方面的部落酋长、宗教学者和社会名人聚集在沙特阿拉伯的塔伊夫城，举行非官方的民间会议。会后发表《塔伊夫宣言》，明确表示要在也门建立过渡政权，进行公民投票以决定整体形势，并对埃及军队撤出和沙特阿拉伯停止援助进行监督。代表们还决定过渡时期的国家名称为"也门伊斯兰国"。塔伊夫会议使埃及总统纳赛尔大为震动，为了避免埃及在也门问题上陷入被动，埃及与沙特在8月23日签署了解决也门问题的《吉达协议》。然而在随后召开的哈赖德会议中，君主派和共和派各执己见，互不妥协，导致会议陷入僵局。

此时埃及驻军与也门共和国领导集团内部的斗争升级，共和国内部的"清洗运动"导致政局动荡。面对也门国内的抗议，1967年10月30日，埃及军队全部撤出也门，也门萨拉勒总统在政变中下台，新成立的以埃利亚尼为首的共和委员会开始执政。共和派内部的政局动荡和埃及撤军，使君主派乘机开始向萨那发动强大的军事攻势，并很快完成了对萨那的包围。面对君主派的围攻，共和派在苏联和叙利亚战机的援助下进行战斗，历时70天，解除了萨那的被困局面。此次胜利使共和国的地位得到巩固，而君主派武装力量遭到重大损失，从此一蹶不振。

第三，也门民族和解的实现。"70天战斗"结束后，也门国内外形势日趋朝着有利于和平解决内战问题的方向发展。首先，以埃利亚尼为首的温和派在共和政府中的统治地位进一步确立，排除了激进派对和解进程的阻挠。其次，君主派统治集团中受现代思想影响的年轻王室家族成员们对伊玛目传统观念的弱化和推行现代化政治改革的主张有助于拉近与共和派的距离。同时外援锐减，1969年末，君主派的主要领导成员都流亡海外，推翻共和制恢复君主制已然无望。最后，"70天战斗"使沙特阿拉伯确认

君主派已不可能战胜共和派，沙特决定寻求与共和派改善关系的机会。1970年3月，也门共和国总理兼外长艾尼同沙特苏勒坦亲王就双边关系及结束也门内战问题举行会谈，并签订《吉达协议》。协议要求：双方停止宣传战；实现严格停火；沙特停止对君主派的援助，并承认共和政权等。

也沙关系实现重大改善后，在沙特阿拉伯政府的调停下，也门君主派承认《吉达协议》的基本原则，与共和派达成谅解。双方经协商，确认君主派人士艾哈迈德·穆罕默德·沙米教授为共和委员会委员，侯赛因·穆尔法克等4人为内阁成员，加迪尔等10位酋长为全国委员会委员。1970年7月21~27日，阿姆里率也门代表团访问沙特，沙特政府正式承认阿拉伯也门共和国，双方同意建立大使级外交关系。至此，也沙实现全面和解，持续近8年的也门内战正式宣告结束。

3. 内战后共和国的政治变迁

北也门实现民族和解后进入和平发展建设阶段。1970年12月底，国民议会制定了永久宪法，1971年初，通过选举产生了新的立法机构协商会议，哈希德部落大酋长艾哈迈尔被推选为议长，并再次组成了以埃利亚尼为首的5人共和委员会。但是埃利亚尼执政期间，北也门由于受强大部落势力困扰和起伏不定的南、北也门政治关系影响，国内政局一直不稳定，并引发数次政治危机。1970~1972年，埃利亚尼被迫四次更迭内阁总理，内阁的频繁改组导致政府行政部门工作效率低下，行政、财政腐败现象不断滋生。1974年3月，埃利亚尼任命哈桑·穆罕默德·马基博士组成新政府，这届政府更加独立于部落势力，有利于中央政权决策的实施。但在部落势力不断施压下，议长艾哈迈尔发表了一份谴责行政管理不善的备忘录，议长与共和委员会主席间的矛盾公开化，6月12日，埃利亚尼向议会提出辞呈，议长艾哈迈尔也决定辞职。在国家最高权力出现真空之际，武装部队副总司令哈姆迪中校在1974年6月13日决定成立由10名军官组成的指挥委员会，全面接管国家政权。哈姆迪任指挥委员会主席兼武装部队总司令。这次运动打着纠正错误、反对腐败的旗帜，因此被称为"6·13"纠偏运动。

哈姆迪的新政权宣布取消共和委员会，冻结协商会议，终止宪法，禁止政党活动。将国家最高政治权力和议会的立法权全部掌握在指挥委员会手中，成立了以穆赫欣·艾尼为首的内阁。哈姆迪执政后限制部落酋长的权势，清除政府和军队中的部落势力，严禁部落酋长干涉国家正常行政。1975年10月，哈姆迪政府成立"行政、财政最高纠偏委员会"，对国家各级行政部门的行政和财政工作进行全面监督检查，惩治腐败，打击犯罪，并在国家各机关的知识分子阶层中选拔人才。哈姆迪执政期间，北也门国家出现了明显的进步。也门开启了第一个五年计划，但哈姆迪打击部落酋长势力，与南方领导人恢复对话的政策使得部落势力极为不满。1977年10月11日，哈姆迪在准备前往亚丁与南也门领导人讨论南、北也门统一方案的前夕，在萨那遇刺身亡。哈姆迪的遇害，使得也门政局面临新的动荡。

哈姆迪遇害后，武装部队副总司令兼参谋长、指挥委员会成员加什米接任指挥委员会主席职务，他宣布决不同部落势力谈判，除非他们承认国家法律的权威，同时将维护与南也门的友好关系，从而导致他与部落关系恶化，发生了一系列针对加什米的刺杀事件。1978年6月24日，加什米总统在总司令办公室会见南也门政府特使时，特使携带的手提箱发生爆炸，加什米总统及特使当场身亡，这导致南、北也门关系恶化，国内形势十分严峻。

加什米总统遇害同一天，北也门成立总统委员会负责行使国家最高权力。7月中旬，萨利赫被人民议会选举为共和国总统兼武装部队总司令。萨利赫是北也门共和革命后执政时期最长、政绩最为显赫的领导人。萨利赫执政后首先争取到前议长艾哈迈尔的坚定支持，此后致力于完善国家政治和法律制度，促进部落与现代国家融合。1982年8月召开的全国人民大会第一次会议通过的《民族宪章》，作为全国政治行动的指导方针，提出了以宪政民主和社会法制为施政原则，以实现社会公正和平等为目标。为了促进部落制度与现代政治制度的融合，萨利赫政府实行多党制和宪政民主，向每位公民包括部落成员提供正常的参政途径。部落成员可通过全国议会选举和地方选举进入国家和地方议会；宪政民主为部落提供了直接与政权对话和表达意愿的合法政治途径，同时规范了部落代表的政治行为

和部落势力的政治发展轨迹。全国人民大会党逐渐衍化为北也门唯一合法的执政党。1983年和1988年，萨利赫两次蝉联总统。萨利赫执政时期，北也门国内基本实现了安全与稳定，政府关心农业生产，大力开发石油资源，加大教育、卫生等的投入力度，社会经济得到恢复和发展，人民生活水平有所提高，国家呈现初步繁荣的景象。

总之，阿拉伯也门共和国的建立是也门近现代史上的标志性事件，是也门从封建神权统治迈向现代国家的开端。虽然内战结束后，北也门政治动荡，更迭频繁，但总体上共和国历届政府都努力进行现代国家的建设。

二 英国对也门南部的占领与南也门人民共和国的建立

（一）英国在也门南部的殖民统治

历史上，也门南部地区因为优越的地理位置而具有特殊的商业和战略意义。奥斯曼帝国1538年控制亚丁以前，该地区一直处于各自为政的当地素丹和部落酋长的控制之下。1843年，英国组建亚丁殖民地，海因斯被委任为亚丁殖民政府首任长官。此后亚丁成为英国在东方的重要军事基地和贸易转运站。1839～1914年的70多年间，英国采取武力威胁与金钱收买相结合的手段，先后迫使或诱骗各素丹和酋长同其签订一系列条约，逐渐将势力扩展到整个南也门地区。英国殖民当局以亚丁为政治统治中心，将其在南方的保护地分为东西两部分。西亚丁保护地包括莱希季、阿比扬等地区的20个小国，东亚丁保护地包括哈德拉毛的古阿伊蒂和凯西里等7个小国。英国的蚕食政策，引起控制也门北方的奥斯曼当局的不满。1914年，英国与奥斯曼帝国签署了一项条约，在奥斯曼控制的也门北部地区与英国控制下的也门南部地区之间，划了一条分界线。这条分界线自丕林岛起至班纳河止，但班纳河以东的边界未划分，形成了长期以来的未定界。这条边界线的划定，表明奥斯曼政府事实上已经承认英国对也门南部地区的统治。英国对也门南部的殖民统治导致穆塔瓦基利亚王国统一也门的努力归于失败，也门被人为地划分为南、北两部分，这阻碍了也门近代统一国家的形成。

殖民统治初期，英国奉行分而治之的政策，通过在各小国及部落之间制造矛盾和纠纷,进而加强各素丹、埃米尔、部落酋长在经济和安全方面对英国的依赖性。第二次世界大战后,南也门地区要求实现独立和南、北也门统一的民族主义运动兴起,迫使英国不得不调整策略,企图将亚丁保护地几十个分散的酋长国和素丹国拼凑成一个受英国控制的"联邦"。1954年,殖民当局拟定的联邦基本框架、原则和宪法草案规定:英国高级官员为联邦主席,享有总督所享有的全部权力,负责联邦的外交和安全事务;设立一个由联邦各国首脑组成的最高委员会,处理联邦的政治问题和审批法令;成立以英国总顾问为首的行政委员会,负责联邦的日常行政事务;成立立法会议,由入邦各国代表和行政机构代表组成,负责审定行政委员会提交的法律法规。这一计划受到南也门民族主义者和众多酋长国、素丹国的反对。从1958年4月开始,英国通过武装占领和胁迫的方式陆续使亚丁保护地的法德利、下亚菲阿、奥扎利以及莱希季素丹国加入联邦,成为"南阿拉伯联邦";1963年亚丁殖民地也正式成为其成员。"南阿拉伯联邦"虽然建立,但英国仍通过附加条约强调保留其对亚丁的主权,南也门的殖民地位并未改变。此外,英国还在亚丁殖民地推行所谓的"立法会议"举措。殖民当局指定的选举法则规定:凡来自也门北方和南方的阿拉伯人(约占亚丁殖民地人口的1/3)无选举权和被选举权;候选人和选民必须每月有150先令的收入;妇女无选举权。这样,绝大多数亚丁人几乎没有实际的选举权和其他的政治权利。1947年英国殖民当局在亚丁炮制了16人组成的立法会议,1958年,进行立法会议改选,23名议员中5名为亚丁殖民政府的英国官员,6名由殖民当局指定,12名通过所谓的"选举"产生。殖民当局推出的"立法会议"举措,不仅没能缓解殖民当局与亚丁人民的矛盾,还进一步加剧了亚丁和南也门人对立法会议的欺骗性和殖民制度本身的不满,反英斗争的浪潮不断向纵深发展。

(二) 南也门民族解放运动的兴起

自1839年英国占领也门南部后,当地人民反对英国占领者的起义时有发生。到20世纪40年代反英运动表现为成立了大量小规模的社会和政治俱乐部,如亚丁就有阿拉伯文学俱乐部、改革俱乐部、伊斯兰联盟等,

这些带有民族主义倾向的半政治团体提出了各种改革方案。亚丁之外的有莱希季的亚丁人民俱乐部、哈德拉毛地区的统一委员会等。这些组织分布广泛，但缺乏统一的领导，影响力有限。20世纪50年代，受阿拉伯世界民族解放运动的影响，也门南部民族主义运动蓬勃发展，出现了学生游行、工人罢工和组建政治党派等多种组织形式。1956年，莱希季和阿比扬爆发了由青年学生发起的反英示威游行活动；随后要求提高工人工资待遇的罢工活动在亚丁出现，仅1956年就发生了70次工人罢工活动；注册工会数量从1952年的2个增加到1959年3月亚丁商贸工会代表大会中的25个。50年代后期哈德拉米改革联盟、社会民主党、人民联盟党相继组建。1956年，共产党人巴吉卜和阿卜杜拉·努曼等人领导的一些爱国团体，联合组成了"民族统一阵线"，在也门南部历史上第一次高举民族旗帜，号召摆脱殖民主义统治，实现政治独立，谴责分裂主义，主张也门统一。1961年，这一运动的骨干组建了"人民社会党"，进行政治活动。

1959年，阿拉伯民族主义者运动（以下简称"阿民运"）在亚丁建立支部，号召成立包括所有反对殖民主义的民族、民主力量在内的民族阵线。1963年8月18日，阿民运代表与南也门其他反英地下民族主义组织代表及军人、部落人士在萨那举行了"全民代表大会"，成立了以阿民运为主体的"被占南也门民族解放阵线"（以下简称"民阵"）；大会决定采取武装斗争的方式，把南也门从英国殖民主义者手中解放出来；组成了以卡坦·穆罕默德·沙比为首的领导机构，并于1963年10月14日在拉凡德山区发起了反英武装斗争，从此南方人民反对殖民主义的方式从政治斗争转为武装斗争。尽管1966年埃及主导的将"民阵"与抗衡"民阵"的"被占南也门解放组织"合并为"被占南也门解放阵线"（以下简称"解阵"），限制了"民阵"在也门民族解放运动中的领导地位，但最终"民阵"脱离"解阵"后，在南也门境内发起全线攻势，取得多个胜利，这迫使英国政府同意南也门独立。1967年11月30日，南也门人民共和国宣告成立，结束了英国对南也门长达129年的殖民统治。

(三) 独立后南也门的政治变迁

南也门人民共和国成立后,"民阵"成为执政党,"民阵"领袖卡坦·穆罕默德·沙比出任总统。为了摆脱西方殖民主义的控制,南也门新政权与苏联等社会主义国家发展友好关系,并受其影响开始探讨"社会主义"发展道路。1968年2月,在"民阵"第四次代表大会上,以沙比和拉蒂夫为首的一派同以伊斯梅尔和鲁巴伊为首的一派围绕国家发展道路问题产生分歧。前者主张南也门应寻求西方援助以解决财政困难,坚持实施既不是资本主义也不是共产主义的"社会主义",认为进行"社会主义"改造的步伐不宜过快。后者则主张进行土地改革,实行"耕者有其田",在城市推进国有化进程,走"民族社会主义"道路,同苏联等社会主义国家结盟。后者在这次会议上占了上风,大会决定南也门选择"民族社会主义"道路。但会议后沙比没有执行大会决议,并对以伊斯梅尔、鲁巴伊为首的"民阵"左派采取了打击措施,大肆逮捕左派人士及其支持者。1968年7月,鲁巴伊领导的人民卫队挫败了沙特阿拉伯和美国中情局在阿瓦里格地区策划的反对共和国的武装叛乱,得到广大人民的拥护。1969年6月,回到亚丁的伊斯梅尔和鲁巴伊在"民阵"大多数成员和社会各界的支持下,于6月22日发动纠偏运动,推翻了卡坦·穆罕默德·沙比政权。

沙比政权被推翻后,纠偏运动的领导者成立了国家最高政权机构——总统委员会,鲁巴伊任主席,伊斯梅尔任"民阵"总书记。1970年完成了第一部国家永久宪法的制定工作,同时将南也门国名改为"也门民主人民共和国",确立了共和制的国家政体。1975年后,南也门执政集团内部再次分裂为以鲁巴伊为首的温和派和以伊斯梅尔为首的强硬派。1978年6月26日,在苏联支持下伊斯梅尔发动武装政变战胜了温和派。1978年10月11日,以原执政党"民阵"为主体,包括南也门所有进步政治组织组建了一个新党——也门社会党(以下简称"也社党")。10月底,成立新的国家权力机构和立法机构——最高人民委员会(11人),取代原来的总统委员会执掌政权。1978年新宪法规定也社党领导国家。同年12月,最高人民委员会选举主席团,伊斯梅尔当选主席团主席,成为国家元首。1980年,阿里·纳赛尔总理迫使伊斯梅尔辞职,自己身兼也社党总

书记、最高人民委员会主席和政府总理三职,纳赛尔执政后采取较为温和、务实的做法,再次引起党内以安塔尔为首的强硬派的不满。1986年1月13日,在也社党政治局开会之际,阿里·纳赛尔的支持者冲进办公室,手持冲锋枪向强硬派委员扫射,从而引发了两派之间一场大规模的武装流血冲突,至1月24日,强硬派取得了这场冲突的胜利。历时12天的武装冲突,导致1.2万人死亡,战火使许多建筑物和公用设施被破坏,给南也门的经济建设和社会稳定造成极大影响。

新政府中前总理阿塔斯出任最高人民委员会主席,亚辛·努曼担任总理,比德担任也社党总书记。以比德为总书记的也社党新领导集团为了稳定局势,首先对亲阿里·纳赛尔分子进行拘捕和清洗,后发布大赦令,并在1986年9月举行大选,产生合法政府。经过一年多的努力,新政权得到巩固,社会基本实现稳定。20世纪80年代末期,在苏联等国大力推行政治、经济、社会改革的同时,比德政权开始接受戈尔巴乔夫的政治、经济改革思想,根据南也门的具体国情进行了试探性改革,直至1990年南、北也门实现统一。

三 也门国家统一的实现

历史上也门曾经是一个统一的国家,也门人认为自己是同一民族的后代,有着共同的历史、文化、语言文字和民族情感。19世纪,列强入侵将也门割裂为南、北两部分。结束南、北也门的分离状态,实现民族统一,早已成为南、北也门人民的共同期盼。北也门宪法规定,也门是不可分割的整体,实现统一是全体公民的神圣责任。南也门的宪法则把也门统一作为执政党的一个原则,强调为建立统一的也门而奋斗。共同的意愿为南、北也门的统一奠定了坚实的基础,南、北也门宪法则为国家统一提供了法律保障。

(一) 南、北也门统一的制约因素

也门统一的道路上存在不少制约统一进程的因素。首先是历史上穆塔瓦基利亚王国的伊玛目在北也门的专制统治和英国在南也门的殖民统治给南、北地区遗留下来的矛盾与隔阂。其次是南、北也门内部的差异性。革

命后的北也门和独立后的南也门走上了截然不同的发展道路。北方奉行民族和解和经济自由主义政策；南也门则采取"民族社会主义",实行计划经济。南、北双方都希望统一后的也门实行自己的社会制度,从而引发出新的矛盾及冲突；南、北也门内部各自政权更迭频繁,影响国内政治稳定。此外北方保守的伊斯兰、部落势力坚决反对同奉行社会主义政策的南也门政权对话,抵制与该政权统治下的南也门合并。最后是外部因素的影响。在冷战大环境下,美苏两极在中东特别是南阿拉伯半岛激烈争夺势力范围,插手也门事务,造成南阿拉伯地区政治动荡,南、北也门长期对峙。南也门独立后苏联通过政治、经济、军事援助和意识形态方面的影响,将南也门牢牢控制在手。对于也门的统一,苏联支持南也门主导下的统一,反对北也门对南也门的吞并；美国为了抵制和抗衡苏联的势力,除加强对沙特及其他海湾国家的支持和在南也门寻求反对派力量外,还企图通过直接或间接的经济、军事援助吸引北也门,利用南、北也门之间的矛盾,挑起事端,支持北方与亲苏的南也门对抗,干扰南、北统一进程。此外,沙特阿拉伯是影响也门统一的重要的地区力量。沙特认为萨那的共和政体与亚丁的"马克思主义"政体的统一,将使沙特阿拉伯面临一个人口众多、军事力量强大的对手,这不仅会使其失去在北也门传统势力中的影响,还会对沙特本身及红海地区的安全构成威胁。因此,对南、北也门的统一进程采取阻挠政策,通过经济援助对北也门进行控制,并扶植北也门亲沙势力同南也门相对抗。

由于上述因素的综合影响,南、北也门的统一进程变得漫长而曲折。

(二) 曲折的统一进程

1. 两国达成第一份统一协议

1967年11月,南也门独立建国后,南、北双方关系发展良好,双方领导人开始围绕统一问题进行频繁接触,寻求实现统一的途径。1970年11月,双方在北也门的塔伊兹举行会晤达成了第一份关于也门统一的协议。协议确认南、北也门将组成一个各自享有主权的邦联国家。然而,由于此后南、北也门在发展道路和内外政策方面出现很大分歧,塔伊兹协议根本无法得到贯彻落实,统一谈判也因此中断。随后两国彼此支持对方的

反对势力进行反政府活动，并引发领土纷争，边境冲突事件接连不断。1972年2月，边境冲突升级为第一次南北边境战争。

2.《开罗协议》和《的黎波里宣言》

为了制止南北边境不断升级的流血冲突，缓和紧张局势，实现南北和解，1972年9月，阿拉伯国家联盟（以下简称"阿盟"）开始调解南、北也门问题。10月13日，南、北也门代表在开罗进行谈判。在阿盟调解委员会的斡旋下，双方于10月28日签订了《开罗协议》，协议确认南、北也门将合并为只有一个首都，一个总统，一个立法、司法、行政机构的统一国家，新国家的政体为民族民主共和政体。协议的达成结束了双方的战争状态，为南、北也门的统一构筑了基本框架。依据《开罗协议》的规定，1972年11月，南也门主席鲁巴伊和北也门主席埃利亚尼在利比亚首都的黎波里举行会晤，双方元首签发了《的黎波里宣言》，双方将拟建立的统一国家名称定为也门共和国，首都设在萨那，伊斯兰教为国教，伊斯兰教法为立法的主要依据，国家的目标是实现阿拉伯伊斯兰模式的社会主义，实行禁止一切剥削形式的社会公正，建立一个包括所有劳动人民阶层的统一政治组织。双方签署的《的黎波里宣言》成为后来历次关于统一问题谈判的基础，也是1990年双方实现统一的基本依据。

3. 在曲折中缓慢发展的统一进程

1974年6月，哈姆迪执政后在统一方面持积极支持态度。1975年2月至1976年，南、北也门双方在经济、教育、文化合作以及边界问题等方面达成多项协议，双边关系稳步发展。1977年2月15~16日，哈姆迪和鲁巴伊在北也门边境城市卡塔巴举行会晤，双方一致同意成立以两方领导人为首脑的最高委员会，同时建立经贸委员会，加强双边经贸合作。这种良好的态势一直持续到1977年10月哈姆迪被暗杀。在哈姆迪遇刺后，南也门反应十分激烈，谴责沙特在背后对南、北也门统一进行阻挠。暗杀事件干扰了南、北统一计划，客观上助长了反对南、北也门统一势力的气焰。

加什米继任北也门国家元首后，迫于国内部落势力和沙特阿拉伯的高压，暂缓了南、北也门统一的计划。1978年6月24日，加什米在会见南也门特使塔法里什时，特使夹带在公文包中的炸弹突然爆炸，两人当场被炸死。此事立刻引起一场轩然大波。北也门指责南也门蓄意挑起矛盾，遂断绝了与南方的所有关系。同时，南也门也爆发军事政变，以"民阵"总书记伊斯梅尔为首的强硬派战胜了以鲁巴伊为首的温和派。消灭了主张与萨那亲近、与保守的阿拉伯国家合作的代表之后，身兼南也门党政最高领导人的伊斯梅尔，大力推行与阿拉伯国家相对抗的激进路线和绝对依赖苏联的"一边倒"政策。1979年2月20日，南、北也门爆发了第二次大规模的边境战争，南方军队给北方军队以重创，这场战争持续了两周多，双方伤亡6000多人。

南、北双方在阿拉伯国家斡旋下结束第二次边境战争。1979年3月28～30日，北、南领导人萨利赫和伊斯梅尔举行会谈，签署《科威特协定》，宣布将成立宪法委员会，4个月内制定出统一宪法草案，并由公民投票决定草案能否通过。《科威特协定》的意义在于，南北间终于使得《开罗协议》《的黎波里宣言》等尚未付诸实践的文件生效。此外，南、北双方还就民族民主阵线问题进行会谈，南方原则上同意停止支持民族民主阵线。1982年，一些支持民族民主阵线的部落转而倒向萨利赫政权，在这些部落的协助下，北也门军队击败了民族民主阵线武装。民族民主阵线问题的解决，消除了缓和南北关系的一大障碍。从1983年开始，双方再次步入为推动统一而进行对话与协作的正轨上。1983年8月15日和1984年12月4～6日，也门统一最高委员会两次召开会议，南、北双方在农业、教育、卫生等方面达成了多项协议。南、北也门的友好合作关系在这一时期出现良好发展势头。

1986年1月，南也门爆发了"1·13"事件，阿里·纳赛尔逃往北也门避难，阿里·纳赛尔时代的南、北也门友好关系宣告结束，也门统一进程再次面临新的考验。

（三）也门统一的实现

1. 统一进程加速

随着南也门新政权的稳固，北也门总统萨利赫决定在不放弃对阿里·纳赛尔有限支持的情况下，通过对话解决问题。南也门因自身所面临的经济困难，也希望双方改善关系。1987年7月21～24日，比德率领南也门

代表团前往北也门，再次就北逃人员问题与萨利赫进行会谈。9月，南也门总理阿塔斯应邀参加北也门"9·26"革命胜利25周年纪念活动，双方均表达了早日实现统一的愿望。1988年2月，南、北双方就石油勘探和开采问题进行协商，此后在3月、5月、6月、9月，双方继续就石油和统一问题进行沟通、对话。

1989年是也门统一的关键年份。年初，南也门发表声明将逐步释放"1·13"事件的叛变分子，此举使南、北双方关系进一步正常化。11月30日，萨利赫出席南也门独立22周年的庆祝活动，与比德签署了《亚丁统一协定》，批准了早在1981年拟定的统一国家宪法草案，并交给两方议会，议会在6个月内通过，然后由双方议会在6个月内组织公民对宪法草案进行公决。12月，南、北军队达成一致，从边界后撤，避免发生军事冲突。至此，南、北也门的和平统一进程迈出了实质性的一步。

2. 南、北也门统一的过程

首先，1990年1月20~21日，南、北也门召开了第一次内阁联席会议。双方总理围绕财政、经济、法律、文教等制定了法律规章，消除双方的统一障碍，合并机关企业等。3月20~22日，第二次内阁联席会议召开。4月19~22日，南、北也门在萨那达成一致意见，宣布将成立也门共和国过渡政府。过渡政府由全国人大党和也门社会党联合组成。政权官员任职按照地区均衡分配，其中总统委员会由3名北部人士和2名南部人士构成；总统来自北部，副总统来自南部，总理、议长来自南部，副总理和副议长来自北部。5月初，最后一次内阁联席会议召开，双方就统一后的国家货币、住建、交通运输等方面达成共识。5月21日，南、北双方议会批准了统一宪法草案及南、北也门4月签署的《萨那协议》。5月22日实现南、北方的合并，组成只有一个立法、司法、行政机构的统一国家，首都为萨那，经济首都为亚丁，国语为阿拉伯语，伊斯兰教为国教；萨利赫任过渡政府总统委员会主席，比德为副主席。同日，萨利赫总统在亚丁的议会大厦向全世界郑重宣布：也门共和国成立。至此，也门终于结束长达300多年的分裂，完成了国家统一。

3. 1994年内战

统一后，全国人大党和也社党联合执政维持着国家的政治平衡局面。1993年也门成功举行大选，根据结果，全国人大党、也门"伊斯兰改革集团"与也社党组成三党联合政府，打破了南、北方两党联合执政的格局，形成一对二的局面，南方的政治权力被削弱。1994年，全国人大党和也社党的矛盾进一步激化，出于安全考虑，比德和阿塔斯先后返回亚丁，随后在政府中任职的南方官员全部撤回亚丁。2月，南、北军队多次发生流血冲突。3月16日，也社党高层明确表达了南北分治的想法，萨利赫政府认为这相当于南方谋求独立。

1994年5月4日，政府军对南方首都亚丁及周边地区的重要设施发动突然袭击，南方军队立即回击。双方地面部队在宰马尔、阿姆兰和阿比扬等地区展开激战，内战全面爆发。在战争爆发的第一个星期，北军消灭了驻扎在北方境内的南军，同时北军先头部队大举南下，向亚丁进发。5月中旬，北军取得突破，随后开始在哈德拉毛、莱希季、阿比扬等地开战，南军进行了激烈的抵抗。5月21日，北军成功地把南也门分割为东西两部分。5月22日，在也门统一四周年之际，比德正式宣布南方独立，恢复也门民主人民共和国国号。同时，北军开始了对亚丁的全面攻击。6月23日，双方短暂停火，萨利赫利用这个机会迅速补充兵员和武器装备。之后，北军攻破了南军在亚丁周边的所有阵地，7月7日，北军最终攻克了亚丁，比德等也社党主要成员逃离了也门，萨利赫宣布战争胜利，内战以北方的胜利结束。

内战结束后萨利赫基本控制了全国局势。为了维持统一局面，政府加强了对南方的控制。政府发布《告全国人民书》，表示将追究也社党党首比德等十余人分裂国家的罪责，对于也社党其他成员则予以大赦，同时承诺对战争中民众遭受的损失予以适当赔偿，保障南方人民的政治经济权利等。战后，全国人大党和也门"伊斯兰改革集团"成为联合执政党，萨利赫任总统兼武装部队总司令，也门"伊斯兰改革集团"主席艾哈迈尔任议长，其余职位几乎为两党党员接任。经过萨利赫的努力，也门政局逐渐趋于稳定，进入了统一国家全面发展的新时期。

第四节 当代简史

一 萨利赫时代

1978年，36岁的萨利赫临危受命成为阿拉伯也门共和国总统兼武装部队总司令。1990年以后，萨利赫担任统一的也门国家总统直至2011年底。在34年的萨利赫时代中，其保持着也门政坛第一人的地位。面对国内强大的各派势力，萨利赫曾形象地说，统治也门的最大感受就是"在蛇头上跳舞"。萨利赫时代贯穿着也门当代历史，是也门现代国家建设的重要时期。

（一）"宪政"道路下萨利赫威权统治的确立

1994年内战结束后，也门国家统一之初实行的政治民主化改革基本陷入停滞，取而代之的是萨利赫总统逐渐确立的威权统治方式。

1. 强化总统权力

1994年9月，也门议会通过统一宪法修正案，其中最重要的变化是以总统制取代了具有集体领导性质的总统委员会制，将原属于总统委员会的任命总理组织政府、解散议会等职权转归总统，从而进一步确立和加强了总统在国家政治生活中的主导地位和作用。同年10月1日，萨利赫当选为也门共和国总统兼武装部队总司令，任期5年。1999年9月25日，萨利赫在也门举行的首次总统直接选举中以96.2%的得票率再次当选总统。至此，宪政旗号下萨利赫个人威权统治得以确立。2001年，宪法修正案将总统任期从5年延长为7年，并赋予总统解散议会的权力。2006年，萨利赫在全国大选后再次蝉联总统，任期7年。2011年1月1日，全国人民大会党推动议会又通过了一项宪法修正案，取消总统只能担任2个任期、每个任期7年的条款，将总统任期改为5年，总统有权提名自己无限期连任；同时组建具有立法权的顾问委员会，其全部111名成员都由总统任命。这意味着总统终身合法化获得法律的保障。

2. 有限的政治平衡策略

1997年,也门举行了内战后首次议会选举,最终全国人大党取得议会75%的席位优势,实现了其独立组阁的目标,也门"伊斯兰改革集团"成为在野党。为了维持国内政治安全与稳定,萨利赫总统采取了政治平衡策略。首先,独立政府中吸纳了非全国人大党成员入阁,任命南方籍人士法拉杰·加尼姆为政府总理,卫生、侨务、教育等部长由其他党派成员担任;其次,推举也门"伊斯兰改革集团"领袖艾哈迈尔为议长,拉拢传统部落势力,并抑制伊斯兰激进势力的发展和影响;最后,成立总统最高咨询机构——咨询会议,成员为各党派首脑、部落酋长、实业家及社会知名人士,协调政府与社会各阶层的关系,增强国家和民族的凝聚力。

(二) 萨利赫时代也门的经济发展

1994年内战使也门国民经济严重倒退。内战结束后,政府制定了稳定社会和发展经济的政策措施。1995年,也门政府寻求国际货币基金组织的援助,通过贷款和实施经济改革计划以减少其沉重的债务负担。1995~2010年,也门先后实行了三个五年计划,国民经济获得良好发展。至2019年,也门国内生产总值262.4亿美元,人均产值1190美元,国内生产总值增长率3.1%,通货膨胀率3.69%,外债60亿美元,外汇储备70亿美元。国民经济取得了一定的发展成就,但并没有根本解决民众最为关心的失业和贫困问题。2010年上半年,也门失业率高达40%,全国一半人口的生活费用每天低于2美元。也门居民收入极端低下和贫困现象严重。联合国数据表明,截至2019年7月,也门内战的持续已迫使约330万人流离失所,也门人口的80%,即超过2400万人需要人道主义援助,其中约1000万人面临严重的食品短缺问题。也门经济状况持续恶化。

(三) 萨利赫时代也门的社会变迁

1. 城市化的快速发展

也门是阿拉伯半岛上城市化率最低的国家。如今,1/3的也门人生活在城市中,而在1994年这一数字是1/4。尽管也门仍是以农村为主的

国家，但自20世纪70年代以来其成为城市化发展较快的国家之一，到2010年国家城市化率达到32%。2004年，也门首都萨那的居民达到180万人以上，1994~2004年，塔伊兹、荷台达的人口翻番，同时穆卡拉达到40万人。1990~2005年，也门城市的流动人口增长了229%，如今估计有70%的城市居民生活在临时居住地和贫民窟中。总体而言，也门存在城市规模有限，缺乏具有国际竞争力的大城市，政府对城市缺乏明确、有序的规划，城市基础设施建设严重落后等问题。

2. 15岁以上青年群体的崛起与活跃

随着经济和城市的发展，也门国内出生率、人口增长率持续处于高峰，青年人口数激增。美国中央情报局网站的数据显示，2009年也门人口增长率为2.79%，远远高于世界平均值1.13%；年龄中位数16.4岁也与世界平均值28.4岁相差较大。青年群体人数的增加为社会注入了催生变革的力量。他们强调政治参与和社会变革，憎恶权威和老人政治，崇尚自主和民主选举，有极大的政治动员潜力和能力。2011年，当突尼斯、埃及青年走上街头示威并成功使政权更迭后，也门青年也开始走上街头；在胡塞武装攻城略地的战斗中，青年始终是主力军。随着青年群体崛起和参政意识的提高，以青年为主体的也门社会将面临意识形态和核心价值观的再次重塑。

2011年1月，也门爆发了大规模民众反政府示威活动，国内局势由此陷入持续动荡之中。在国际社会的斡旋下，11月23日，总统萨利赫签署了海合会（即"海湾阿拉伯国家合作委员会"）旨在化解也门危机的调解协议。2012年2月27日，萨利赫正式向前副总统哈迪移交了权力。萨利赫时代，总统通过操纵宪法修正和选举独揽权力。一方面个人威权和家族统治制约着现代国家的构建；另一方面萨利赫时代也门政局基本稳定，国家的统一增强了全国的团结，同时为国家的经济、社会发展提供了较为安定的国内环境。

二 后萨利赫时代与也门危机的持续

2012年初萨利赫总统交出权力，但政权更迭并未给也门带来稳定、发展和民主。哈迪政府既没有能力稳定局势,也没有充分保障青年抗议者及胡塞运动和南方分离运动中新兴政治力量的利益,这为也门乱局埋下隐患。

(一) 哈迪政府的政治重建 (2012~2015年)

也门的政治重建至 2014 年 9 月基本按海合会的调解协议进行:2012 年 2 月 25 日唯一候选人哈迪当选总统并组建联合政府。哈迪政府的政治重建主要表现在以下几方面。第一,成功召开全国对话会议,国家政体从共和制转为联邦制。根据海合会调解协议,2013 年 3 月 18 日也门全国对话会议召开;2014 年 1 月 25 日,历时超过 10 个月的也门全国对话会议闭幕。根据最终文件,也门总统哈迪的任期将延长一年,国家也将从共和制转为联邦制。2 月 10 日,由哈迪领导的地区区划委员会表示,实行联邦制后,也门全国将被正式划分为 6 个地区,其中 4 个在北方、2 个在南方。但这一方案受到胡塞武装和南方分离运动的反对。第二,打击基地组织等恐怖势力。2012 年,哈迪政府在美国的军事支援下积极打击基地组织,将其势力赶出南部城镇,压缩到边远山区。2014 年 4 月,哈迪命令也门政府军向基地组织也门分支的多个据点发动大规模的军事围剿行动,5 月初,也门政府军收复了基地组织也门分支"最后的主要堡垒"——南部舍卜沃省亚兹安(Azzan)市。第三,新宪法的起草工作。2015 年 1 月,哈迪政府计划向全国对话委员会提交新宪法草案,该草案将目前的 21 个省和 1 个直辖市重新划分为 6 个联邦州。胡塞武装强烈反对该宪法草案并要求修改。这一事件成为胡塞武装全面夺取政权的导火索。

(二) 也门政治危机持续

2015 年 3 月 26 日,沙特阿拉伯率领 10 国联军以打击胡塞运动,保护哈迪政府为名,在也门发起了"决战风暴"的军事行动。外部力量直接进行军事干预,为也门的国内冲突染上了地区权力争夺的色彩,而且塑造出亲胡塞力量与反胡塞集团激烈较量的对战形势。第一,新一轮的政治危机是国内各种矛盾和各方势力利益冲突的总爆发。哈迪政府无力挽救濒临崩溃的经济,恐怖主义和南方分离运动再度抬头,栽德派胡塞武装组织崛

47

起引发国内部落和教派冲突,这使得也门正遭遇叠加式多重危机全面爆发的时刻,国家陷入内战冲突中。第二,胡塞势力由叛军身份摇身一变为也门的主导政治力量,这不仅打破了也门近半个世纪以来由逊尼派主导的权力机构和政治生态,各种政治力量对比发生重大变化,也意味着全国对话进程遭遇重大挫折以及"也门模式"的失败。更重要的是,最新一轮的政治对立可能使也门局势动荡长期化,加剧地区分裂主义、极端主义和恐怖主义。第三,2017年12月,也门前总统萨利赫因为发表与沙特联军对话的言论,被昔日盟友胡塞武装组织杀死,这对也门局势产生较大冲击。当前也门社会内部非常复杂,国家整合艰难,政治转型受阻,外部势力背景多元,而且与整个中东的派系斗争甚至反恐斗争交织在一起,前景依然扑朔迷离。

(三) 也门危机的负面影响众多

第一,自2015年3月开始的暴力冲突造成也门严重的人道主义危机。联合国的报告显示,截至2018年底至少6000人被杀,包括2800名平民,另有2.7万人受伤,这主要是沙特领导的多国联军发动的空袭所致。目前,也门总人口的80%需要人道主义保护和援助,1440万人缺乏食物,250万人流离失所。其中儿童是受影响最大的群体,有1000万人需要人道主义救援,800万人缺乏食物,700万人无法享受基本医疗,200万人不能接受正常教育,150万人营养不良。第二,受冲突影响,也门的宏观经济形势更加不堪。据2016年2月《阿拉伯周报》报道,石油生产是也门的经济命脉,油气出口收入占也门国内生产总值的1/4、政府收入的2/3,冲突导致石油生产和石油收入锐减。2015年,也门国内生产总值缩水28.1%,人均国内生产总值从2014年的3800美元降至2800美元。第三,长期以来,也门始终存在地区隔阂和持续的部落冲突,冲突进一步加剧了地区和部落的碎片化。而且,冲突还造成也门原本并不严重的教派问题愈加政治化。第四,也门冲突以来,沙特与伊朗的地区争夺有愈演愈烈之势。沙特与伊朗的相互疑惧逐渐加深,双方在叙利亚、伊拉克和黎巴嫩的冲突进一步加剧。2016年以后,双方的紧张对立更加严重。

第二章 历史

第五节 著名历史人物

一 叶海亚·穆罕默德·哈米德丁

叶海亚·穆罕默德·哈米德丁（Yahya Muhammad Hamid al-Din，1869~1948年），也门独立后第一任伊玛目。1869年生于萨那，1904年其父伊玛目艾哈迈德·本·叶海亚去世，其继任伊玛目。1918年，也门脱离奥斯曼帝国独立，建立穆塔瓦基利亚王国，叶海亚成为第一任伊玛目，掌管国家政权。1948年遇刺身亡。

伊玛目叶海亚以也门民族解放运动领导者的姿态成为独立后也门的领导人，王国的统治则以栽德主义为伊玛目合法性和国家意识形态的基础。伊玛目既是宗教领袖也是政治元首和国家军事统帅，还是也门最高伊斯兰教法法庭法官。中央政府中首相和各部大臣都由叶海亚所属的哈米德丁家族成员和栽德派圣裔（赛义德们）担任，并对伊玛目负责。全国行政区域的划分基本延续了奥斯曼人的做法，划分为7个省，下设县、区和村各级行政机构，省长由伊玛目任命，他们的职能仅限于一般事务，重要和紧急事务必须请示伊玛目才能处理，此外还有1名由伊玛目委派的宗教法官。为抵御西方殖民主义的侵略和干涉，维护统治地位，叶海亚采取了闭关锁国政策，整个国家与外部世界隔绝，不与外国政府和机构发展密切关系，阻止国外思想传入。叶海亚没有采取任何社会改革和发展措施，使也门的经济和社会发展几乎停滞。但是叶海亚出于巩固政权的迫切需要，建立了正规军，开设了一所军事学校，引进了现代化武器装备，并鼓励学习西方先进的军事科技知识。在外交方面，他谨慎发展国际关系，参与地区和国际事务，目的是让国际社会承认和支持也门的独立与主权。叶海亚始终以统一也门为大业，反对英国占领南也门。但是1934年英国借也门与沙特阿拉伯边界战争危机，迫使叶海亚与英国签订条约，承认英国在南也门占领的合法化。20世纪40年代，叶海亚的专制统治激化了社会矛盾，也门民众掀起了大规模的反对王权统治和反对英国殖民主义的运动。1948

年2月17日,叶海亚遭遇也门"自由人运动"成员的袭击,当场死亡。随即"自由人运动"发动了1948年革命,宣布推翻王权建立立宪政权,但是叶海亚之子王储艾哈迈德挫败了革命行动,夺回了王位。

二 阿卜杜拉·萨拉勒

阿卜杜拉·萨拉勒(Abdullah Sallal,1917~1994年),阿拉伯也门共和国第一任总统。1917年在萨那出生。1939年毕业于伊拉克巴格达军事学院。回也门后进入军界,先后任通信兵队长、荷台达海港主任、萨那军事学院院长、萨那皇宫卫队队长、巴德尔团团长、王室军事委员会委员、总参谋长等职。其间曾因参与反对王室的活动,两次被捕和被软禁。1962年9月,被选为秘密的"自由军官组织"领导人,率领"自由军官组织"进行了"9·26"革命,推翻了伊玛目政权,建立了阿拉伯也门共和国,同年10月任共和国总统兼武装部队总司令,并兼任政府总理和外交部部长等职。1967年12月5日,在政变中被解除总统职务,后流亡开罗。1981年10月,获大赦后回国定居。1986年8月,在萨利赫总统建议下被任命为全国人民议会议员。1994年3月5日,在萨那逝世,享年77岁。

三 卡坦·穆罕默德·沙比

卡坦·穆罕默德·沙比(Qahtan Muhammad Al-Shaabi,1920~1981年),也门民主人民共和国第一任总统。1920年在莱希季出生。曾就读于喀土穆大学农业机械系。回国后在莱希季地区农业部门工作。参加过反对英国殖民统治和争取民族独立的运动,1960年流亡国外,同年加入阿拉伯民族主义者运动。1963年,在阿拉伯也门共和国任总统的南也门事务顾问。同年参加了创建"民阵"的工作,并任执行委员和总书记。1967年,作为"民阵"代表团负责人赴日内瓦同英国政府谈判,并签署了南也门独立协定。同年11月30日南也门独立,沙比出任南也门共和国(1970年11月改名为"也门民主人民共和国")第一任总统兼总理、武装部队总司令,其领导的"民阵"成为执政党。1969年6月22日,在"民阵"内部的纠偏运动中被迫辞职。1981年因病去世。

四 阿卜杜拉·本·侯赛因·艾哈迈尔

阿卜杜拉·本·侯赛因·艾哈迈尔（Abdullah Bin Hussain Al-Ahmar，1931～2007年），也门共和国前议长。1931年生于萨那近郊。1959年，子继父业成为也门最大的哈希德部落的第12代酋长。1963～1990年，先后任总统委员会委员、内政部部长、国民议会议长、协商会议议长、协商会议委员。1993年5月当选为议长，1997年4月和2003年5月再次当选。在任期间曾于1974年4月、1999年6月率也门议会代表团访华。2007年12月29日上午，在沙特阿拉伯首都利雅得费萨尔专科医院病逝，享年76岁。

艾哈迈尔是虔诚的穆斯林，笃信伊斯兰教，认为遵守原则是实现社会、国家安全和稳定的根本保证。作为也门最大部落的酋长和国家领导人，他在也门部落中和宗教界都拥有较高的地位和威信，对也门的政治生活产生了重要影响。20世纪50～60年代艾哈迈尔反对伊玛目的专制统治，支持1962年"9·26"革命推翻封建王权，领导部落武装参加了共和派抵抗君主派武装进攻的8年内战。艾哈迈尔对萨利赫政府与激进的南也门政府实现统一进程存有异议，曾反对南、北也门的统一，但最终还是服从大局，采取了维护也门统一的立场。在1994年内战中，他坚决支持总统萨利赫领导的政府军打击南方武装势力。统一后，也门实行政治开放政策，艾哈迈尔于1990年9月组建了也门"伊斯兰改革集团"并与总统萨利赫领导的全国人民大会党结成政治同盟，1994年内战后成为也门第一大反对党和议会第二大党。艾哈迈尔在维持也门与其他国家的关系中起到了重要作用，特别是凭借与沙特阿拉伯的传统友好关系，对和平解决也门与沙特阿拉伯的边界问题和推进两国关系正常化做出了杰出贡献。他始终关注巴勒斯坦问题，反对以色列占领巴勒斯坦领土和屠杀无辜的巴勒斯坦人民，竭力主张维护耶路撒冷和阿克萨大清真寺的神圣地位，曾出任也门"捍卫阿克萨清真寺和巴勒斯坦人民委员会"主席、也门"耶路撒冷机构"主席。

五 阿里·阿卜杜拉·萨利赫

阿里·阿卜杜拉·萨利赫（Ali Abdullah Saleh，1942～2017年），也门共和国前总统兼武装部队总司令、国防委员会主席，也门全国人大党主席。1942年3月21日，生于穆塔瓦基利亚王国萨那省桑哈尼地区拜特阿玛—阿赫马尔镇，属哈希德部落。1958年，志愿加入也门武装部队。1960年，进入武装部队士官学校学习，成为一名下士。1962年9月，参加了"自由军官组织"发动的推翻巴德尔封建王朝的"9·26"革命。1964年从萨那军事学院毕业，被授予少尉军衔。同年进入装甲兵学校专修炮兵技术。在装甲部队历任排长、连长、营参谋长、营长、团长、装备部主任、装甲旅旅长兼曼德海峡地区驻军司令。1974年6月，参加了易卜拉欣·穆罕默德·哈姆迪发动的"6·13"纠偏运动，推翻了埃里亚尼政府，从此进入政界。1975年，任塔伊兹军区司令。1978年6月，任临时总统委员会委员，武装部队副总司令兼总参谋长。同年6月24日，艾哈迈德·侯赛因·加什米总统遇刺身亡，7月17日阿拉伯也门共和国全国人民议会选举萨利赫为阿拉伯也门共和国总统兼武装部队总司令和国防委员会主席。1979年9月，晋升为上校。20世纪80年代末，积极致力于南、北也门国家统一的活动。1990年5月22日，南、北也门统一，成立也门共和国，由他和南也门社会党总书记比德，原北也门副总统阿尔希、总理加尼以及原南也门社会党副总书记萨利姆组成总统委员会，萨利赫被推选为也门共和国总统委员会主席、国防委员会主席并兼任武装部队总司令。1993年10月，连任总统委员会主席。1994年9月，也门议会通过统一宪法修正案，废除总统委员会，实行总统制。同年10月1日，萨利赫当选为也门共和国总统兼武装部队总司令，任期5年。1995年6月，在也门全国人大党全国代表大会上当选为全国人大党主席。1997年12月24日，被授予元帅军衔。1999年9月25日，萨利赫在也门举行的首次总统直接选举中以96.2%的得票率当选总统。2006年9月24日，萨利赫在全国大选中以77.17%的得票率获胜，再次蝉联总统，任期7年。由于也门国内多年来失业问题与政治腐败问题严重、经济状况不佳以及对萨利赫长期执政的不满,2011年1月27日,受到"阿拉伯之春"的影响,也门民众开始在首都萨那街头展开反政府示威。2011年11月23日,萨利赫同意交出权力,成立以副总统哈迪为首的军事委员会管理国家,萨利赫则担任名誉总统直至选举出新总统,从而结束了他对也门(包括北也门)长达34年(1978~2011年)的独裁统治。2012年2月27日正式卸任。2017年12月4日,因为合作破裂,萨利赫被胡塞武装组织袭击身亡,享年75岁。

六 阿卜杜·马利克·巴拉丁·胡塞

阿卜杜·马利克·巴拉丁·胡塞(Abdul Malik Badreddin Al-Houthi,1978~2011年),被认为是也门胡塞武装组织最活跃的领导人。1979年出生于萨达省(一说是1982年出生),他没有受过公立学校的教育,是由父亲在家教授《古兰经》和读写,长大后其在清真寺学习《圣训》等宗教内容。从20世纪90年代开始,他随兄长侯赛因从事宗教和政治活动。2004年,他的兄长——胡塞运动创始人侯赛因·胡塞被也门政府军袭击身亡后其继任为该组织领导人。2015年胡塞武装夺权行动中,他是台前最强有力的人物。2015年1月20日,他指挥了胡塞武装攻入也门总统府及抓捕哈迪总统的行动;还出面威逼哈迪总统接受胡塞武装的政治条件,迫使哈迪总统在1月22日"辞职"。3月25日,在也门政府的呼吁下,沙特对也门境内的胡塞武装发动攻击。3月27日,阿卜杜·马利克发表声明,指责沙特违反国际法,并于29日威胁沙特,对其采取自杀式袭击报复。阿卜杜·马利克的两个兄弟叶海亚·胡塞和阿卜杜·卡里姆·胡塞也是组织的核心人物。此外,胡塞武装领导的"革命委员会"主席是穆罕默德·阿里·胡塞,他是胡塞三兄弟的堂兄弟。

第三章

政　治

在伊斯兰教兴起之前，也门这片土地就已经形成相对固定的地理疆界和独特文明。约公元前14世纪，一些从事农业的定居部落在争夺地域和保护经济利益的过程中，结成部落联盟，并逐渐以此为基础形成雏形国家。约公元前12世纪，也门古代奴隶制国家已比较成熟。此后也门经历了小国并立、大国征服的交替时期，包括埃塞俄比亚和波斯等的外族入侵。公元7世纪北部阿拉伯人占领也门，推行伊斯兰封建专制制度，促进了也门封建社会的形成和发展。此后，也门历史演变模式基本未变，并一直延续到20世纪初。1918年，奥斯曼帝国结束对也门的统治，北也门获得独立，建立穆塔瓦基利亚王国，实行伊玛目封建神权专制统治。1934年，英国迫使伊玛目承认其对也门南部占领的合法性，将也门分割为南、北也门。1962年，北也门军队通过"9·26"革命推翻伊玛目封建王朝，成立阿拉伯也门共和国。1967年，南也门民族独立和解放运动成功结束了英国的殖民统治，取得独立，建立南也门人民共和国。两个也门均实行现代国家的总统制共和政体。1990年5月22日，也门国家实现统一，国家实行民主共和制，人民是权力的来源和主体，通过选举投票直接行使政治权力。2014年2月10日，也门宣布将国家由共和制变为联邦制。

第一节　政治制度的演变

一　早期政治制度概述

古代也门经历了奴隶制阶段和封建专制阶段，其中封建专制阶段始于

也门

公元628年也门被并入阿拉伯帝国的版图，一直持续到20世纪中叶，延续了上千年。

（一）阿拉伯帝国的封建神权专制统治

在阿拉伯帝国的各个时期（632～1258年），也门是帝国中央政府所管辖的一个行省，由帝国任命的总督行使统治权力。总督有权任命政府官员，负责实施中央政府制定的政治和经济政策，对哈里发负责，每年向中央政府缴纳赋税。阿拉伯帝国是封建神权专制政权，最高统治者哈里发既是国王又是宗教领袖。从倭马亚王朝开始，实行哈里发家族的世袭制，君主专制逐渐强化。阿拉伯阿拔斯王朝时期进一步加强了哈里发专制统治。哈里发政权大量增加地方赋税，并加紧政治统治，防止地方势力膨胀，对地处商路且具有强烈民族反叛精神的也门尤为重视，因而从各方面进行严格控制。

早在伊斯兰教兴起之前，封建生产关系在也门已经确定。也门皈依伊斯兰教后，既存的封建生产关系和封建土地制度基本被保留了下来，穆斯林土地占有者的土地所有权受到保护。到阿拔斯王朝时期，各地方封建势力的壮大发展已威胁到哈里发的专制权力，很多地方开始脱离中央政府的控制，哈里发统治名存实亡，也门也是如此。中央政府的沉重赋税引起了也门人的极大不满，与哈里发的政治矛盾不断加剧。四大哈里发时期也门就出现了反叛中央政权的活动，此后独立的起义活动日渐增多。到阿拔斯王朝时期，也门开始出现一些半独立和独立的地方王朝。

（二）也门独立国家封建神权专制制度

公元819年，穆罕默德·本·基亚德以帖哈麦为中心建立了独立的基亚德艾米尔王国，但在名义上仍服从阿拔斯王朝哈里发的统治。基亚德艾米尔王国存在了200余年，统治者信奉伊斯兰教，利用宗教维持统治政权，其势力扩大到也门大部分地区。后来的几个世纪，也门基本处于分裂状态，地方的部落封建势力在相互倾轧和争夺地盘中，纷纷建立了独立的王国。

这些独立王国的政权都具有封建神权专制性质，逐渐形成了小国林立和教派各异的封建割据局面。其中在也门历史上存在时间最长的封建王朝，是898年哈迪在萨达建立的政教合一的栽德派伊玛目王朝。16

世纪，栽德派伊玛目王朝统治者打着伊斯兰旗号，带领也门人民抗击奥斯曼人，终于迫使奥斯曼军队于1635年全部撤出也门。在也门各独立王国时期，封建神权专制制度得以强化。以栽德派伊玛目王朝为例，伊玛目叶海亚家族通过世袭伊玛目职位，始终掌管国家最高的宗教和世俗权力，实行封建神权专制统治，并建立维护封建制度的国家行政机构和军队，成立相应的地方行政机构。伊玛目为自己的家族和所控制的"圣裔"分封土地并任命高官，同时给予地方酋长等其他封建势力不同程度的经济和政治特权，使他们成为伊玛目政权的统治基础。1597年建立的卡塞姆王朝基本延续了栽德派伊玛目政权的传统统治方式，栽德派的教义和教法成为伊玛目治国的思想基础和行动规范，政治权力的分配主要在统治家族内部进行。因此，除了中央军政要职外，各地区的首脑也大多由统治家族成员担任。

也门脱离奥斯曼统治获得独立主权后，统治北也门的穆塔瓦基利亚王国伊玛目继续实行封建神权专制政体，伊玛目独揽大权，政府中核心职位都被伊玛目所属家族成员所垄断。同时，为了达到维护封建制度和统治权力的目的，伊玛目政权采取闭关锁国政策，抵制一切外来影响。

也门早期政治制度经历了封建专制制度从建立到强化的发展阶段，其主要特征是具有典型的政教合一性质；此外作为也门社会基本单位的部落在其中发挥着重要作用。也门历史上各独立和半独立的王朝都是在大部落酋长领导下建立的。部落酋长阶层始终是各王朝统治者拉拢的对象，他们不仅拥有雄厚的经济实力，还拥有相当高的政治地位，是也门封建阶级的主要代表和封建专制制度的重要支柱。

二　共和制的建立

20世纪30年代，穆塔瓦基利亚王国内出现了有政治纲领、政治目标和政治主张的规模不一的组织，这些政治组织成为反对封建专制统治和殖民主义的骨干力量。受第二次世界大战后世界民族民主运动和20世纪50年代阿拉伯民族主义运动的影响，北也门激进的中小资产阶级军人组建的"自由军官组织"在1962年发动了"9·26"革命，成功推翻了伊玛目政

权，建立了共和国。受此鼓舞，南也门的民族民主力量结成了广泛的统一战线，在1967年11月30日摆脱英国殖民统治，获得独立，南也门人民共和国宣告成立。

两个共和国建立后分别走上了不同的发展道路。北也门采用西方资本主义自由经济的发展模式；南也门走向了"民族社会主义"道路，实行计划经济和国有化。南、北也门都确立了民主共和政体，以现代国家的宪政制度为模式确立了国家宪法、议会制度、司法制度和行政机构。但受到20世纪60~70年代世界两大阵营对峙造成冷战格局、阿以民族矛盾引发几次中东战争等影响，南、北也门共和国领导集团内部保守势力和激进势力的斗争异常激烈，导致政变频发、政局动荡不定。

三 统一后的政治制度

1990年5月21日，南、北也门双方议会通过了统一宪法草案，规定实行多党制和宪政民主制度。5月22日南、北也门实现统一，也门共和国成立。

（一）统一初期政治民主化改革和内战的爆发

国家统一之初，执政两党将推行政治民主化改革作为巩固、维护国家统一，促进国家复兴的重要发展战略，开启了自上而下的政治民主化运动。除了确立国家民主化原则和完善议会制度，改革内容还包括在保障公民政治自由平等权利的基础上实行多党制、宪政选举制和议会制，为政党和公民参政提供机会。为此，在过渡期间组建了政党和政治组织委员会，负责制定政党法和监管政党组织事宜。同时组建最高选举委员会，负责制定宪政选举法及具体的宪政选举工作，以便在多党制的基础上按期进行宪政选举，建立新议会并由议会中取得半数以上席位的政党组织政府。

南北政治矛盾的激化引发了1994年夏季的内战。萨利赫总统依靠军事手段，控制了也门南部地区，维持了也门的统一局面。内战使也门的政治格局出现深刻变化。全国人大党与也门"伊斯兰改革集团"实行两党联合执政，也社党被排斥在国家政权之外，沦为在野党。

（二）萨利赫威权统治的逐步确立

内战结束后，萨利赫总统领导的全国人大党控制了政权，通过修改宪法、制定新的政党法和选举法对国家政治民主化改革进行了政策性调整。1994年，议会通过的宪法修正案不仅对过渡时期结束后国家的政治制度做了详尽规定，而且是萨利赫威权统治确立的第一步，即以总统制取代了具有集体领导性质的总统委员会制，总统由议会投票选举产生。1995年6月，萨利赫当选为全国人民大会党主席。1999年9月25日，萨利赫在也门举行的首次总统直接选举中以96.2%的得票率再次当选总统。2011年1月1日，全国人民大会党推动议会通过了一项宪法修正案，取消总统只能担任2个任期、每个任期7年的条款，将总统任期改为5年，且总统有权提名自己无限期连任。这使得萨利赫有可能成为终身总统，这一次结果引发了席卷全国的反政府示威和骚乱。

四 "阿拉伯之春"后的政治变局

2011年11月23日，也门总统萨利赫签署了同意将权力移交给副总统哈迪的海合会倡议，长达34年的萨利赫时代结束。2012年2月25日，也门经过总统选举，唯一候选人——副总统哈迪就任总统并组建联合政府。2013年3月18日，哈迪政府召开也门全国对话会议，这次会议旨在促进各政治党派和解，并制定新宪法和选举法。2014年1月25日，也门全国对话会议闭幕，根据《成果文件》，总统哈迪的任期将延长一年，国家将从共和制转为联邦制。2月10日，由哈迪领导的地区区划委员会表示，实行联邦制后，也门全国将被划分为6个地区，其中4个在北方，2个在南方。这一方案受到胡塞武装和南方分离运动的反对。2014年9月16日，胡塞武装组织与政府军和逊尼派民兵在首都萨那激烈交火，随即控制了萨那和主要政府大楼。2015年1月19日，胡塞武装组织与总统卫队发生武装冲突，冲突升级为哈迪总统被迫辞职的政治危机。胡塞武装组织向也门南部扩张，政府军节节败退，哈迪总统

被迫流亡沙特。3月26日，沙特率领10国联军对胡塞武装组织发动了代号为"决战风暴"的军事行动。至2018年9月，也门以什叶派栽德分支为背景的胡塞武装组织和忠于前总统萨利赫的军队、哈迪政府军、沙特为首的联合军队以及南方分离主义势力、各部落民兵和逊尼派伊斯兰武装分子（包括基地组织半岛分支及"伊斯兰国"）之间冲突不断，也门国家陷入持续的内战之中。

五 政治制度演变的特征

也门政治制度的演变具有如下特征。其一，政治民主化进程缓慢并陷于停滞。自20世纪60年代南、北也门先后建立共和国实行宪政民主以来，军人主政和政局动荡阻碍了两国的政治民主化进程。1990年国家统一后，也门政治民主化改革实施时间较短，萨利赫逐渐确立威权统治，但也不能完全否认萨利赫时代民主政治的发展。至2011年，也门拥有两个立法机关（311个席位的议会和111个席位的协商会议），46个政党，一套规范的权力转换程序，自1994年以来已经进行了至少4次议会选举，萨利赫在三轮总统选举中成功当选。萨利赫时代保障了也门政局的稳定，为国家经济发展奠定了稳固的国内基础；并且在也门当代政治发展中，存在一个最基本、最重要的民主机制，即在其压制性结构的内部留下了以多党政治为基础的议会选举。尽管全国人民大会党大权独揽，但毕竟出现了强大的反对党派和组织，并通过议会选举的途径表达自己的政治诉求。2011年以来也门政治危机持续，政治民主化道路陷于停滞甚至出现倒退，未来国家重建困难重重。其二，部落社会在也门政治发展中始终具有强大的影响力。从独立的穆塔瓦基利亚王国到北、南也门共和国的相继建立，再到国家统一后的萨利赫时代，虽然逐步完成了国家制度的初步创设，一定程度上实现了国家与部落社会关系的重构，但其政治制度始终受到强大部落势力的影响，并且日益具有"部落化"的特征。萨利赫时代通过平衡国内各方政治、部落及教派势力维持统治，其黯然交权也与部落盟友的背弃有直接关系。

第二节 宪法与国家元首

一 宪法

1936~2011年，也门关于宪法的文件有40多件，包括南也门在英国保护时期殖民主义性质的宪政文件，以及南、北也门独立后的宪法、宪法修正案、国民宪章、宪政公告等。其中较有影响力的有：北也门共和国1974年宪法和1982年的《民族宪章》；南也门共和国的《国民宪章》和1978年宪法。也门统一后颁布了几部宪法和宪法修正案。1989年11月30日，原北、南方领导人萨利赫和比德在亚丁签署了统一宪法草案。1990年5月21日，双方议会通过了该宪法草案。1991年5月26日举行全民公决，通过了国家统一后的第一部宪法，宪法对过渡期的政治制度做出了相关规定。1994年9月29日，议会通过宪法修正案，对过渡期结束后国家的政治制度做了详尽规定，这个宪法修正案被认为是实际意义上的也门共和国的第一部宪法。2001年2月，议会批准和全民公决通过了宪法修正案。2011年1月，议会批准通过了宪法修正案，从而引发了国内反对派和民众大规模的示威抗议活动，2月萨利赫总统宣布终止此前通过的宪法修正案。

（一）1994年宪法（修正案）

1994年宪法共5章159项条款。其核心内容有以下几方面。

第一，也门共和国具有阿拉伯和伊斯兰属性，是独立主权国家，其完整性神圣不可侵犯，也门人属于阿拉伯和伊斯兰民族。伊斯兰教为国教，阿拉伯语为官方语言。伊斯兰教法是立法的源泉。人民是国家的所有者和权力的来源，公民拥有直接投票和普选的权利，拥有间接的立法、行政和司法权。也门遵守《联合国宪章》，承认国际法确立的国际人权原则，遵守《阿拉伯联盟宪章》和世界公认的国际条约。

第二，公民的基本权利和义务。关于公民的基本权利和义务，宪法有一系列规定，公民拥有平等的权利和义务。每个公民都有权利参与国家政

也门

治、经济、社会和文化生活，国家在法律规定的范围内保证公民在讲演、写作和摄影等方面的自由表达。公民享有选举和被选举权，有通过投票表达自己意愿的权利，选举活动将按照法律规定的程序进行。也门不履行外国的引渡条款，禁止引渡政治避难者。国家保证公民个人的自由、尊严和人身安全；法律将对公民自由给予解释，没有法庭的判决，公民不得被拘禁、搜身和扣押、非法驱逐，禁止直接和变相拷问，禁止逼供行为。也门按照伊斯兰教法惩处罪犯；在逮捕、拘留和监禁犯人期间禁止体罚和使用酷刑。国家保证公民有私人通邮、通话、通电报等的自由，不允许非法检查、搜查、泄露个人隐私。公民有接受教育、享受医疗和社会福利的权利。

第三，国家权力和权力机构。议会拥有立法权，宪法对议会构成、选举程序、运作和权限范围、议员资格等进行了详尽规定；对议会与政府和总统的关系做出规定。政府（部长会议）集体和个人对议会负责，每个议员均可就有关问题对总理和副总理、部长和副部长提出质询。总统无权解散议会，只有在紧急状态下和通过全民公决才可解散议会。共和国总统和部长会议（政府）掌管行政权。宪法规定，总统是国家元首、武装部队统帅。对总统选举过程、候选人资格、职权、任期有详细规定。宪法规定，部长会议是共和国的政府，国家最高行政机构，与总统共同掌管国家行政权，所有国家行政部门、代理机构和公司一律听从政府的行政命令。政府由总理、副总理和政府部长组成，在组织法的基础上成立国家各行政部门。总理年龄须在40岁以上，政府成员年龄须在30岁以上，其他条件与议会议员相同。宪法规定司法权由法院行使，司法权完全独立。

第四，对地方事务的规定。国家划分为若干个地方行政区域，地方行政区域具有相对的独立性。与地方有关的法律规定了地方会议（地方议会）的产生办法和选举程序、行政和财政资源、地方行政官员管理权限和责任、发展计划制订和实施等各方面的事务，规定了行政与金融方面的地方分权原则。所有地方区域和地方行政是国家和地方事务不可分割的组成部分。地方行政官员对共和国总统和部长会议负责，完全执行其所做的一切决定。

第五，也门共和国国徽、国歌和国旗、首都。

第六，修宪。宪法规定，共和国总统和议会有权要求修宪，但须提出修宪的理由并做说明。议会1/3以上议员同意可提出修宪要求。议会讨论修宪提案并由绝对多数议员同意通过修宪复议。如修宪提案未被通过，一年之内不能以相同的理由再次提出修宪要求。如议会通过修宪决议，将进行修宪的全民公决。公民绝对多数支持修宪，则在宣布公民投票结果之日起，修宪决议生效，议会将在2个月后讨论需要修改的宪法章程。

（二）2001年宪法修正案

2001年宪法修正案延长了总统和议会任期，扩大了议会和协商会议的部分权限，对总统候选人条件放宽，对总统的宪政权力做了进一步限定，给予了政府工作相对的独立性。修正案的修正条款主要有以下几方面。

第一，延长了总统和议员任期年限：原宪法规定总统和议员任期分别为5年和4年；修改后延长至7年和6年。

第二，改变了总统解散议会的途径：原宪法规定总统在紧急状态下和经过全民公决才可解散议会；改为在必要时经过全民公决可解散议会。

第三，改变了总统候选人的推荐途径并增加了总统候选人名额。原宪法规定总统候选人人选资格审查通过后，名单提交议会，总统候选人需要10%以上的议员推荐，议会多数议员通过，议会至少推荐2名以上候选人，以符合宪法章程规定的竞选条件；改为总统候选人人选资格审查通过后，提交议会和协商会议联席会议，候选人需要5%以上的联席会议成员推荐，联席会议至少推荐3名以上候选人，以符合宪法章程规定的竞选条件。

第四，限制了紧急状态法的颁布条件。紧急法令应在颁布后提交议会的下一次审议，除了有关紧急状态法的以下条款——如果议会休会或处于解散状态，总统可依法颁布紧急法令，但必须与宪法和法律一致。如紧急法令未被议会通过，则被认为无法律效力，议会做出相关的处理决议。

第五，行政权相对独立：原宪法规定议会指导和监督工作；改为议会

监督政府工作。

第六，扩大了协商会议的咨议权限。增加了有关协商会议权限的如下规定：协商会议的职责包括对国家发展战略进行研究并提出建议，以便更好地调动人民的积极性和加强民主基础；对国家机构的运转提出建议，目的是扩大解决社会问题的途径和增进人民团结；对总统提出的基本问题给予意见和建议；为制定国家和民族战略提出意见和建议，以共同实现政治、经济、社会、军事和安全等方面的目标；对行政管理和国家机构改革的规划、计划和政策措施提出咨询意见；与议会共同推荐总统候选人；与议会共同通过经济和社会发展计划及各项协定、条约；与议会共同商议总统提出的社会问题；关注新闻媒体和公众组织，研究其发展状况和发挥作用方面的问题；评价经济、财政、金融政策和年度投资的执行情况；审查监督机构和决算机构的报告，并向总统提供审查结论。

增加了协商会议产生的条款。增加条款的主要内容是协商会议由111名成员组成，成员经总统任命；议会和地方会议议员不能成为协商会议成员；协商会议成员年龄必须在40岁以上。相关法律对协商会议的职责和权力做出规定。

确定了协商会议辅助总统行使职权的重要地位：原宪法规定，协商会议与议会共同召开联席会议，会议由议长主持，共同商讨和以多数票通过与宪法有关的问题、国家重大战略和政策；改为根据总统要求，协商会议与议会召开联席会议，共同商讨与宪法有关的问题、国家重大战略和政策，并以联席会议多数成员通过相关决议，联席会议由议长主持召开。

（三）2011年宪法修正案

2011年1月1日，也门议会通过宪法修正案，取消了总统只能担任2个任期、每个任期7年的条款，将总统任期改为5年，且总统有权提名自己无限期连任。该宪法修正案成为也门反政府示威游行的导火索。反政府示威声势浩大，面对各方施压，2月萨利赫被迫宣布终止此项宪法修正案。该宪法修正案并未发布正式文件。

(四) 2015年宪法（草案）

2015年1月，哈迪政府向全国和解委员会提交新宪法草案，遭到胡塞武装组织和南方分离运动的强烈反对，直接导致也门内战的爆发。其核心内容主要有以下几个方面。

第一，也门为联邦共和国，具有阿拉伯和伊斯兰属性，是独立主权国家，其完整性神圣不可侵犯。伊斯兰教为国教，阿拉伯语为官方语言，国家也重视迈赫拉语和索科特拉语。伊斯兰教法是立法的源泉。人民是国家的所有者和权力的来源，公民拥有直接选举投票和普选的权利，拥有间接的立法、行政和司法权。也门遵守《联合国宪章》，承认国际法确立的国际人权原则。政党和政治组织是民主政治活动的支柱，国家法律保障组建政党和政治组织的自由。禁止以民族、教派和宗教团体为基础组建政党，禁止政党破坏民主制度和获取外国资金支持。禁止以任何政党、团体和个人名义组建军事组织。

第二，宪法对国家各级政府的规定。

（1）联邦政府。立法权属于国民议会，国民议会由众议院和联邦议院构成。众议院负责制定和批准联邦法律、联邦政府预算、宪法修正案提案，以及审批国际公约、双边和多边政治与经济协定等，监督和指导政府各项工作。联邦议院负责批准众议院决定的法律草案，批准任命政府高级管理人员和军队领导人，包括各部部长、中央银行行长、总检察长、独立机构主席、武装部队各指挥官和也门驻外大使等，修改宪法提案，批准国家军队的规模。联邦议院的决定要在下列问题上体现南方的重要利益：选区的划定、石油和天然气资源的分配法案、领土划界问题、亚丁市的特殊地位及关于南方代表权的宪法修正案。众议院由260名议员组成，通过公民直接和不记名的自由投票选举产生，根据地区面积和人口的比例，第1届立法机构会议后，法律规定众议院必须有2/3的南方代表成员。联邦议院由84名成员组成，按照全国划分为6个地区，每个地区有12个议员名额，此外萨那和亚丁市各有6个议员名额。同时规定众议院和联邦议院每4年选举一次。

行政权属于总统和政府。联邦共和国总统行使的职权包括：任命新政府和发布共和国法令；制定符合宪法的国家政策；依法任免政府成员、军官和警官；向议会提交国家总预算，每年向议会提交一份全国情况说明；颁布共和国奖章和其他荣誉奖章；批准死刑法令；在两院批准后授权建立外交使团并任免大使，接受在也门的外交使团和外交机构的照会；批准政治避难；依法宣布紧急状态和进行全国总动员；颁布其他有关宪法和法律的法令。政府中强调国家有义务采取必要的立法和行政措施，保证南方地区代表在联邦行政机构和组织中代表数的公平性。

司法权完全独立，设立最高司法委员会，主要职责包括：设置司法机构、出台司法政策及制订司法计划；编制司法机构预算草案和制订监督执行计划；任命司法检查机构主席和其他成员；定期对法官和检察官的工作进行审查；监督法官的任职资格，并在不同级别和类型的法院中吸纳女性法官或检察官；法律规定的其他职能。

（2）地方政府。地方立法权属于地方众议院，地方众议院成员80名，由公民直接和不记名的自由投票选举产生。地方众议院议员要保证各省的公平代表权。议员任期4年，在到期60天前选举新一届议会。地方行政权属于地方长官和政府部门。地方长官是地区事务第一负责人，负责地区内宪法和总政策的执行。地方长官在当选后一周内向地方众议院宣誓就职，其任命政府成员在一周内向地方众议院宣誓就职。各州具有法律、财政和行政独立权。州级议会由各市议会代表组成，州级议会在召开第一次会议时选举主席和副主席。州级议会是在国家宪法规定职权范围内的立法机构，有权监管州级行政委员会的政策执行情况，有权在各州收取税收，以及使用宪法允许范围内的其他资源。各州内划分的行政单位为市，具有独立的司法、财政和行政权。

（3）两个自由市：萨那和亚丁。萨那市是也门共和国首都，是一个不属于任何联邦地区的城市，其独立性的特殊地位可以保证联邦机关和机构高效地运行。联邦政府致力于保证萨那市特殊的历史地位，并满足其作为首都发展的需求。亚丁市有权颁布与经济和金融体系相关的法案，有权签署经济贸易协议，以及享有联邦或地区法律赋予的其他权力。两市具有独立的立法权和行政权。

第三，对联邦政府与各级政府间的权限划分。联邦政府拥有的权限：外交、国防事务；国家财政、货币银行政策；联邦国家法律；公民国籍和出入境管理；对外贸易；国家数据统计和人口普查；国家基础设施建设；制订教育科学研究的发展计划和决定资金投入数额；国家自然资源开发与利用；国家卫生政策、农业政策与粮食安全保障等。

联邦和地方政府共同行使的权限：妇女和青年事务；文体、医疗卫生和社会保障；公务员管理制度；特区城市；自然灾害应对；国家福利；旅游业发展；水利建设；科学研究；自然保护区管理事务；等等。

地方政府拥有的专属权限：制定地方经济社会发展政策；签署地方贸易和投资项目；制订地方基础设施建设计划；地方土地和房地产开发；地方卫生健康政策和服务；地方治安和警察机构；地方交通、通信管理；地方文化、科研、旅游规划；地方环境保护和自然资源开发；等等。

除维护社会治安、保障国家统一、保证地区间互不干涉之外，联邦政府不得干涉地方政府的权限。联邦政府的干预需要联邦议会及相关地区的立法和行政机构同意后按照联邦法律执行。

第四，联邦与各级政府的财政和税收分配。设立国家收入基金，管理联邦国家收入，制定国家收入分配法。联邦收入的分配原则有：确定每个地方的公平份额；确定萨那和亚丁两个自由市的公平份额；各地方政府承担地区经济发展的责任并根据法律承担相应的义务。联邦政府确保国家机关和各级政府机构公共资金管理和使用的透明度，确保实行问责制和廉洁有效的管理，通过审计及制定财务管理统一规则和标准的方式进行。

联邦政府征收以下税收：个人所得税，企业所得税，增值税，关税，石油、天然气和其他矿产资源税费及其他税费。

地方政府征收以下税收：一次性税率的销售税，驾驶证和车辆税，道路使用税费，旅游和环境税费。此外，地方法律对联邦法律规定的征收一次性税率的税收收取额外税费（包括：个人所得税，企业所得税，石油、天然气和其他矿产资源税费）。

第五，宪法草案在总纲中规定也门共和国由 6 个区组成，北部 4 个、南部 2 个，分别为哈德拉毛区、萨巴区、亚丁区、帖哈麦区、阿扎勒区和津德区。

第六，关于过渡期的规定。本宪法生效后，共和国总统继续履行其职责和行使其权力，直至新总统选举成功后宣誓就职；所有国家机关、行政机构应继续履行现行法律规定的职责，本宪法生效后按照宪法规定进行审查。现行法律继续有效，不得废除和修正，除非不符合本宪法的规定；本宪法生效后须立即颁布选举法、地区法、司法权法、宪法法院法、过渡时期司法权法。

第一个选举周期须保证南方代表在联邦议会和地区议会、司法机构、行政机构、军队和安全部门中的代表额。第一个选举周期致力于平等原则，确保消除歧视和实现所有也门公民机会均等。南方代表优先担任公务员及军队和安全部门的空缺职位。

依法建立南方重建基金，在宪法生效一年内根据时间表逐步实施。重建萨达基金以补偿该地区，国家致力于解决战争给萨那和其他地区带来的问题，恢复和重建当地基础设施。

二 国家元首

（一）各届总统选举

根据宪法规定，1991 年 5 月开始国家统一后的政治过渡期内，组成 5 人总统委员会领导国家。原北也门总统阿里·阿卜杜拉·萨利赫出任总统委员会主席。1994 年 9 月，过渡期结束，根据宪法修正案，取消总统委员会，实行总统制。同年 10 月进行第一次总统选举，萨利赫当选总统；1999 年进行的第二次总统选举也是也门有史以来首次以竞选方式选举总统，有 2 名总统候选人参选，萨利赫以绝对多数票获胜连任总统；2006 年，进行了第三次总统选举，有 5 名候选人参选，萨利赫以 77.17% 的多数票获胜，第二次连任总统。2011 年 11 月 23 日，萨利赫同意将权力移交给副总统哈迪。2012 年 1 月 21 日，议会正式提名哈迪为朝野两党的共同候选人。哈迪也因此成为此次总统选举中唯一的总统候选人。2012年2月21日，哈迪在总统选举中获得超过600万张选票，当选为新总统。

（二）总统简介

1. 阿里·阿卜杜拉·萨利赫（1942～2017年）

1978年7月萨利赫当选为阿拉伯也门共和国总统，兼任武装部队总司令，并两次蝉联总统。1990年5月南、北也门统一后，萨利赫当选为总统委员会主席。1994年10月，当选为总统。2006年9月，连选连任。2012年2月27日，萨利赫正式卸任。曾于1987年12月、1998年2月、2006年4月对中国进行国事访问。

萨利赫出任阿拉伯也门共和国总统近12年，统一后又出任也门共和国总统委员会主席4年，而后连任总统至2011年，成为也门总统任期最长的领导人。在阿拉伯也门共和国时期，面对政治势力和部落势力激烈争斗、经济萧条、民不聊生的混乱局面，萨利赫依靠在各方势力间的平衡稳定政局。1982年全国人民大会党成立，它通过的《民族宪章》确立了实行政治民主、经济民主和社会公正及实现南、北也门统一的目标，成为促进也门发展的纲领性文件，全国人民大会党也逐渐演变为北也门的执政党。在国内基本实现和平稳定的基础上，萨利赫政府将重心转向发展经济和促进社会进步：扶持国内民间合作机构发展民族经济和提高人民生活水平，鼓励民族资本；大力发展农业；全力开发石油资源；采取中立和不结盟的外交政策；对外开放和引进外资；加大教育、卫生和社会服务的投入力度。这些措施使得国家经济和社会发展都取得一定成效。

也门共和国时期，萨利赫继续以国家安定和发展为执政宗旨，维护统一局面，争取国家稳定，进行政治和经济及社会的全面改革。通过宪法修正和选举萨利赫逐步独揽权力：一方面个人威权和家族统治制约着也门现代国家的构建；另一方面萨利赫时期也门政局基本稳定，国家统一在增强了全国团结的同时为国家的经济、社会发展提供了较为安定的国内环境。面对困难重重的经济状况，也门1995年与世界银行和国际货币基金组织合作，开始进行经济和行政改革计划。萨利赫主张对外开放和鼓励私营经济的发展，坚持以农牧业为也门的经济基

础;大力勘探石油和建立采油工业,使国家经济获得较快的发展。一方面,基础设施的建设、工矿业的发展加快了;另一方面国家经济也表现出种种问题,是世界上经济最不发达的国家之一。在外交上,海湾危机和伊拉克战争以后,全面发展对外关系,为国家发展创造良好环境,特别是改善了因海湾危机与部分阿拉伯国家的紧张关系,实现了与海湾国家关系的正常化,增进了与地区各国政治和经济的交往;为中东和平进程和红海地区的安全稳定做出努力;同时通过积极参加国际反恐行动,获得了美国和西方国家更多的经济援助;与中国的友好关系进一步增强,经济合作领域不断扩大。

2. 阿卜杜·拉布·曼苏尔·哈迪（1944~）

1944年,哈迪出生于也门南部阿比扬省瓦道阿地区,先后在埃及、英国、苏联学习军事,获得埃及纳赛尔高等军事学院硕士学位、苏联伏龙芝军事学院硕士学位,曾在南也门军队内任装甲部队参谋、作战学院参谋、作战训练局局长、供应局局长、后勤事务副总参谋长等职。

也门统一后哈迪任总统委员会顾问,1994年5月任国防部部长,9月升少将军衔,同年10月2日任副总统并连任至2012年,1995年6月任全国人民大会党副主席,1997年12月晋升为中将。2011年6月,也门总统府遇袭,萨利赫及多名高官受伤,前往沙特阿拉伯治疗,哈迪代行总统职责直至萨利赫9月下旬回国,但并不掌握实权。萨利赫2011年11月23日晚签署海湾阿拉伯国家合作委员会的调解协议,把权力移交给副总统哈迪。2012年2月21日,哈迪当选为总统。哈迪曾于1999年、2013年访问中国。

第三节 国家机构

一 议会及协商会议

(一) 议会议员及会期

议员:根据宪法规定,也门议会由301名议员组成,由全国301个选区通过无记名投票直接选出。每个选区选民与公民数量基本相同,正负不超过5%。议员任期6年。议会由1名议长和3名副议长、1名秘书长及19个专门委员会组成,每个专门委员会由10~15名议员组成。议长和副议长由议员在议会第一次会议上无记名投票选出,议长和副议长组成领导委员会。

议会会期:议会会议每年2次,7月和斋月为休会期。上半年会期从2月1日至6月30日,下半年会期从8月1日至12月31日。每月召开两个星期会议,每天会议从上午10点至下午1点。

(二) 议会选举

统一后也门按期进行了议会选举,依据宪法规定,实行多党竞选和全国无记名投票的直接选举。选举后也门全国人民大会党基本控制着议会,一直占据议会第一大党地位和政府的主要职位。也门"伊斯兰改革集团"是议会第二大党。

第1届议会选举:1993年4月,也门举行了统一后的第一次议会选举,20多个政党参加了竞选,选举后成立了新一届议会。1993年,议会共301名议员,其中女性2名。全国人民大会党获123个席位,也门"伊斯兰改革集团"获62个席位,也门社会党获56个席位,阿拉伯社会复兴党获7个席位,真理党获2个席位,纳赛尔主义统一组织、纳赛尔主义纠正组织、纳赛尔主义民主组织各获1个席位,其余席位由独立人士获得。最大反对党也门"伊斯兰改革集团"主席阿卜杜拉·本·侯赛因·艾哈迈尔被选为议长。

第2届议会选举:1997年4月,举行了统一后的第二次议会选举,国际社会协助和监督了选举过程。12个政党参加了竞选,选举后成立了新一届议会。1997年,议会共299名议员,其中女性2名,45%的议员是中青年。全国人民大会党占187个席位,也门"伊斯兰改革集团"占53个席位,阿拉伯社会复兴党占2个席位,纳赛尔主义党占3个席位,独立人士占54个席位。南方的也门社会党抵制选举。阿卜杜拉·本·侯赛因·艾哈迈尔再次当选为议长。

第3届议会选举:2003年4月,议会进行了统一后的第三次选举,

22个政党参加了竞选,选举后成立了新一届议会。2003年,议会共301名议员,其中女性1名。执政党全国人民大会党仍是议会第一大党,占238个席位;其次是也门"伊斯兰改革集团",占46个席位;也门社会党占8个席位;阿拉伯社会复兴党占2个席位;纳赛尔主义党占3个席位;独立人士占4个席位。阿卜杜拉·本·侯赛因·艾哈迈尔第三次当选议长。2007年12月29日,艾哈迈尔议长去世,叶海亚·阿里·艾哈迈德·阿伊德·拉伊于2008年2月11日当选为议长。2009年4月,议会通过修改宪法第65条的方案,将议会任期延长至2011年。其后也门局势动荡,议会任期再次延长,计划在2013年举行新一届议会选举。但2012年2月27日,也门总统萨利赫将权力和平移交给副总统哈迪。新政府召开全国对话会议以实现政治过渡和国家政治转型。2015年2月6日,胡塞武装组织单方面宣布解散议会并成立临时政府,包括由5名成员组成的"总统委员会"负责组建专家型政府,以及由551名成员组成的"全国过渡委员会"代行议会职责。其后哈迪宣布亚丁为也门的"首都",强调自己仍是"合法总统",此前政府多位高官也返回亚丁。

(三) 协商会议

协商会议的组成和职责:也门共和国协商会议是在北也门1979年成立的协商会议的基础上建立的。依照宪法规定,萨利赫总统于1997年5月19日颁布总统令,宣布成立也门共和国协商会议。并任命了59名协商会议委员,前总理阿卜杜勒·阿齐兹·阿卜杜勒·加尼被推选为主席并连任至2011年。2001年,根据宪法修正案,协商会议扩大为111人,全部由各地方推荐和总统任命,任期5年。2011年10月9日,阿卜杜拉赫曼·穆罕默德·阿里·奥斯曼(Abdulrahman Muhammad Ali Othman)当选为协商会议主席。协商会议是国家最高咨询机构,作为总统智囊团辅助其执政,商讨与国家利益相关的重大事务,对国家大政方针和根据总统提出的问题发表咨询意见和建议,但无立法权。根据宪法规定,协商会议每月召集1次会议,应总统和协商会议主席要求或1/3委员书面要求可召集紧急会议。

协商会议常设机构：协商会议由主席、副主席和秘书长组成领导机构，秘书处负责处理日常事务，下设8个常务委员会负责专项事务，现列举如下。宪法、法律和司法委员会；政治、外事和侨民事务委员会；经济、财政、石油矿产资源委员会；服务、地方政权和人力发展委员会；国防和安全委员会；教育、文化、宣传和旅游委员会；农业、渔业、水产资源委员会；环境委员会。

协商会议主席简介：阿卜杜勒·阿齐兹·阿卜杜勒·加尼（Abdul Aziz Abdul Ghani，1939~2011年），1939年生于塔伊兹省，曾在开罗大学学习政治、经济，后赴美留学，获经济学硕士学位和荣誉博士学位。自1967年起历任北也门卫生部部长、建设和发展银行副董事长、经济部部长兼最高计划委员会技术办公室主任和燃料公司董事长、中央银行总裁、总理、副总统等职。1990年5月，也门统一后任总统委员会委员、协商会议委员，并担任全国人民大会党副总书记。1994年10月任总理。1997年5月任协商会议主席，曾于1972年、1994年、1998年访华。阿卜杜拉赫曼·穆罕默德·阿里·奥斯曼2011年当选为协商会议主席。艾哈迈德·阿比德·本·达格尔2021年1月任协商会议主席。

二　中央政府（部长会议）

也门政府（部长会议）是国家最高行政机构，国家的所有行政机构必须服从政府的领导。总统任命政府总理，任命由总理推荐的副总理和各部部长。政府由总理、副总理和各位部长组成，政府各位部长受总理直接领导。总理负责政府事务，副总理辅助总理工作，负责专项事务。部长和副部长负责政府各部事务。根据宪法规定，总理、副总理、各位部长集体和个人对总统和议会负责。

（一）政府部门

至2009年也门政府各部包括：公共工程和城市发展部、宗教基金和指导部、地方事务部、内政部、新闻部、计划和国际合作部、教育部、高等教育和科学研究部、技术教育和职业培训部、渔业资源部、文化和旅游部、外交部、社会服务和保险部、国防部、农业和水利部、

供水和环境部、青年和体育部、社会事务和劳工部、法律事务部、公共卫生和人口部、工业和商业部、司法部、电力部、财政部、侨务部、通信和信息技术部、石油矿产部、交通和海洋部、人权部、也门中央银行。

(二) 历任总理

国家统一后，权力主要掌握在总统手中，总理权力不大。也门共和国政府各届总理（1990年起）分别为：海德尔·阿布·巴克尔·阿塔斯（Haidar Abu Bakr Al-Attas），1990~1994年（也门社会党）；穆罕默德·塞义德·阿塔尔（Muhammad Said Al-Attar），1994年（独立人士）；阿卜杜勒·阿齐兹·阿卜杜勒·加尼（Abdul Aziz Abdul Ghani），1994~1997年（全国人民大会党）；法拉吉·赛义德·本·加尼姆（Faraj Said Bin Ghanem），1997~1998年（独立人士）；阿卜杜勒·卡里姆·埃里亚尼（Abdul Karim Al-ltyani），1998~2001年（全国人民大会党）；阿卜杜勒·卡迪尔·巴贾迈勒（Abdul Qadir Bajamal），2001~2007年（全国人民大会党）；阿里·穆罕默德·穆贾瓦尔（Ali Muhammad Al-Mujawar），2007~2011年（全国人民大会党）；穆罕默德·萨利姆·巴桑杜（Muhammad Salem Basindawa），2011~2014年（独立人士）；哈立德·本·马赫福兹·巴哈（Khalid Bin Mahfouz Bahah），2014~2016年（独立人士）；艾哈迈德·奥贝德·本·达格尔（Ahmed Obeid Bin Daghr），2016~2018年（全国人民大会党）；2018年10月16日，也门总统哈迪解除达格尔总理职务，并对其展开调查，哈迪任命前也门公共工程和城市发展部部长穆因·阿卜杜勒·马利克·赛义德为新一任总理。

(三) 也门2011年政治动荡后的各届政府

第1届政府：2011年12月7日，也门副总统哈迪发布国令宣布成立过渡性的由34位部长组成的民族团结政府。同时哈迪任命也门反对派全国委员会主席穆罕默德·萨利姆·巴桑杜为总理，并根据海合会调解协议组建由反对派领导的新政府。新政府中执政的全国人民大会党和反对党平分主要的34个职位：国防部、外交部、石油矿产部、通信和信息技术部、宗教基金和指导部等部部长由全国人民大会党成员担任；内政部、财政部、计划和国际合作部、司法部、新闻部等部部长由反对党联盟的成员担任。2014 年 7 月,政府减少燃油补贴引发民众不满,胡塞武装组织借机指责政府内部腐败现象严重,要求解散内阁,建立由学者专家组成的专家型政府。2014 年 9 月 2 日,总统哈迪宣布解散政府,总理巴桑杜辞职。

第 2 届政府:2014 年 10 月 13 日,哈迪与胡塞武装组织达成协议,任命哈立德·本·马赫福兹·巴哈为新总理,负责组建新的专家型政府。新政府包括 36 个部门,包括国防部、内政部、财政部和外交部在内的部分看守内阁成员未能入阁。2015 年 1 月,总统哈迪和总理巴哈因对盘踞在也门北部的胡塞武装不满提交辞呈,但议会宣布无限期推迟召开议会审议总统辞呈。随后两人被胡塞武装组织软禁,所有内阁成员被禁止离开首都萨那。同年 2 月,哈迪离开萨那,抵达亚丁。3 月 16 日,胡塞武装组织释放被软禁的总理巴哈,内阁成员也重获自由。2016 年 4 月 3 日,哈迪总统宣布解除巴哈的总理职位,委任其为总统政治顾问。

第 3 届政府:2016 年 4 月 3 日,总统哈迪宣布全国人民大会党高级领导人艾哈迈德·奥贝德·本·达格尔取代巴哈,成为也门政府新一任总理并担任至 2018 年 10 月 16 日,随后,赛义德被任命为新一任总理。

胡塞武装政府:也门胡塞武装 2016 年 10 月 2 日宣布任命一名"总理",并授权其负责组建"民族救国政府"。胡塞武装高级头目、"最高政治委员会"主席萨利赫·萨马德宣布曾担任也门南部亚丁省省长的阿卜杜勒-阿齐兹·本·哈卜图尔为"总理"。

三 地方政府

(一) 地方会议

依照宪法、地方法和其他有效法律,地方政府由各地方行政区域的首脑、地方会议及在本行政区域内的行政机构组成。地方会议由省议会和区议会构成,负责审查和监督省内和各区行政机构的工作计划和实施情况。

省级地方会议议员从各省的辖区中选举产生，每个区选出一位代表。如省的辖区数量少于组成省级地方会议议员的法定人数，区的代表人数可以增加，以达到组成省级地方会议议员的法定人数。根据法律规定，各区都是独立选区。各区选出的代表不仅代表该选区公民，也代表全省公民。区级地方会议议员产生的途径为：最高选举委员会将每个区划分为数个选区，每个选区选举一名代表，使区级地方会议的每个议员代表一个选区。人口少于3.5万的区，地方会议由18名议员组成；人口在3.5万至7.5万的区，地方会议由20名议员组成；人口在7.5万以上、15万及以下的区，地方会议由26名议员组成；人口超过15万的区，地方会议由30名议员组成。

地方会议任期自第一次召集会议起为4年。距任期届满前60天，由共和国总统动员选民选举新的地方会议。地方会议的选举与全国议会的选举同时进行。国家议会议员不得兼任省级地方会议议员；省级地方会议议员不得兼任区级地方会议议员。

2001年2月，也门进行了统一后的第一次地方会议选举。投票结果显示，全国人民大会党占62%的席位，也门"伊斯兰改革集团"占22%的席位，其余席位为也门社会党和独立人士所有。2006年9月20日，也门再次进行地方会议选举。投票结果显示，全国人民大会党在省级和区级分别占74.15%和73.74%的席位，也门"伊斯兰改革集团"分别占6.59%和11.5%的席位，也门社会党分别占2.35%和2.84%的席位，独立人士分别占4.71%和8.21%的席位。

（二）地方行政

也门统一后，1991年共和国颁布了地方行政法。地方行政法包括：确定中央集权性计划和地方非集权性行政的原则；地方行政管理部和行政委员会；地方区域选举产生的地方委员会和地方委员会管理局；省和区行政机构；首都行政区；地方行政长官。

根据地方行政法规定，政府负责管理、监督和指导地方行政机构事务。地方管理部和各地方行政机构负责实施政府政策、遵守中央集权性计划和地方非集权性行政的原则。政府的地方管理部主持管理、监督和指导地方行政机构及地方委员会事务，具体职责是：对地方行政制度提出研究草案；定期对地方行政事务进行检查；负责选拔和任免地方官员的事务和检查地方官员工作，负责其他相关事务。

2000年，共和国颁布了第二部地方行政法，其中规定地方行政机构在中央的统一管理下行使地方行政权力，立法机构、武装力量、中央监督和指导地方管理事务的分机构、常驻地方的国家机构除外；依据宪法确定地方的行政体制；地方行政机构遵守中央集权性计划和地方非集权性行政的原则；在促进人民广泛参与的基础上，通过选举产生地方会议；地方会议负责提出本地区的行政计划、规划和发展投资预算，并对地方行政机构制定和实施的地方政策予以监督、质询和检查。

地方省的省长相当于中央各部的部长级别，经政府的地方行政部推荐和政府同意后，由共和国总统任命，对总统和政府负责，同时对政府地方管理部和地方会议负责。省长负责本省全面的行政事务，执行宪法和法律法规有关地方的各种权利和义务。各省设1名或多名副省长，由政府的地方管理部推荐，经政府同意后，由共和国总统任命。副省长协助省长掌管本省行政事务。各省设立常设的行政委员会，由省长、省地方会议秘书长、副省长和各行政机构负责人组成。各区的区长经政府的地方管理部推荐，由政府任命。区长负责本区的行政事务，负责管理本区所有行政公职人员。各区设立区行政委员会，由区长、区地方会议秘书长、副区长和各行政机构负责人组成。

第四节　司法机构

根据宪法规定，司法权独立，司法权由法院掌管，不受任何外来因素的干扰。最高法院是国家最高司法机关。

1991年7月，总统委员会宣布成立最高司法委员会，由1名主席和10名委员组成，主席由总统委员会主席担任。总统委员会根据南、北方统一成立也门共和国的协议和宪法的规定，宣布成立最高法院；任命最高法院院长1名、第一副院长和副院长各1名，委员45名；最高法院院长

由穆罕默德·伊斯梅尔·哈吉（Muhammad Ismail Haji）担任，总检察长由穆罕默德·巴德里（Muhammad Badri）担任，第一法律顾问由塔哈·阿里·萨利赫（Tahe Ali Saleh）担任。2006年2月，萨利赫总统任命阿萨姆·阿卜杜瓦·哈比·穆罕默德·萨马维为最高法院院长。

一 司法体系的演进

也门实行现代法律之前的法律主要来源于沙里亚（伊斯兰教法）、传统部落习惯法和英国法律体系。统一前，南、北也门的法律有所不同。北部穆塔瓦基利亚王国存在两个发挥作用的法律体系：沙里亚，即由栽德派乌里玛阐释和解读的伊斯兰教法律体系；部落创造和使用的传统习惯法。两者在许多方面互为补充。南部亚丁等城市依据英国法律体系，内陆地区则以部落习惯法为主。20世纪60年代后，北也门共和国的宪法中明确表明以沙里亚为法律的唯一源泉，同时努力推进国家现代法律体系的形成，主要是针对经济活动自由化制定了一系列民法和商法法律规章，农村地区仍保留着传统习惯法的应用。南也门的主要法律依据是世俗法律，沙里亚是其法律的来源之一，但不以习惯法作为法律来源。独立后实行"社会主义"公有制，拒绝私有化和自由化。到70年代后期，政府开始允许发展公营和私营之间的经济关系，法律也逐渐吸收了自由化原则。20世纪90年代，也门统一后颁布了宪法。国家司法是根据西方民法，结合伊斯兰教法——沙里亚——形成的。

二 现代司法系统的建立

（一）主要法律文件的制定和颁布

也门统一后的司法系统以国家根本大法宪法为基础，包括刑法和民法，还包括有关行使司法权的司法权法，有关执法机构和其职责的法律。

也门刑法主要遵循沙里亚的原则，以其为法律依据。实行刑法的目的是维护社会正义、清除社会混乱和邪恶，营造在正义、和平的基础上实现社会发展的环境。刑法包括1993年颁布的第3号法——刑法及一些补充修订法；1994年颁布的第12号法——犯罪和惩处法，第13号法——刑事程序法；1996年颁布的第7号法——军事刑法；1998年颁布的第21号法——军事惩处法；等等。民法包括1992年第19号法——民法，2002年第14号法——民法修正案。民法旨在最大限度地维护社会秩序，巩固公民生活所依赖的社会公正制度，保证国家稳定局面。1991年，政府颁布了第1号法——司法权法。司法权法形式上和内容上均以世俗的西方法律为基本模式，确定了司法权独立的总原则，并对司法权、司法机构和执法者做了相关规定。

（二）现代司法机构的建立

根据宪法和司法权法的规定，也门司法机构包括最高司法委员会、法院、检察院、司法审查委员会；法院分为最高法院、上诉法院和初级法院。

1. 最高司法委员会

最高司法委员会主席由总统担任，委员会成员有司法部部长、最高法院院长、总检察长、2名最高法院副院长、司法部副部长、监察院院长和由总统任命的3名最高法官。

委员会的职责是：制定司法事务的总政策，根据司法权法审查提交给委员会的法官任免、升迁调动、退休、辞职等事宜；惩戒法官；研究司法的法律草案；定期审查各法院职责和审议对法院的指控，依据法律研究有关司法审查的条款和解决所提出的问题；对司法预算提出意见，向政府索取必要的报告和文件并询问有关情况。委员会有司法惩戒权，即对法官有关问题进行审查、调查和做出惩处决定。司法权法规定了此项事务的程序和相关责任。

2. 法院

也门法院由最高法院、上诉法院和初级法院组成。法院负责判定涉嫌犯罪和犯罪等有关事务，相关法律规定了各级法院的职责和权限。

（1）最高法院：全国设立1个最高法院，由司法部部长同总统协商，并提交最高司法委员会批准成立。最高法院有院长和副院长各1名及法官数名。根据最高司法委员会推选，总统任命法院院长、副院长和法官。最高法院的机构包括宪法庭、民事庭、商业庭、刑事庭、民权

庭、行政庭、军事庭和资格审查庭等8个法庭。最高司法委员会经与司法部部长和最高法院院长协商，发布成立最高法院各法庭的决定。各法庭的审判庭由5名法官组成，宪法庭由7名法官组成，经本庭多数法官同意对案件做出判决。

（2）上诉法院：司法部部长经与总统协商、最高司法委员会同意，决定成立上诉法院和所属法庭。每省设立1个上诉法院，每个上诉法院设立4个法庭，包括民事庭、刑事庭、婚姻庭和商业庭。相关法律规定了上诉法院的执法范围和职责。

（3）初级法院：经司法部部长和最高法院院长提议，由最高司法委员会决定成立各初级法院和所属的办事处，全国每个省的下属行政区建立1个初级法院。相关法律对初级法院的职责和权限做了规定。

3. 检察院

检察院是司法机构，司法权法规定检察院的职责是根据有关惩戒的法律章程规定的程序进行调查和移交罪犯。总统颁布决定，任命总检察长和首席法官。

4. 司法审查委员会

根据司法权法的规定，司法审查委员会由司法部部长负责组建，经由最高司法委员会同意，任命委员会的主席、副主席。委员会主席由最高司法委员会成员担任，委员会成员由各法院推荐的法官担任。委员会任期6年。

1997年，政府开始实施司法改革计划，几次改组了司法机构。2005年初，上诉法院的160名法官和120名检察官调换了职位，70名法官和180名检察官重新分配了职位。近年来，也门政治动荡，哈迪政府最新的政府成员名单中，司法部部长一职自2016年开始一直空缺。

第五节 政党

20世纪40年代以后，也门出现了多个政党和政治组织。各个时期的政党组织具有不同的性质、政治目的和主张，起到了不同的历史作用。

第三章 政 治

一 历史上的政党组织

也门国内最早的政党出现在20世纪40年代，主要受阿拉伯民族主义思潮影响肩负着争取民族解放和实现国家主权独立的历史使命。作为一种政治工具，其在也门近代历史上扮演着至关重要的角色。1942年，活跃于穆塔瓦基利亚王国的主张进行宪政改革的组织——自由人运动，其领导人先后建立了"劝善戒恶"青年运动（Shabab Al-Amrbil-Ma'rufwal-Nahi'an Al-Munkar，1941年建立）、也门自由人党（the Free Yemenni Party，FYP，1944年建立）、也门"伊斯兰改革集团"（the Reform Group，1944年在伊卜建立）、也门协会（the Grand Yemenni Association，GYA，活动于1946~1948年）及1952年的也门联盟（the Yemenni Union）等政党组织。1946年，北方和南方自由人运动迅速复苏和发展，并受到埃及穆斯林兄弟会等国外组织的支持。自由人运动提出了反对伊玛目王权专制、反对英国占领南方和建立统一新也门的目标。其策划并发动了1948年革命，成功地刺杀了伊玛目叶海亚，并建立了君主立宪政权，组成了联合政府，但随即被王储穆罕默德领导的王室军队镇压。革命虽然失败了，但对也门民主运动产生了重大影响。在埃及1952年"7·23"革命鼓舞下，祖贝里和努曼在埃及和亚丁联络也门自由派人士，建立了也门联盟，随后又恢复了也门自由人运动的活动。

受到英国殖民统治的也门南部，20世纪40年代开始出现政治党派。复兴党（Bath）的历史可追溯到1956年；整个50年代哈德拉米改革联盟（Hadrami Reform Association）、社会民主党（Society Democratic Party）、人民联盟党（People's League Party）都相继组建。但党派影响范围并未到达远离港口的内陆地区。其中影响较大的有1951年成立的代表农村商业资产阶级利益的政治组织——"南阿拉伯人民联盟"；1959年阿拉伯民族主义者运动（Movement of Arab Nationalists，MAN）在亚丁建立支部，号召建立包括所有反对殖民主义的民族、民主力量在内的民族阵线。

20世纪60年代，南、北也门独立后确立了民主共和政体。尽管宣布实行多党制，但初期并未形成完善的政党制度。在北部，1982年成立的全国人民大会党逐渐成为北也门唯一合法的、大权独揽的执政党。各反对党组织①则创建了全国民主阵线（National Democratic Front，NDF）。1982年，政府和部落联合武装力量瓦解全国民主阵线后，反对党派又组建了也门人民联合党。在南部，1978年也门社会党成立后南也门逐渐确立党政合一体制，对其他政党进行严格限制和打压。尽管如此，南、北也门时期全国人民大会党和也门社会党的相继建立也意味着也门出现了现代意义上最初的政党体系。20世纪80～90年代，两党都开始实施开放和改革的发展战略，并积极促进也门的统一。

也门统一后，为了建立广泛的政治同盟、实现政治权力平衡和国家稳定，新政权宣布开放党禁，实行多党制。1990年，全国出现了40多个政党组织，1993年约20个政党组织参与了议会选举。1994年也门内战后，政府对政党组织进行整顿，合法政党数量骤减。到1997年，15个合法政党中有12个政党参加了议会选举。经过1994年也门内战，南方的也门社会党的力量严重削弱，全国人民大会党成为也门第一大党，也门"伊斯兰改革集团"上升为第二大党。1997年，也门"伊斯兰改革集团"成为也门最大的反对党。

二 政党法

宪法规定也门共和国政治制度建立在多党政治的基础上，1991年和1995年国家分别颁布了《政党法》（第66号法令）和《政党和政治组织执行条例》（第109号法令）。

（一）《政党法》

《政党法》明确规定了政党组建的原则：军人和警察、司法和外交人员不得从事政党组织活动和加入政党组织；所有政党不得使用任何形式的暴力或煽动使用暴力；禁止以地域、部落、教派为基础建立政党；党纲不得违背伊斯兰教义、教规；任何政党不得危害国家独立主权、政

---

① 这些左派组织包括：先锋党（Vanguard Party）和阿拉伯复兴党亲叙利亚分支、也门抵抗者组织（the Organization of Yemenni Resister）等。

治制度和民族统一；不得诋毁其他政党；严禁接受国外提供的政治性援助资金；禁止建立军事或准军事组织；所有政党党部必须建立在首都萨那；成立政党组织事务委员会，职责是监督政党组织的活动，向合法政党提供预算资金。

（二）《政党和政治组织执行条例》

《政党和政治组织执行条例》对政党组建条件和活动的范围做出规定，主要是：政党组织的各级机构应设在国内；全国多数省份的党员不得少于2500人；要求所有政党组织均应向政党组织事务委员会登记和递交申请材料，经审核批准后成为合法政党，以便于从事相关的政治活动；各政党组织应坚持国家统一、宪法原则和南、北也门革命目标，尊重也门人民的信仰和民族传统。

1992年3月，根据有关政党法，建立了政党组织事务委员会，职责是依法审查政党组织建立的有关条件的合法性，并批准其申请。

三　主要政党

（一）全国人民大会党（General People's Congress Party，GPCP）

也门议会第一大党和执政党。1982年8月成立，由总统萨利赫创建。萨利赫长期任党的主席，副总统哈迪任副主席，埃里亚尼任总书记。2017年12月，萨利赫去世后全国人民大会党主要领导人是主席萨迪克·艾敏·阿布拉斯和副总书记兼议会党团负责人巴尔卡尼。该党拥有100多万名党员，是具有全民性质的政党，实际上是一个广泛的政治联盟。第一次全国人民大会通过了《民族宪章》，其中规定全国人民大会党是北也门的执政党，以《民族宪章》指导全国政治行动。

全国人民大会党的最高领导机构是书记处，由31名成员组成。党的常务委员会由1000名委员组成，其中300名由任命产生，700名经选举产生。常务委员会下设10个专门委员会，分别为：政治与对外关系委员会、组织委员会、财务与行政委员会、群众组织委员会、思想文化和新闻委员会、经济委员会、管理与服务委员会、指导宣传委员会、妇女委员会、青年与学生委员会。全国人民大会党在地方设立了分支机构。全国人

民大会党的基本纲领是：努力实现"9·26"革命目标，维护也门统一，建设强大的军队，保卫国家主权和领土完整；遵循民主原则，支持多党制，主张通过民主方式实现政权的和平交替；致力于发展经济，提高人民生活水平，实现社会公正，发展教育文化事业；努力将也门建设成为一个发达、民主和法治的国家。

全国人民大会党在统一后的历次议会选举中均获胜，稳居议会第一大党的地位。也门统一后，与南方的也门社会党联合执政。1993年议会选举后，全国人民大会党在议会中的席位不过半数，因此与也门社会党和也门"伊斯兰改革集团"联合组阁。1994年也门内战中全国人民大会党与也门"伊斯兰改革集团"结盟，反对南方分裂势力。内战平息后，与也门"伊斯兰改革集团"联合执政。1997年大选后，单独执政至2011年底。

（二）也门"伊斯兰改革集团"（the Yemen Islamic Gathering for Reform，Islah）

成立于1990年9月，是也门统一后的最大反对党，1994年5月内战后成为也门第二大党。也门"伊斯兰改革集团"是北方政党，主张坚持伊斯兰传统，在学校、宗教机构和一些部落中有很大影响力，成员主要来自部落、商界和宗教界。

党的下属机构包括：咨询委员会、最高权力部、法律事务部、秘书处等。1994年9月也门"伊斯兰改革集团"召开第一次全国代表大会，1998年10月召开第二次全国代表大会。两次代表大会上也门最大的部落——哈希德部落酋长阿卜杜拉·本·侯赛因·艾哈迈尔（连任3届议会议长）都当选为党的主席，亚辛·巴特为副主席，阿卜杜拉·马吉德·赞达尼为咨询委员会主席，亚杜米为秘书长，阿西尼为副秘书长，法德尔为议会党团主席。

也门"伊斯兰改革集团"的基本纲领是：以伊斯兰教法为基础，在法治、多党、民主原则的框架内，以现代精神建设国家。主张伊斯兰教法为一切法律之本，通过协商方式决定一切事务。在法治、多党、民主框架内建设新也门。在对外事务方面，重视国家的伊斯兰特性，将发展与沙特阿拉伯等海湾国家的关系作为重点，支持巴勒斯坦人民反对以色列占领的斗争；在和平共处原则的基础上发展与世界各国的友好关系，反对以武力解决国内和国际争端。

也门"伊斯兰改革集团"在1993年议会选举后成为议会党派，同也门另外两个主要政党——全国人民大会党和也门社会党——联合执政。1994年，也门内战中与全国人民大会党结盟反对南方势力。内战后也门"伊斯兰改革集团"成为也门第二大党，与全国人民大会党联合执政。1997年4月大选后退出政府，成为在野党。2007年2月，也门"伊斯兰改革集团"召开第四次全国代表大会，艾哈迈尔再次当选党的主席。艾哈迈尔于2007年12月29日去世后，2008年1月6日也门"伊斯兰改革集团"最高领导机构会议决定由党的副主席穆罕默德·阿卜杜拉·亚杜米接任党的主席。2009年4月，也门"伊斯兰改革集团"联合其他反对党一致抵制议会选举，迫使萨利赫将议会选举推迟至2011年。2011年，也门爆发反政府的"街头革命"，该党成为反对党派阵营中的中坚力量。2012年，也门进入政治过渡与转型期，也门"伊斯兰改革集团"宣布支持哈迪政府。

（三）也门社会党（the Yemen Socialist Party，YSP）

也门主要反对党之一。其前身是1963年8月9日成立的"民阵"，南也门独立并成立也门民主人民共和国后，成为执政党。1978年10月11日，"民阵"召开党的代表大会，宣布成立也门社会党。也门社会党以"民阵"为主体，接纳了南也门的所有进步组织。1990年5月，也门社会党同全国人民大会党合作实现了也门的统一。统一后两党联合执政，党的总书记阿里·萨利姆·比德出任副总统，最高人民委员会主席阿塔斯出任总理，两人均为国家最高领导机构共和国总统委员会成员。1993年议会选举后，成为议会第二大党，与全国人民大会党和也门"伊斯兰改革集团"联合执政。1994年5月，因权力斗争与全国人民大会党政治矛盾激化，比德率领南方军队同北方开战，结果南方军队失利，比德等党的主要领导人逃亡国外，党的力量被严重削弱。内战后成为在野党。

也门社会党的领导机构有政治局、中央委员会和中央监督检查委员会。政治局是党的核心机构，由26人组成，通过中央委员会的无记名投票选举产生。内战结束后，1994年9月5日，也门社会党选出了新的领导成员，阿里·萨利赫·奥贝德当选为总书记。2005年7月，召开党的代表大会，亚辛·赛义德·努曼当选为总书记。其现任总书记是2015年当选的阿卜杜勒·拉赫曼·阿穆尔·萨高菲。

（四）其他反对党

其他反对党主要有：阿拉伯民族主义党、纳赛尔主义统一组织、阿拉伯社会复兴党、宗教性质的真理党、以部落为基础的也门人联盟、宪政民主性质的自由人宪政党、也门统一集团和人民力量联盟，以及2012年6月17日也门萨拉菲活跃派成立的第一个政党——也门拉沙德联盟（the Yemen Rashad Union）等。

（五）反对党联盟

1995年8月，在野党成立反对党最高协调委员会，后改名为反对党联盟。联盟由6个反对党组成，它们是：也门"伊斯兰改革集团"、也门社会党、纳赛尔主义统一组织、阿拉伯社会复兴党、宗教性质的真理党、人民力量联盟。联盟成立的主要目的是协调各党之间的关系和在重大事件上的立场。联盟对各党并没有约束力，政治作用十分有限。反对党联盟主张用立法权约束行政权，司法权独立，国家收入多样化和限制政府支出。2005年，也门"伊斯兰改革集团"与也门社会党联合，公开向政府提出进行政治和经济改革的要求。2006年，联盟选出1名总统候选人与其他4名候选人竞选总统，这次行动扩大了反对党联盟的政治影响。2011年，也门反政府示威活动中反对党联盟表现活跃，8月17日，也门反对党联盟在萨那召开大会，成立以穆罕默德·萨利姆·巴桑杜为主席的"全国和平变革力量委员会"，向总统萨利赫施压促使其移交权力。哈迪过渡政府时期，反对党联盟主要领导人之一、也社党书记努曼担任也门全国对话会议副主席。

（六）南方过渡委员会

南方过渡委员会成立于2017年5月，由当时遭哈迪罢免的亚丁省省长祖贝迪联合南部26名高级部落、军政领导人组建而成。南方过渡委员会的目标是争取南也门自治甚至重新独立。2017年10月14日,南方过渡委员会领导人祖贝迪在亚丁宣布成立由303人组成的"国民大会"来代表南方各省议会负责南方独立公投。

第四章

经　济

长期以来，也门经济发展水平较低，是世界上最贫穷的国家之一。2006年，联合国将也门列入世界最不发达国家名单。20世纪90年代，也门进行经济改革，取得一定成效。2010年，受国际金融危机、油价下跌影响，也门石油出口收益锐减，外汇储备有所减少，失业率上升，经济增速放缓。2011年政局动荡后，经济困难状况进一步加剧。2012年，哈迪当选总统后，积极寻求国际社会援助和对也门经济重建的支持。2015年3月，国内爆发内战后，其经济处于崩溃的边缘。

第一节　也门经济发展史及宏观经济政策概述

一　早期经济概况

与阿拉伯半岛其他国家相比，历史上的也门雨水充沛，土地肥沃，物产丰富，被古希腊人称为"幸福的阿拉伯之地"，阿拉伯人则称其为"绿色之地"。各王国时期的统治者尽可能地修建水利设施，利用雨水灌溉农田，最著名的灌溉设施是约公元前7世纪萨巴人在东部高原边缘建造的马里卜水坝。另外统治者们还利用地理位置优势开辟了陆路和海上商贸通道，繁荣的商业和贸易活动对古代也门的经济发展、政治稳定和国家强盛起到了重要作用。随着众多王朝国家的相继建立，古代传统的部落土地所有制逐渐被国家公有制所取代，国王是国家最大的土地所有者。僧侣阶层享有国王赐予的大量土地，成为寺庙土地

的所有者。社会生产主要采用奴隶集体农业劳作和强制集体徭役的形式。统治者通过中央集权和官僚机构管理国家事务，负责修筑、维护水利灌溉工程和保护商道的畅通。国王所属的大部落始终是国家的社会基石，大部落的兴衰决定着国家的命运。

也门古代王国在王族腐败没落和外族连续入侵中衰败，在阿拉伯帝国时期，作为行省的也门经济上实行"什一税"的赋税制度，帝国政府将也门作为经济收入的重要来源，征收重税，造成各地民众奋起反抗哈里发的统治，部落酋长纷纷建立独立王朝。长期战乱导致也门经济发展落后，各地以自给自足的农业经济为主，农业仍保持着传统的耕作方式和落后的生产手段，农业收成远不能满足国内需要，饥荒时时困扰着也门。奥斯曼帝国占领时期，为了缓和由民众生活贫困所激化的社会矛盾，在也门推行了改进交通和引进现代农业技术的措施。首先，交通方面实施了荷台达至萨那的铁路建设项目，沟通了两地间的商业和农业往来。其次，农业方面派遣一批农业专家进入也门，其中包括也门农业实施和土地状况研究小组，还有烟草、果树和棉花种植方面的专家，培训当地村民，将进口的优良种子免费分发给农民，并保证专家指导的长期化。这一时期也门封建土地所有制得到巩固和发展，地方封建势力强占土地，成为新的土地所有者；部落酋长等贵族将统治者赐予的土地变为私有土地，且这些土地受伊斯兰教法和国家的保护。

在20世纪北也门独立后的穆塔瓦基利亚王国时期，国家经济仍以传统的自给自足的农业经济为主。伊玛目本人是全国最大的土地占有者，栽德派法官、圣裔和部落酋长们也占有大量土地，农民承担着沉重的税收负担。也门没有现代工业部门，仍以传统手工业为主，主要是与农产品相关的纺织业、制鞋业、家具业和榨油业等。第二次世界大战后，西方国家的廉价工业品经由亚丁港不断输入也门，使得著名的也门手工业特别是纺织业遭到严重打击，日趋衰落。也门工农业落后导致其出口额仅为进口额的1/4。缺乏现代化交通运输工具，也没有银行，进出口贸易活动受到很大制约。伊玛目实行的闭关锁国政策使全国城市化水平极低，社会贫困化现象严重。在英国占领的南也门，殖民主义的掠夺性经济阻碍了经济的发展。1952年,英国在小亚丁投资兴建了一座炼油厂,而其他工业微乎其微,地方生产总值的80%来自服务部门,极少有规范的工业和通信部门,进出口公司、金融公司等服务性经济部门都掌握在英国人手中。在农村地区,素丹、埃米尔和部落酋长们占有80%的肥沃土地和20%~25%的低产田,农业生产十分落后,粮食不能自给,人民生活普遍贫困。

二 南、北也门时期的经济发展

1962年,北也门共和国建立后,政府实行国营、公私合营和私营多种所有制形式,努力建立国民经济体系,促进国民经济发展。先后实施三年发展纲要、第一个五年发展计划和第二个五年发展计划。自1963年起政府利用外国援助和贷款,在帖哈麦、塔伊兹、萨那等地区开垦荒地约2万公顷。在萨那、荷台达、塔伊兹和伊卜建立了4个示范农场、3块甜玉米苗圃、4块水果和木材苗圃及一些农业指导中心。1966年以来,在联合国的援助下,建立了两个动物资源示范中心,进口良种黄牛,开展谷类和烟草等新品种的种植实验,增加水果和蔬菜的种植等。这些为数有限的农场和示范中心,以及建立在现代科学技术基础之上的农业实验,对于国家农业发展有着重要意义,但由于也门自身缺乏专业技术人员和疏于管理,其未能在生产实践中发挥应有的作用。工业方面,政府通过外援恢复了纺织和毛毯等民族工业,新建了纺织厂和印染厂;重点发展轻工业,大量新兴工业企业出现,这类企业大多数集中在金属加工、木器、小机械、汽车维修、建筑材料生产和贸易等领域。尽管这些工业企业规模不大且没有发展成专门的部门,但其对也门国内经济具有积极作用。政府还加强基础建设和发展基础工业,投资建设发电厂,同国外资本合作开采矿产资源。商贸方面,政府鼓励发展批发和零售商业,在农村增加了农贸集市和商业网点;成立了国营外贸公司,并鼓励本国商人投资外贸。政府开辟了金融市场,建立了银行和货币体系。20世纪70年代,也门去海湾产油国特别是沙特阿拉伯务工者渐多,无形贸易收入剧增。1973~1976年约有120万名也门人在海外工作,侨汇收入达34.197亿里亚尔。大量侨汇收入使得70年代中期也门经济年平均增长率为5.6%，也使得也门国内消费市场日渐繁荣。但是国家银行、信贷和商业体系都集中在主要城市中心，农村地区则没有任何有效的援助计划帮助其面对经济的全面变革和消费方式的改变。

南也门共和国建立初期，英国人大量撤资，国家财政陷入困境，财政赤字占财政收入的85%，政府靠减少开支和增加税收弥补亏空，经济形势极其恶劣。在苏联和中国等社会主义国家的援助下，政府兴办工业、开发石油，改善了交通通信和电力等基础设施，提高了农业机械化水平。为了实现建立国民经济体系和振兴民族经济的目标，政府制定了"社会主义"国有化经济政策，实行计划经济，进行农村合作化和城市工业化运动。国家对农、牧、渔业产品实行统购统销，禁止私人交易。1971年，政府开始实施国家发展计划，有三年发展计划、第一个五年发展计划和第二个五年发展计划。到20世纪80年代，在国家投资政策的刺激下，也门民主人民共和国拥有了52个公有、合营、混合和私人等不同形式的轻工业公司，包括纺织、皮革加工、化工、建筑材料、机械设备、电器制造和食品加工。1983年，工业产值约占国民生产总值的21%。随着南也门国家发展计划的实施，以前农村地区多以务农为生的人们的谋生方式日益多样化，到1981年45%的劳动力在农业领域，而工业和服务业分别吸纳了15%和40%的劳动力。此外，20世纪70~80年代南也门海外打工人数在6万至7.5万人之间；政府还致力于消除失业现象和贫富差距，保证最低工资，将收入差距从1967年的1:11缩小到80年代的1:3.5。

三 统一后国家的经济发展

也门统一后，政府的主要经济目标是实现经济的发展，基本手段是通过基础设施的投资建设来推动国家的工业化发展进程。在投资领域，也门政府鼓励私人投资，加强对基础设施建设的投资，并发展石油、天然气等矿业；在农业领域，也门政府积极发展农业和渔业，提高粮食的自给率。私人投资的增多有利于市场因素的活跃，推动投资主体的多元化，也意味着投资环境的改善,能吸引更多的投资。但由于建设投资增加和内战消耗,政府财政支出增加,造成了巨额的财政赤字、严重的通货膨胀、货币大幅贬值和外债沉重。海湾战争中,也门支持萨达姆对科威特的入侵,因此在沙特、阿联酋等海湾国家务工的也门人被迫回国,这造成国内失业率剧增,作为国民收入来源之一的侨汇收入骤减;且受海湾战争影响,除石油产业以外的其他产业经济领域都是负增长,一时间国家陷入极度的经济困境。

1994年内战结束后,政府制订了新的经济发展计划,并实行了一系列改革措施,用以全面整顿经济。1996年,开始实施第一个五年计划,在国际货币基金组织和世界银行的帮助下,政府实施了经济、金融和行政体制改革。第一个五年计划的主要措施是紧缩财政开支、扶植主要行业主要生产领域的发展,主要目的是减少财政赤字、抑制通货膨胀、减轻外债负担、改善投资环境。第一个五年计划期间,也门外贸、金融和投资领域逐步对外开放,减少国家干预和加速经济自由化和市场化进程。到第一个五年计划结束时,经济状况明显好转,财政赤字和通货膨胀有所改善,外汇储备增加;根据世界银行的统计数据,也门的GDP从1996年的65亿美元增长到了2000年的96.8亿美元,约增长了49%。

2001年开始实施的第二个五年计划,继续改善生产结构和投资环境,提高生产率,增加紧缺商品的生产,争取保持经济的增长;在经济发展的同时,政府强调社会的发展和稳定,将减少失业和贫困现象、增加国民收入作为主要发展目标。到2005年计划结束时,经济实现了持续增长,国内生产总值达到了167.3亿美元。在此基础上,政府在第三个五年计划中制定了新的发展目标,即继续实施改革政策,通过新的金融货币政策和吸引投资政策进一步促进生产发展;同时进行社会改革,提高人民生活水平。为了实现经济和社会发展各项目标,政府加强了经济和社会法治建设,规范经济秩序,维持各方面平衡发展,维护社会治安和保证社会稳定。

从也门统一后的发展状况看,已执行的三个社会和经济发展的五年计

划，效果比较显著，不仅为振兴也门经济创造了条件，而且在社会发展方面发挥了重要作用。但受国内外各种因素影响，当前也门经济落后仍是不争的事实。

第三个五年计划结束的 2010 年，也门经济增长强劲。也门共和国中央统计局发布的 GDP 估算报告显示：去除价格因素后，实际 GDP 同比增长 7.8%，比 2009 年加快 3.5 个百分点。初步估算，2010 年，按当年市场价格计算，也门名义 GDP 为 63749.26 亿里亚尔，同比增长 11.7%；按 2000 年可比市场价格计算，实际 GDP 为 28808.33 亿里亚尔，同比增长 7.8%；GDP 平减指数为 221.29，同比上涨 3.6%。按平均汇率（1 美元 = 219.59 里亚尔）计算，2010 年，也门名义 GDP 约折合 290.31 亿美元，比上年增长了 22.99%。

尽管也门在 2011 年经历了社会动荡，但也门 2011 年共出口 106 船液化天然气，满足了全部买家的需求，全额完成年度出口计划。也门自 2009 年 11 月首次出口液化天然气，经过 2010 年的不懈努力，2011 年实现了满负荷生产和出口。2011 年 10 月发生了输气管线被破坏的事件，但由于修理及时，年度合同数量全额交割。其中 60% 的液化天然气出口到亚洲，美洲占 25%，欧洲占 15%。但战乱对也门经济的影响很快显现。

四 "阿拉伯之春"后的经济概况

2011 年"阿拉伯之春"蔓延至也门后，各派政治力量忙于博弈，对社会和民众生活的关注度急剧下降，这不仅使也门经济处于崩溃边缘，而且严重影响了也门人的正常生活。

（一）"阿拉伯之春"后的宏观经济状况

2011 年"阿拉伯之春"开始影响也门，但是也门经济在短时期内保持了稳定。也门经济陷入混乱是在 2014 年 9 月胡塞武装南下之后。尤其是 2015 年也门陷入内战以来，持续数年的战争消耗把国家经济摧毁殆尽，也门经济已处于崩溃边缘（见表 4-1）。

第四章 经 济

表 4-1 2011~2015 年也门主要的经济数据

	2011 年	2012 年	2013 年	2014 年	2015 年
GDP（现价美元）	31078858746	32074766835	35954502304	—	—
GDP 年增长率(%)	-15.08839309	3.20445515	12.09591168	—	—
按 GDP 平减指数衡量的通货膨胀率(%)	15.30277422	0.976357273	7.894110264	—	—
外债总额存量（DOD,现价美元）	6417668000	7556099000	7646774000	7710440000	—
外国直接投资净流入（BoP,现价美元）	-517842928.5	-142391883.6	-133570895.6	-738028978.9	—
已收到的净官方发展援助和官方援助（现价美元）	476240000	709220000	1039460000	1164220000	—

资料来源：世界银行网站，http://databank.worldbank.org/data/reports.aspx? source = 2&country = YEM。

战乱对经济的影响是十分明显的。第一，由于战乱，也门政府陷入瘫痪。许多反映经济发展的指标基本无人统计。比如农业增加值、工业增加值、附加值、货物和服务出口、货物和服务进口、资本形成总额、收入、现金盈余或赤字的比例等指标都无法统计。第二，从可以统计的年份来看，2014 年以来受到胡塞武装攻占首都、基地组织和"伊斯兰国"在也门的活动加剧等事件的影响，也门政府被迫流亡沙特，对经济数据的统计更是无从谈起。第三，单就 GDP 而言，"阿拉伯之春"影响后的 2011 年，也门 GDP 下降了约 15%。第四，也门局势的变化，也引起了外资的"出逃"。2011 年以来，也门的外国直接投资净流入都是负值，即净流出，且这个数额有不断扩大的趋势，说明外资流出呈增长态势，这可能会进一步加剧也门经济建设的困难。

2015 年以前，也门经济在多年的管理不善和腐败及自然资源（石油和水资源）枯竭的影响下发展落后，内战冲突加剧了这种情况。宏观经

济方面，2015年也门国内生产总值缩水33.2%，固定投资减少80%，第一、二、三产业均出现负增长，分别为-25%、-71.3%和-20%。2016年经济情况持续恶化，GDP增速为-25.2%，固定投资总量增长-85%，第一、二、三产业增速分别为-10%、-74.8%和-22%。在经济发展与产业发展方面，也门通货膨胀情况严重，造成大部分商品短缺，而也门国内的工业生产停滞，造成市场上许多生活必需品尤其是食物、燃料价格激增。

2015年开始，也门国家财政难以为继，国家85%的财政资源流失，石油、天然气出口近乎停顿，货币里亚尔两年多来贬值一半，食物、燃料等生活必需品价格飞涨。财政困难的政府已有一年多发不出工资。供水、医疗等基本公共服务瘫痪。总部位于英国的经济学家情报组织（Economist Intelligence Unit）在2018年估计也门2017年的通货膨胀率达到了16.1%，2018年则进一步提高，达到了22.5%。在经济学中，一般认为超过5%即达到了较为严重的程度，也门的通货膨胀反映出"阿拉伯之春"后局势动荡对也门经济严重的负面影响，也显示出也门经济的恶化程度。

内战中，也门中央政府机构难以进行正常的工作，也门央行自2014年之后就没有发布过通货膨胀率的官方数字，但外界估算2016年应在22%~30%之间。也门里亚尔持续贬值，反胡塞武装力量控制区已开始使用美元和沙特里亚尔作为流通货币。在私人消费领域，国民购买力急剧萎缩，在2015年至2016年减少了1/3。同时，也门内战造成国内失业率高达70%以上，外国投资或中止或撤出，工业生产设备和大型基础设施损毁严重。在金融领域，也门中央银行的外汇储备也急速减少，2014年中期尚有50亿美元，截至2016年底仅余5亿美元左右，致使原本就勉力维持的必要进口和公共财政支出中断，外债无力偿付，金融系统信誉跌至谷底。

尽管2018年也门部分石油生产缓慢重启，但也门政府每年至少需要20亿美元的财政补助金才能弥补巨额财政赤字。尽管联合国广泛呼吁国际社会为也门提供援助，但资金到位情况堪忧。随着战事胶着，世界银行曾预测也门2019年和2020年国内生产总值仍将是负增长。

（二）社会发展步履维艰

内战造成经济每况愈下，导致社会发展步履维艰，各种经济赖以发展的社会资源不断地流失、消耗。内战造成了也门经济处于崩溃边缘，诱发了严重的社会危机，反过来又阻碍了经济的发展，造成了诸多严重问题。

1. 人才流失

"阿拉伯之春"以来，随着也门局势的长期动荡，大批知识分子和社会精英离开了也门。造成也门人才流失的原因很多，其中最为重要的是部落关系在就业中占据重要地位，而不是优先选择受过良好的培训和具备专业技能的人才。因此，许多技术人员会选择在国外就业，而不是在也门国内。

2. 食品短缺

食品短缺是也门民众面临的最大威胁。一方面，内战对农业生产的破坏力是巨大的，许多地方的农业生产不仅停滞，而且遭到战火的破坏，导致食品供应不足、食品价格持续上涨，加上失业率飙升、民众收入急剧减少，购买力也在不断削弱。2018年，大约1400万人（占人口总数的50%）处于粮食不安全状态，其中700万人情况危急。另一方面，也门央行外汇储备濒临枯竭，无力支付粮食进口所需费用，国际社会的粮食援助只能满足部分需求。2016年1月至11月，也门获得的粮食援助约为16.4万吨，每月只能保证350万人的需求，与200万吨需求的巨大缺口相比只是杯水车薪。食品短缺造成普遍的饥饿和营养不良，儿童首当其冲。据联合国儿童基金会数据，至少50万名儿童因没有足够的食品和营养补充而发育迟缓。

3. 对医疗、教育体系的破坏

医疗和教育体系无法正常运转。也门国内600多所医院毁于战火，医疗用品供应链断裂，大量医护人员死亡或成为难民，生病和受伤民众得不到及时救助。医疗系统瘫痪，再加上食品和饮用水不安全，导致霍乱、痢疾等烈性传染病横行。世界卫生组织2016年10月发布报告称，

正式登记的霍乱病例涉及范围包括塔伊兹、荷台达、萨那、贝达、亚丁和莱希季等6省，生活在霍乱疫区的人口超过760万，还有300万名难民是易感染的高危人群。仅2016年第四季度，世界卫生组织就报告了1.3万个霍乱疑似病例。到2017年1月，也门只有不足45%的卫生设施可以使用。

2014年内战以来，超过1600所学校无法继续使用，造成200万名儿童不能接受教育，占学龄儿童总数的40%。战争还造成出现大量躲避战乱的难民，大约有300万人，也门良好的地理位置成为难民逃亡国外的便利条件。

4. 严重的人道主义危机

2014年9月开始的战乱造成了也门国内严重的人道主义危机。2017年，2700多万个也门人中有超过2100万人急需饮用水、食物和医疗援助，饥荒已遍布也门14个省份。也门贫困人口比例从2014年的47%跃升至2019年底的75%。

与也门国内严重的人道主义危机形成对比的是，国际人道主义援助严重缺乏。多国联军封锁了也门机场和港口，国际社会的救援物资常常无法及时运进也门。2016年科威特谈判期间，交战方胡塞武装和哈迪政府曾实现短暂停火，为人道主义救援开辟了空间。后谈判破裂，救援空间昙花一现。联合国屡次呼吁加大对也门的援助力度，但情况还是持续恶化。2015年3月之前，也门需要的人道主义援助资金约为8亿美元，2016年8月上升为16.3亿美元，但其中仅有43%被国际社会认捐，而被认捐的数额中又仅有27%确认支付，至2016年底，仍有40%的援助资金没有到位。联合国曾预计2017年也门需要的人道主义援助资金约为19亿美元，但募集前景并不乐观。目前对也门捐助最多的国家依次是英国、美国和沙特；在联合国框架外，阿联酋是最大的捐助者。但这些捐助者或直接卷入也门内战，或向沙特领导的多国联军提供了武器和情报支持，援助被优先用于也门政府控制区，这使人道主义救援带有了鲜明的政治色彩和目的。

除此之外，受也门内战的影响，哈迪政府、胡塞武装各自控制一部分

第四章 经　济

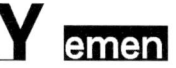

领土，从地缘的角度来看，双方对各自控制区的控制强化，导致也门全国统一市场分裂。当前各个政治力量派别对也门的分区控制，实际上是将国内市场以政治手段进行分割，这无论是对国内企业还是对国外企业来说，都是十分不利的。

当前，胡塞武装和哈迪政府结束内战的希望渺茫。2018年12月以来，在联合国也门特使格里菲思的多次斡旋下，也门问题各方（主要是胡塞武装和哈迪政府）进行了多次面对面的谈判，但仅仅就荷台达撤军、交换战俘等技术性问题达成了部分协议，就结束也门内战，尤其是结束当前也门国内面临的严重的人道主义危机等核心问题仍没达成一致。在这种情况下，也门经济实现发展的可能性不大。

五　宏观经济政策

一般而言，宏观经济政策主要包括财政政策、货币政策、税收政策和投资政策等。由于也门中央政府对全国的控制力不足、中央政府的财政入不敷出等，也门中央政府的财政政策和货币政策难以发挥其宏观调控作用。因此，这部分主要介绍也门的税收政策和投资政策。

（一）税收政策

也门的税收制度原则上采用属地主义，即收入来源地税收管辖体制。在该体制下，非本国居民的外国人或外国企业在也门国内所获得的收入应计入所得税的征税范围，具体的征税原则由该外国人所从事的工作或外国企业的经营范围，以及工作年限和时间等因素来决定。也门本国居民或企业在国外获得的收入原则上不计入征税范围。

也门的税收主要是销售税、增值税、商业利润税等。对于可促进也门本国经济发展和有利于提高民众生活水平的产品，税收有优惠或者免征税。

1. 销售税

2005年，也门政府公布了《销售税征收法案》，规定对用于批发和零售的所有进口商品开征销售税，税率统一为5%，缴税金额在进口商品完税价格（货值+关税）基础上计算，由各地海关与关税一同征收。同时，对于部分特殊商品的销售税税率，《销售税征收法案》也单独做出了规

99

定。对小麦、面粉、大米和药品等也门人日常生活急缺又无法满足需求的产品,也门实行免税政策。对香烟、武器弹药则征收较高的消费税(见表4-2)。

表4-2 部分特殊商品销售税的征收税率

单位:%

序号	特殊商品名称	征收税率
1	小麦	免税
2	面粉	免税
3	大米	免税
4	药品	免税
5	纯金	免税
6	香烟	90
7	武器弹药	90
8	珠宝	3
9	金饰品	2

资料来源:中华人民共和国驻也门共和国大使馆经济商务处,http://ye.mofcom.gov.cn/article/ztdy/201411/20141100785654.shtml。

2. 增值税

也门政府对进口商品征收的增值税税率统一为3%,缴税金额在进口商品完税价格基础上进行计算,由各地海关与销售税一并征收。

3. 商业利润税

商业利润税的税率统一为1%。

4. 个人所得税

《也门所得税法》规定的个人所得税的征收对象包括4种人,分别是:也门居民一年内在也门被雇佣4个月以上的;也门政府派出的驻外人员;在也门被雇佣的阿拉伯国家居民;非阿拉伯国家居民在也门被雇佣4个月以上的。

法律还规定了可以免于缴纳所得税的情况,包括非营利性的人道主义团体、学校，以及国债利息、个人的储蓄利息、《投资法》规定的免税项目等。也门个人所得税纳税税率见表4-3。

表4-3 也门个人所得税纳税税率

单位：里亚尔，%

金额	纳税税率
36000以下	免税
36000~84000	10
84000~264000	15
264000~444000	20
444000~624000	25
624000~804000	30
804000及以上	35

资料来源：中华人民共和国驻也门共和国大使馆经济商务处，http://ye.mofcom.gov.cn/article/ztdy/201411/20141100785654.shtml。

5. 企业所得税

企业所得税税率为企业年利润的35%。2008年，也门政府着手对调整企业所得税税率进行立法调研。

6. 消费税

也门税法对消费税的征收对象有限制，规定一年之内商品或服务的销售额或进口额达到5000万里亚尔以上的销售企业，须申报和缴纳消费税，申报之前，需要到当地税务机关注册。

消费税税率有以下规定：

（1）法律规定的例外商品和服务，主要包括金融、医疗和教育等领域的服务及出口商品和服务等，免征消费税；

（2）对汽油、煤油、重油等石油产品，征收销售价格5%的消费税；

（3）对于其他商品和服务，均征收其销售价格5%的消费税；

（4）对于进口的商品和服务，征收其进口价格5%的消费税；

（5）几类特殊商品消费税见表4-4。

表4-4 也门特殊商品消费税征收税率

单位：%

序号	特殊商品项目	征收税率
1	卷烟	90
2	雪茄	90
3	卡特	20
4	武器	90
5	黄金制品	2~3
6	移动通信服务	10
7	国际长途电话服务	10

资料来源：中华人民共和国驻也门共和国大使馆经济商务处，http://ye.mofcom.gov.cn/article/ztdy/201411/20141100785654.shtml。

2005年，也门议会修订了《消费税法》，免除了部分生活必需品的消费税，包括小麦、面粉、大米、药品、婴儿奶粉等。

总体来看，也门税收低于世界上绝大部分国家，而且征收的税种也较少。其主要原因为也门经济较为落后，如果征收过于繁重的税收，将不利于经济的发展和吸引外来投资。

(二) 投资政策

也门政府清楚吸引外来投资对于发展本国经济的重要性。因此，统一后的也门将原来的南也门的首都亚丁定为经济首都，并将发展亚丁自由区作为国家一切工作的重中之重。

统一初期，也门政府借鉴了西方国家的自由市场经济制度，也借鉴了中国设立经济特区的做法，将政府与市场对经济发展的作用结合起来。也门政府在亚丁推出了经济自由区的计划，即在亚丁设立一个自由工业区和贸易区。1991年也门政府颁布了共和国《投资法》，1993年又颁布了《自由区法》，使得外国投资者在也门设立独资企业和合资企业的权益得到了保障。政府还成立了自由区管理委员会，制定了一系列的法律法规政策，以吸引国外投资。

随着海湾战争和南、北双方冲突的爆发，上述政策并未真正落实。由于北方在统一后占据着主导地位，南方各地区对政府的许多政策采取了抵制措施,国家面临分裂,政府的政策执行更无从谈起。其中政府对亚丁的优惠政策并未得到落实,这使外国投资者对也门政府是否具有真正履行对亚丁自由区的优惠政策的能力产生了怀疑,在一定程度上不利于亚丁自由区和自由港的发展。

第二节 第一产业

第一产业即农业。广义的农业包括种植业、畜牧业、林业和渔业等产业,狭义的农业仅仅包括种植业,即一般意义上的农业。也门是传统的农业国,因此农业在也门国民经济中占据着重要地位。在也门,不仅有75%的人口从事农业活动,而且农业在产值方面也仅次于石油产业,居各产业第二位。对于也门来说,农业是吸纳劳动力、创造社会财富甚至是维护社会稳定的基础性产业。

一 农业发展的限制性条件

也门是传统的农业国家,农业吸纳了也门75%的就业人口;从耕地的所有制来看,也门统一后,实行了私有化改革,绝大部分土地归地主和农民所有,少部分归国家、清真寺。

根据也门的气候条件和地质地貌条件,也门境内的农业区大致可以分为四个:沿海平原作物区、丘陵亚热带作物区、中部山地温带作物区和东部半沙漠高原作物区。不同区域种植的作物也是不同的。也门的主要农作物是粮食作物和经济作物。粮食作物以高粱、玉米为主,除此之外,也门地形和水热条件的多样性,使得也门境内也可以种植豆类、小麦、大麦等粮食作物,但是大部分地区的粮食作物产量有限;经济作物也是多种多样的,在一些降水较为丰富的地区,可以种植香蕉、柑橘、柠檬、杧果、木瓜、无花果、桃、杏等水果,其他地区可以种植椰枣等,沿海地区主要种植的是向日葵、烟草、咖啡、橡胶、苜蓿等。

也门农业发展多受制于国内水资源的紧张,主要有下列因素影响着水资源的开发和利用。

也门

第一，自然环境的影响。也门位于东非大裂谷的北段，境内缺乏大的河流和常流河。水是也门经济发展在资源禀赋方面最大的劣势。也门大部分地区属于热带沙漠气候和热带草原气候，虽然全年气温较高，光照时间长，有利于农作物的生长，但大部分地区降水较少，这成为也门发展农业的最大限制性条件。只有在高原地区，受富含水分的东南季风和西南季风的影响，年降水量可达到400～1000毫米，这些地区也成为也门主要的耕作区，但是这类耕作区只占到也门国土面积的3%。近年来，也门的降水量有增加的趋势。但是水资源的短缺对也门农业的发展仍然是一个主要的限制性条件。1994年，也门全国的用水量估计是25亿立方米，同年水资源的自然补给量只有21亿立方米。

第二，对水资源的不合理利用。也门水资源利用技术十分落后，主要靠天然的降水，很少对有限的水资源进行有效的利用。据世界银行统计，也门每年大概平均要消耗25亿立方米的水，其中有70%的水资源用于农业生产。20世纪80年代以来，也门水资源的消耗速度是当地水资源再生速度的两倍。在也门的一些地区，地下水的蓄水层深度已经是世界平均水平的4倍。南方的地下水埋藏较浅，对地下水的开采得不到有效的控制，这种现象最严重的后果就是开采更深水井的成本和未来取水的成本的双增加。首都萨那，地下水的水位每年至少下降4米。水资源开发成本的增加严重限制也门农业的发展，也有资料认为未来数年内也门可能会成为世界上第一个水资源枯竭的国家。由于也门的许多私有土地所有者认为在自己的土地上有无限开发权，所以对国家的政策置若罔闻，这也导致了水资源过分开采、水资源浪费等现象愈演愈烈。

为此，也门政府出台了一些政策和措施来实现水资源的合理分配和保护。1996年，在联合国发展项目与荷兰政府支持下，也门成立了国家水资源管理局（National Water Resources Authority，NWRA），目的是寻求综合管理水资源的办法。在城市地区，水资源的管理权力被划归给地方政府。而在广大的农村地区，由于此前水资源管理的混乱，这次改革提出了通过部落组织管理、根据需求分配、改善耕作工具、支持非政府组织、发展低成本和可操作的技术等方法来管理水资源。但是由于技术和制度上的限制,也门的水资源利用状况并未得到明显改善。与此同时,农村水资源改革仅仅集中在城市郊区的农村,其他的农村地区获益不多。更为严重的是,由于管理不善、腐败和浪费等,也门首都萨那在未来20年内很可能成为世界上第一个水资源枯竭的首都。

第三,卡特的种植消耗了过多水资源。卡特是一种多年生植物,又称阿拉伯茶。卡特树叶含有轻度麻醉物质,世界上绝大多数国家视卡特为麻醉品,但咀嚼卡特是也门男子的一种生活习惯。卡特的种植占用了大量的农业土地,同时占据了也门可灌溉耕地的25%。虽然政府采取了规定卡特只能种植在土地肥力较低的土地上并对其征收销售税的政策,但收效甚微。1990年至1994年,也门农业中的种植业增加值所占比重在40%以上,卡特种植的比重也在30%以上。2000年,卡特种植面积约为10.3万公顷,约占全部已耕种面积的9%,产量约为11万吨,其产值占全部农作物产值的1/3。

卡特的种植浪费了大量的水资源。挪威和平建设资源中心(Norwegian Peacebuilding Resource Center)的研究表明,种植卡特用水占到也门农业用水量的40%,从而造成农业用水状况进一步恶化。

多年以来,世界银行等国际组织一直致力于帮助也门改善卡特替代种植的现状。卡特在生长过程中需要大量的水资源,其在也门的大量种植对于也门这样一个水资源贫乏的国家而言是一个灾难。也门政府对卡特种植的阻止没有取得良好的效果。

二 种植业

据中华人民共和国驻也门共和国大使馆经济商务处2000年统计数据,也门已耕种的土地面积约为114.5万公顷,农作物总产值约为1922亿里亚尔。其中咖啡、棉花、芝麻、烟草等经济作物的种植面积约为10万公顷,约占全部已耕种土地面积的9%,其产值约占农作物总产值的5%;谷物是收成最好的作物之一,其种植面积约为67万公顷,约占全部已耕种土地面积的59%,其产值约占全部农作物产值的15%;饲料作物的种植面积约为11.6万公顷,约占全部已耕种土地面积的10%,其产值约占

全部农作物产值的7%；水果的种植面积约为9.1万公顷，约占全部已耕种土地面积的8%，其产值约占全部农作物产值的22%；蔬菜的种植面积约为6.5万公顷，约占全部已耕种土地面积的6%，其产值占全部农作物产值的18%；除此之外，也门人嗜嚼的卡特的种植面积约为10.3万公顷，约占全部已耕种土地面积的9%，产量约为11万吨，其产值占全部农作物产值的1/3。2010年，也门农作物的耕种面积是1579855公顷，而农产品产量已经从2004年的3815000吨增加到2010年的5759897吨。咖啡、棉花、烟草等经济作物的产量也取得巨大的增长。经济作物耕种面积从1991年的53000公顷增加到2010年的90665公顷。

种植业是也门农业最重要的部门，而粮食种植又是种植业中的主要内容。也门种植业的总体状况是受自然环境的影响较大，粮食产量较低且波动较大。这造成大部分时期也门的粮食不能自给，需要从国外进口粮食，这对原本并不富裕的也门而言是一个沉重的负担。

也门粮食产量在很大程度上受到自然环境的制约。也门大部分地区冬季和夏季交替受到较为干燥的西北和西南信风的影响，降水较少，造成了戈壁和沙漠分布广泛，可供种植的土地十分有限，因而土壤肥力不足，耕地质量不高；另外，在也门的大多数地区，由于降水稀少，气温常年较高，所以境内的大多数河流是季节性河流，这些地区只能从事一些对水资源要求不如种植业高的牧业，这也限制了种植业的发展。也门农田灌溉的水源有雨水、井水、溪流、泉水等4种，据2000年也门国家统计局的统计数据，通过雨水、井水、溪流、泉水这4种方式灌溉的已耕地面积分别约为51.5万公顷、45.7万公顷、12.6万公顷和4.7万公顷，分别约占全也门已耕地面积的45%、40%、11%和4%。由此可见，也门的农业生产基本上还是靠天收成，不具有多少抵抗自然灾害方面的能力。2016年也门农业用地面积为23.55万平方公里，与2006年的23.63万平方公里相比，农业用地面积减少。

也门粮食生产不能自给也受到社会环境的影响。除了前面提到的卡特种植的影响，还有农业科技水平低和农业科技人员匮乏的影响。也门大部分地区的粮食生产只能依靠最原始的人力，机械化生产较少。2013年，也门单位耕地面积化肥使用量在世界 133 个国家中排第 29 位，但是其单位耕地面积谷物产量只排第 117 位。这些因素造成也门粮食产量一直不高，严重依赖于进口。根据联合国粮食及农业组织的数据，2010 年至 2012 年，也门粮食进口占其全部进口的比例为 33%，2011 年至 2013 年这一比例上升为 36%。[1]

三 渔业

也门西临红海，南濒亚丁湾和阿拉伯海，其海岸线长 1906 公里，境内岛屿数量多达 120 余个，这使其拥有备受瞩目的渔业自然禀赋。因此，也门沿岸的渔业资源十分丰富。

也门的各种鱼类出口在出口产品中占有很重要的地位。联合国粮农组织的数据显示，也门是全球生产和出口鱿鱼和墨鱼的第一大国，也是阿拉伯国家中盛产岩鱼的第四大国；也门丰富的渔业资源每年可为当地渔民带来 40 万吨的海产品，种类多达 400 种。但由于本国加工工业落后，出口的产品基本上是未经任何加工的资源性产品。也门很多种类的鱼是国际市场上走俏的产品，如我国进口的鱿鱼、供应欧美日市场的金枪鱼等，因此渔业产品成为也门出口的重要产品。

从渔业行业的主体来看，个体渔民（包括以家庭为单位的小规模渔业组织）占 50.5%，专业公司占 33.5%，非专业公司（包括以渔村社区为单位的小规模渔业组织）占 16%。个体渔民和小规模渔业组织在海产品出口中占主导地位，但因其捕捞方式原始，缺乏冷冻保鲜的设备和手段，质量得不到保障，且出口市场单一（沙特是主要市场），故出口价格普遍低下，几乎不存在利润空间，严重影响了渔业在国民经济中的贡献率。

小规模渔业组织构成了也门渔业部门的重要生产组织。据不完全统计，也门境内从事小规模渔业捕捞的渔民为 6 万至 7 万人，可解决 40 万人口的生计问题。渔船主的年平均收入为 173000 ~ 205000 里亚尔，雇员

---

[1] 数据来自联合国粮食及农业组织网站，http://www.fao.org/faostat/zh/#country/249。

的年平均收入为 88000~127000 里亚尔。也门内战后，渔民大多赋闲在家或大大缩减出海次数。2018 年 3 月初，据也门渔业管理部门统计，从 2015 年初以来，大约有 151 名渔民在内战中死亡，超过 36000 名渔民被迫休渔，渔业及其相关损失超过 45 亿美元。

统一后政府认识到了渔业可持续发展的重要性，采取了一系列措施，包括：颁布了法律法规以规范捕鱼的地点、用具等，加强对渔业的监管。同时，政府和主要国际援助机构都十分重视渔业的发展，并加大对渔业的投资力度，期望渔业能有较大增长，提高其在国民经济中的地位。2001 年开始的第二个五年计划中渔业领域计划年增长率为 13%，鱼产量达到 24.8 万吨，产值增加 11.8%，出口增长 11.5%。2011 年一季度也门鱼产品出口实现大幅增长，共计出口 3.3 万吨，同比增长 45%；出口额达 7820 万美元，同比增长 44%。也门渔业资源部表示，2011 年一季度共有 32 个国家从也门进口海产品：沙特名列榜首，共进口 9.5 万吨，进口额达 3240 万美元，占也门出口总额的 41.4%；埃及紧随其后，进口额达 1450 万美元；中国名列第三，进口额达 620 万美元。2012 年上半年也门鱼产品出口达到 6.2 万吨，出口额为 1.5 亿美元。其中鲜鱼 1.8 万吨，金额为 6500 万美元；冰冻鱼 3.1 万吨，金额为 5500 万美元；鱿鱼 7000 吨，金额为 1700 万美元。[①]由于也门政府的渔业政策多变以及对外国公司有诸多限制，许多外国公司在也门近海的捕鱼活动甚至到了难以为继的地步，渔业发展面临诸多困难。

第三节　第二产业

在现代产业分类中，第二产业主要指国民经济中的采矿业，制造业，电力、燃气及水的生产和供应业，建筑业等产业。也门统一后继承了一部分美国和苏联援助建设的工厂，具有一定的工业基础，但工业的产业结构

---

① 《2012 年上半年也门渔业出口量统计分析》，中国行业研究网，2012 年 8 月 17 日，https://www.chinairn.com/news/20120817/147732.html。

十分不合理,限制了其进一步发展。

也门工业的发展受到多方面因素的制约。在自然方面,也门全国多高山和高原,而工业发展需要较为平整的土地;在社会方面,工业基础薄弱、技术力量薄弱、设备老化、缺乏专门的技术人才等因素进一步限制了其工业的发展。本节以也门的制造业,水泥产业,石油、天然气产业,采矿业为例,管窥也门第二产业的发展状况。

一 制造业

制造业是也门工业的主要部门之一。2011年,制造业约占也门国内生产总值的4.43%。[①]

制造业内部,轻重工业的比例不合理。工业各部门的增加值中,轻工业(食品业、纺织业、木制品和印刷业、化学和塑料业等)的增加值较多,数据显示,几乎一半的工业企业参与加工食品和饮料;而重工业(建筑业、金属和机器制造业、炼油业)的增加值较少。收入方面,炼油业是也门制造业中最重要的行业之一,其收入约占政府财政总收入的40%。

二 水泥产业

也门的地质结构多样,有火山岩和沉积岩的地区分布着大量的矿藏,其石灰石、硅石及火山凝灰岩储量十分丰富,这些都是制造水泥的天然良材。在生产成本方面,也门属于世界最不发达的国家之一,失业率较高,劳动力价格在阿拉伯国家中相对较低,具有发展水泥产业得天独厚的条件。

经过30多年的发展,水泥产业已发展成为也门重要的工业部门之一。1993年,也门拥有3家水泥工厂(巴杰尔、阿姆兰和巴拉赫),3家工厂每年的总产量能达到100万吨以上。但受国内政治因素影响,国内市场对水泥的需求量处于波动中:需求大时,国内产量满足不了市场需求,需要

---

① 也门统计局:《2011年统计年鉴》,转引自穆思乐《也门外贸经济发展战略优化研究》,硕士学位论文,中南大学,2014,第26页。

从国外进口水泥；需求小时，工厂水泥大量积压。随着第一个、第二个五年计划的开展，国内经济获得了一定的发展，基础设施的建设也逐渐展开，对水泥的需求逐渐增大，到第二个五年计划的前几年，也门国内的水泥年产量达到150万吨以上，但是仍然不能满足国内市场需求，年缺口为150万吨。也门政府和投资商共同投资扩建了巴杰尔水泥厂，使其年产量达到60万吨。同时，2002年至2005年对阿姆兰水泥厂进行扩建，政府还考虑在哈德拉毛和阿比扬两省分别建造年产量不少于100万吨的水泥厂，以满足东部和南部地区的水泥需求。

也门水泥产业能获得发展的原因还在于每次内战后都会有大量的基础设施建设需求，而且水泥产业不属于技术密集型产业，对技术和工人的要求较低，加上也门良好的地质条件，使得也门的水泥产业成为其重要的一个行业。同时，也门地理位置优越，具有向周边国家以及东非国家出口的便捷的陆运或海运通道，大力发展水泥产业以满足本国需求并实现出口创汇是完全可行的。在这样的环境下，也门的水泥产业得以迅速发展。

三 石油、天然气产业

油气资源尽管并不富集，但仍是也门的支柱产业，国内生产总值的30%来自油气收入。

1. 石油

也门是世界上拥有中等石油资源量的国家。据BP能源统计，2009年，也门石油P1可采储量为27亿桶（约合3.7亿吨），居世界第31位。也门官方估计其石油地质总储量为104亿桶，2017年，已探明储量是3000万桶，储量与产量比值为156.6。也门油气构造主要形成于两个阶段：第一阶段是晚侏罗早白垩时期，冈瓦纳古陆分裂运动中形成马里卜-焦夫-舍卜沃（Ma'rib-Jawf-Shabwah）、赛文-马西拉（Sayun-Masila）、杰赞（Jeza）等盆地；第二阶段，新生代时期亚丁湾和红海形成，阿拉伯半岛与亚欧大陆碰撞。也门的盆地多东北—西南走向，断层多，地质结构复杂。主要油气储量位于两个沉积盆地——马里卜-焦夫-舍卜沃盆地和赛文-马西拉盆地，具有优越的油气成藏条件和较好的勘探前景。也门石油以轻质油为主，标号高（一般均在36度左右，最高的超过40度）且低盐和低硫。

伍德麦肯锡预计，2017~2022年，也门原油日产量将以年均3.3%的速度递减。中国商务部数据显示，2011年以来也门政局动荡导致石油产量大幅下降。2014年，也门政府石油出口总量约为1540万桶，比2013年同期减少了720万桶。2015年3月，大多数外国石油公司离开了也门。BP能源机构统计数据显示，2007年，也门石油日产量为34.1万桶，2014年，也门石油日产量约为12.7万桶，2015年7月降至约4.4万桶，2017年为5.2万桶。2006~2016年负增长19.7%。

也门石油工业起步较晚。1970年，北也门在阿尔及利亚和科威特的支持下开始勘探。1974年，授予壳牌公司红海勘探区块，这是第一次引入外国公司。1984年夏，美国亨特石油公司（Hunt）在北也门马里卜省和焦夫省发现了有商业开采价值的油田，之后修建了直达红海沿岸的输油管线，1986年正式投产。这里还发现了石油气和天然气资源。1990年，南、北也门统一，石油工业体系逐步形成。1991年，加拿大西方石油公司（即现在的奈克森石油公司，Nexen）在马西拉发现较大的原油储量，而且之后在该区块内陆续有新的发现，并修建通往哈德拉毛省及阿拉伯海沿岸的石油管道。1994年，内战曾导致大批外国公司退出，但1999~2011年又有外国公司进入也门投资石油产业。自2015年内战开始以来，几乎所有的也门油气田生产都处于关闭状态。2018年8月，也门石油矿产部声明，也门已在东部舍卜沃省恢复石油出口，首批出口的原油共50万桶，均为舍卜沃省开采。这是也门因国内动荡暂停石油出口3年后出口的首批石油。

2. 天然气

也门的天然气主要集中在马里卜-焦夫地区和舍卜沃地区。已探明储量约为4786亿立方米（合石油3100万吨以上），其中马里卜的储量约为2832亿立方米。也门伴生天然气生产始于20世纪90年代早期，但是在2009年10月也门首次实现液化天然气之前，也门生产的天然气98%都被回注地层，以提高原油采收率，仅仅很少的一部分（约 85 万立方米/日）在当地消费。2009 年后也门液化天然气项目投产运营并正式销售，当年销售量约为 8 亿立方米，2011 年约增长到 96 亿立方米。此后也门液化天然气项目气源地马里卜－舍卜沃地区动荡不安，天然气产量下降甚至生产一度中断。

在天然气行业，2015 年以后受到也门国内局势动荡的影响，也门的天然气产量比 2014 年降低了 71.5%，天然气出口量降低了 3.6%。

四　采矿业

也门地质结构多样，在火山岩和沉积岩地区分布着金属和非金属矿藏。非金属矿藏中，石膏、岩盐、硅石、石灰石、大理石、黑砂和花岗岩等储量丰富，还有云母、长石及萤石、硫黄等资源，目前这些资源已被开发利用的主要是盐、砂、石膏、石材等，产品多在本地销售，有少量出口。金属矿产资源有铜、铁、铝、铬、镍、钴、金、银、锌、铅等，其中金、银、锌、铅等金属矿产具有商业开发价值。

1. 非金属矿产资源

（1）石膏：石膏矿遍布也门的许多地区，最重要的是萨那西南部地区、马里卜南部地区、萨里夫地区、荷台达南部的卡玛山区和穆卡拉地区，已探明储量为 1.6 亿吨以上。石膏主要用于水泥、建筑内装饰材料和窗饰的生产。

（2）岩盐：岩盐主要分布于萨里夫、卡玛、舍卜沃和萨菲尔等地区，已探明储量约为 3.5 亿吨。产品主要供应也门国内食盐加工，也是硝皮和食品防腐剂生产的原料。

（3）大理石：大理石分布地区主要是塔伊兹西北的马克萨布、巴哈地区，还有马里卜和亚丁地区，已探明储量至少为 7 亿立方米。产品是建筑原材料，用于房屋内外装修和装饰。

（4）石灰石：石灰石分布在艾尔山区、宰马尔地区和穆卡拉地区，已探明储量在 100 亿立方米以上。产品用于水泥工业、建筑材料和房屋装修。

（5）硅石：硅石分布在曼索拉山区、哈拉德及阿卡巴拉洼地等地区，是一种建筑材料。

（6）黑砂：黑砂主要分布地区是苏法尔雷丹、哈德拉毛和荷台达地区，已探明储量约为5亿吨。黑砂是航空和陶瓷业的原材料，也用于生产洁具、耐火材料和抛光剂。

2. 金属矿产资源

（1）金：根据地质专家分析，也门萨那东南沿马里卜盆地周边和舍卜沃以东、亚丁湾以南，一直到也门西部火山洼地的广大区域，都有可能存在金矿，目前还未对这一区域进行大规模勘探。2006年5月4日，也门地质勘探总局发布的一份报告显示，2005年，也门的金矿储量超过2000万吨，主要分布在哈德拉毛省和哈杰省。哈德拉毛省的曼丹地区金矿储量在678万吨，含金量为每吨15克，含银量为每吨11克；在哈杰省的哈卡地区，金矿储量在1600万吨，含金量为每吨1.65克。2013年8月，根据也门地质矿产调查局的一项调查，在哈杰、哈德拉毛、萨达、焦夫、阿比扬等省和萨那地区的30多处发现了大量黄金矿藏。其中，在哈杰省哈卡地区黄金矿可达3900万吨，每吨黄金含量为65克；哈德拉毛省的曼丹谷地约有67.8万吨金矿，每吨含金量约为15克；在西部平原发现的金矿含金量为每吨12~32克；萨那地区为3~5克。其他地区尚无详尽资料，不过据地质调查粗略估计，这些地区的矿石含金量同样是较高的。

（2）锌、铅、银：萨那省贾巴里萨拉卜地区是也门最大的铅、锌、银矿床，主要载矿矿物为菱锌矿、白铅矿和辉银矿，已经探明矿石储量1260万吨，平均品位锌为9%，铅为1.2%，银为每吨68克。其他铅、锌矿较丰富的地区有塔卜克、麦斯拉赫（Al-Masylah）地区。[1]

（3）铜和镍：这两种金属矿的矿脉在塔伊兹东南50公里处的哈姆兰地区，已探明储量为400万吨，矿石的铜含量为9.2%，镍含量为0.6%。

（4）铁：也门主要有4个铁的矿化带，分布在贝达、萨达、马里卜

---

[1] 李娜等：《也门共和国矿产资源与矿业开发前景》，《中国矿业》2014年第1期。

三省，其中马里卜省 Al-Thaniyah 地区是也门最重要的铁矿之一，主要铁矿物是绿片岩中的磁铁矿和赤铁矿，氧化铁含量为 75%~85%。

(5) 稀有金属：也门已发现的稀有金属元素有钛、铀、钍、钇和铌等，主要分布在亚丁、舍卜沃、阿比扬、迈赫维特省。

由于缺乏准确翔实的地质勘探资料，加之引资力度不足等，除建筑石材的开采和使用比较普遍外，也门的金属和非金属矿产未得到有效开发利用。近年来，也门基本建设需求旺盛，一系列大型水泥生产项目纷纷上马，石灰石和石膏的开发利用比较活跃（见表4-5）。

表4-5 也门主要金属和非金属矿产及其开发利用现状

序号	金属矿产		非金属矿产	
	品名	现状	品名	现状
1	金	—	石膏和无水石膏	开发活跃
2	铅、锌及银	有探讨	岩盐	部分生产和出口
3	铜、钴、镍	有探讨	硅砂	—
4	钛、铁		石英	
5	放射性矿物质		天然沸石	
6	稀土	—	火山渣	—
7	—		长石	
8			黏土矿物	
9			滑石	
10	—		建筑和装饰用石材（大理石、石灰石、花岗岩）	开发活跃

资料来源：也门石油矿产部和地质勘探总局。

也门的可再生能源较为丰富，主要有太阳能和风能。但是由于技术条件和政府投入等因素的限制，对这些资源的利用目前尚处在初始阶段，还仅仅局限于一些大城市如萨那、亚丁等，并未大规模利用。

总体来看，也门第二产业发展技术水平落后、产业结构不合理，一些行业由于缺乏资金等没有很好地发展。也有一些行业如采矿业，具有一定的发展潜力。

第四节 第三产业

下面以交通运输业、通信业、金融服务业、旅游业等为例，介绍也门第三产业的发展状况。

一 交通运输业

也门是一个海陆兼备的国家，具备发展交通运输业的天然优势。

陆上交通方面，也门全国无铁路，公路里程则比较长。2006年，公路总里程69263千米，其中柏油路9963千米，非柏油路59300千米。从分布地区来看，这些公路主要分布在经济比较发达的南部和西部地区，北部和东部地区较少。公路的平均里程方面，根据也门中央统计局统计资料，2004年也门全国已建成沥青路面公路10555.2千米，平均每平方千米沥青路面公路不足0.2千米，日常交通的需求难以满足；石子路面公路只有13506.1千米。其他方面，国家公路运输公司运输旅客共计244629人次，相比也门2000多万人的人口规模来说，陆上交通运输业发展较为落后。

海上交通方面，也门共有7个港口，其中亚丁港是最大的，有泊位30个，可停靠万吨级货轮。荷台达港年吞吐量150万吨，穆哈港年吞吐量35万吨。

也门航空运输较为发达。也门共有49个机场，分别在萨那、亚丁、塔伊兹和荷台达等地区，14个机场拥有柏油跑道。其中萨那、亚丁、塔伊兹、穆卡拉、赛永和荷台达6个国际机场，在大城市间有定期或不定期航班，国际航线可直达阿拉伯半岛所有国家及欧洲、东南亚、东北非和南非等地区的国家。也门机场设施简陋，由于当地气候适于航行，飞机均为波音和空中客车，航空安全记录良好。

二　通信业

也门国土被现代化通信网络覆盖，可提供便捷的电话、传真、互联网服务。也门的移动通信有两种服务：GSM 和 CDMA。游客可在也门的大多数城市使用。目前，也门一半以上的省区已经建立网络。SIM 卡在当地被广泛使用且价格低廉。也门一共有四家通信公司。2001 年，也门第一家通信公司 Sabafon 在也门首先开通了 GSM 服务，但是其技术主要是 2G 和 2.5G 网络，2011 年其业务范围覆盖了也门大约 68% 的地域；第二家通信公司是移动通信网络（Mobile Telephone Networks，MTN）公司，公司成立于 2000 年；第三家公司是建于 2007 年的 Y - 也门幸福公司，该公司主要采用 2.5G 的通信技术；第四家通信公司是在 2004 年成立的也门移动通信公司，该公司使用的移动制式是 CDMA，网络较前三家企业先进，使用的是 3G 网络。

2008 年 8 月 16 日，也门移动通信公司宣布，该公司 2007 年全年实现销售利润 93 亿里亚尔。截至 2008 年 6 月，也门移动通信公司在全国的用户总量达到 180 万人。该公司还宣布，将尽快开始对现有的 CDMA 系统进行技术升级和改造，在也门实现视频通话、数据服务等第三代移动通信技术。

在国际互联网领域，2000 年也门只有 1.5 万个互联网用户；2001 年达到了 10 万个；2005 年增长到 22 万个；到 2009 年增长到 37 万个；2010 年为 42 万个；2012 年以后随着民众广泛参与"阿拉伯之春"，该年互联网用户增长到 3691000 个；2016 年增长到 6773228 个；2017 年 11 月，也门共拥有 7031784 个互联网用户。相应的普及率也从 2000 年的 0.1% 提高到 2017 年的 24.3%。

在也门的一些农村和偏远地区，通信则主要依靠卫星和广播。

三　金融服务业

金融服务业主要包括银行业、保险业、证券业及外汇等。也门经济发展落后，保险业、证券业基本上不存在。因此，这部分主要介绍也门银行

第四章 经济

业和金融市场的概况。

也门银行业在2002~2005年迎来了高速发展期。2002~2005年，也门的金融形势在汇率、货币供应等方面表现不佳，但随着政府推进经济改革，包括新银行在内的金融机构发展迅速，在全国各地陆续建立众多的分支机构，仅2005年，也门国际银行（International Bank of Yemen）、也门重建和发展银行（Yemen Bank for Recon. and Dev.）等就在也门建立了近20个分支机构。

也门政府鼓励银行发展电子银行业务，主要表现为自动取款机（Automatic Teller Machine，ATM）数目的增加和货币兑换业务的扩展。从获许进行货币兑换业务的银行网点分布来看，首都萨那、经济首都亚丁和其他一些重要城市如塔伊兹、伊卜的分布较多，在比较靠近内陆的赛温、萨达等地区较少，这也反映出了也门区域经济发展的不平衡性。

也门金融市场狭小且不稳定，这突出表现在也门里亚尔与世界主要货币之间的汇率波动较大上。2008年，也门政府9次干预外汇市场，前后投放了10亿多美元，基本维持了汇率的稳定；2009年，也门中央银行为了满足商业银行的货币兑换和外汇市场交易的需要，对汇率进行了8次干预，共投放约12亿美元，到第四季度，由于进口需求（主要是食品）激增，本币开始加速贬值。2010年前三个月，也门央行已累计向外汇市场注入7.31亿美元，尤其是2010年3月22日，美元对也门里亚尔的比价大幅上涨，超过1∶222，本币贬值迫使也门中央银行在3月份向市场售出累计2.3亿美元外汇。2010年第一季度，也门央行先后7次干预货币市场，共投放8.47亿美元。整个2010年，也门里亚尔兑美元的汇率平均为228.1∶1，里亚尔的急速贬值形成了国民兑换美元的高潮，也门中央银行不得不大幅度、多次提高存贷款利率，以应付日益严重的通货膨胀。2010年1月，也门央行决定回调存款利率至12%（高利率政策是也门政府一贯的做法，目的是吸引更多的外国投资）；3月，又再次上调到15%，创近10年来新高；4月，也门央行将商业银行存贷款利率双双上调，存款利率上调至20%，贷款利率上调至19%~27%。2013年美元对也门里亚尔的汇率为1∶215。

外汇是影响一国货币汇率的重要因素。也门外汇收入的主要来源是石油，其石油收入是外汇收入波动的重要影响因素。2001年，也门的石油生产量为1.6亿桶，比前年增长2%，政府分成9927万桶，收入23.16亿美元。其中出口收入15.37亿美元，比2000年的19.11亿美元约下降了20%，但是也门中央银行所持有的外汇资产从1994年的3.57亿美元增加到2001年的36.76亿美元，增加了9倍多，同时外汇可供进口的月份也从2.8个月增加到了14.5个月。"阿拉伯之春"后，也门国内局势动荡，石油产业发展受到严重影响，外汇收入大幅度减少，经济和金融市场基本崩溃。

四 旅游业

也门历史悠久，具有独特的历史人文景观。也门的历史人文旅游景点主要是萨那古城、希巴姆古城、宰比德古城。自然旅游资源方面，位于也门东南方向的索科特拉岛由于其独特的自然风光一度受到旅游者的青睐。索科特拉岛的旅游业受到也门局势动荡的影响较小，但到索科特拉岛的手续比较烦琐；同时，也没有直接通过萨那或者亚丁等地的直达航班，只能先飞到也门东部城市穆卡拉，然后转机到索科特拉岛。索科特拉岛上的机场较小，酒店等服务设施条件较差，且由于当地自然条件较为恶劣，索科特拉岛的旅游业发展一直较为有限。

在与旅游有关的酒店业方面，有大量各种规格的酒店可提供食宿。很多旅行社推出了一周（北部地区）到两周（北部、南部和东部）的巡游线路，比较经典的日旅游线路是萨那一日游、全国巡游及索科特拉岛一日游等。

旅游业为也门带来了一定的收入。2008年4月17日，也门文化和旅游部公布的数据显示，2007年以来，也门观光旅游的游客人数达到约40万人，比2006年增加了14.3%。也门的旅游收入近年来也相应地迅速增长，2007年全年旅游收入达到4.25亿美元。根据也门文化和旅游部的预测，到2015年，来也旅游的人数有可能突破100万人。由于旅游还涉及餐饮、住宿等行业，2000~2007年，也门酒店的数目也从355个增加到了1163个，增长了两倍多。受2011年也门局势动荡的影响，旅游业陷入停顿状态。

第五节 经济体制的改革

也门统一后，政府希望通过经济体制改革稳定财政收支，改善投资环境，加强能源和水资源管理，降低人口增长率，从而推动经济发展。

(一) 财政改革

统一后，在世界银行和国际货币基金组织的帮助下，也门政府经济改革的内容主要包括财政政策、金融政策、银行体系、公共服务、关税和税收、国有企业私有化、取消物价补贴、贸易自由化和鼓励出口等。为了促进经济改革，在行政方面，政府对各部门进行了重新整合，减少了由于统一而带来的庞大的官僚体系。1995~1998年是这次改革的主要实施阶段，随后也门政府经过近两年的论证，实施了第一个五年计划。

这次改革的目的之一是减少财政赤字。1995年3月，第一阶段的改革开始，此时距离内战结束已经有9个月时间，政局比较稳定，内战对经济的负面影响比较小。

增强也门中央政府的权威性，建立一个强有力的中央政府，加强对地方的控制也是主要的改革目标。政治上的团结带动了经济的发展，1995年的国内生产总值增长率高达12%，大大超出往常年份。但限于腐败、政府效率低下、部落势力强大等因素，也门政府难以拿出一个彻底的、有效的改革方案。

第二阶段的改革从1996年开始，政府实行旨在紧缩赤字、减少开支、降低通货膨胀率和保持汇率稳定的第一个五年计划，积极寻求国际经济援助，并取得了一定成果，财政状况明显好转。1997年以来，也门从西方国家和国际金融机构那里获取的援助和优惠贷款近30亿美元，被免除或重新安排债务70多亿美元。由于国内外环境的改善，到1998年，也门经济和社会的发展出现了转机，经济改革初见成效。

为获得更多的外援和贷款,也门继续加强了同世界银行、国际货币基金组织等国际金融机构的合作,以解决经济重建过程中的资金不足问题。德国、荷兰每年承诺的援助额都在 2400 万欧元左右;日本每年的援助额在 3000 万美元左右,用于援助采购日本物资、设备和通过国际货币基金组织减免债务;美国每年提供粮食援助 3500 万~4000 万美元。自 2000 年以来,海湾国家及相关组织机构对也门的优惠贷款也大幅增加,沙特阿拉伯、阿联酋、科威特以及伊斯兰银行、阿拉伯经济及社会事务发展基金与也门洽谈中的贷款总额近 8 亿美元,年支付额在 2 亿美元左右。

经过改革和第一个五年计划,也门经济状况有所好转。2000 年 2 月,政府着手于第二个五年计划的起草和制订,提出了一系列的经济发展计划。2001 年,仍然以推动 1995 年开始的各项经济改革为主题,围绕提高政府效率和减少财政赤字采取了一系列措施。也门为此制订了第二个五年计划(2001~2005 年)、2025 远景规划和减少贫困计划。

第二个五年计划期间,也门政府出台了更多的优惠政策,以吸引外资。2001 年第一季度,萨利赫总统在亚丁和东部各省视察,着力推动各省的发展项目,特别是亚丁自由区和东部各省的项目,为南方几个大的项目奠基,并在讲话中动员民众和政府人员为也门的发展做出努力,提出了吸引外资的优惠措施。这些措施主要包括:如果侨民和外国投资者的投资额超过 1000 万美元,将免除土地使用费;政府将土地注册局划归司法部管辖,以加快土地登记注册;政府修订《海关法》(如建议对进口汽车免征关税);为了提高也门产品质量,适应国际市场竞争,规范及标准总局采用了 138 种新的规范,更新了一批产品规范。上述政策获得了国际社会的支持,2001 年 2 月世界银行负责中东和北非业务的副行长简·劳易斯·萨尔比(Jean Louis Sarbib)访问也门,会见了萨利赫总统和政府有关官员,讨论了双方为实现也门经济社会发展目标进一步加强合作、也门减贫战略的制定和世界银行项目的执行等问题。

(二)关税改革与对外贸易

对外贸易方面,也门十分重视同周边国家之间的贸易关系。进口方面，中东地区的阿拉伯联合酋长国、沙特、科威特分别是也门进口的前三大贸易伙伴，另外瑞典、法国、美国、英国等西方发达国家在也门的进口中占据着比较重要的地位。由于也门经济技术条件落后，进口的商品主要有运输工具、机械设备等国内建设所需物资以及大量轻工业产品；出口产品主要有石油、棉花、咖啡、烟叶、香料和海产品等。因此，在关税方面的改革主要是降低关税、减少通关程序等，以促进对外贸易。也门议会于2005年6月20日通过了新关税法案。新关税法案规定，面粉的关税税率为5%，咖啡为10%，木材、牙科器械、厨房用具等为50%，对于使用年限不超过7年的汽车，其关税税率为5%，超过7年的为10%，3个月后又规定，使用年限超过7年的汽车，其进口汽车关税税率为100%。由于也门政府对市场缺乏有力监管，国内出现大量走私活动。据估计，也门50%的商品是通过走私途径进入市场的；2001～2004年，也门仅海关税收损失即高达700亿里亚尔。

2000年6月，也门同沙特签订了边界协定，虽然并未完全解决边境争端，但是双方都认为协定具有决定和永久意义。也门政治家和经济学家们希望通过与沙特改善关系，在经济方面获得以下好处：希望沙特能吸收更多的也门人到沙特工作；希望沙特加大对也门的投资力度；双方增加在争议地区的石油开采量。同时，也门也加强了与海湾国家之间的关系，1999年12月底，在阿曼海合会峰会上，海湾合作委员会六国一致同意也门加入其部分非政治性机构，并逐步加入海合会。

2005年，也门大幅降低了进口关税，对小麦、面粉等81种商品的进口免税；另有4000余种商品平均出口税率从25%降至5%。第二个五年计划以来，随着油价逐步稳定且维持在一个相对较高的价位，并且也门不属于任何一个国际石油组织，对本国的石油产量没有配额的限制，2002年至2006年，也门的出口获得较大的收益，同时由于国内建设的需要和国家外汇收入的增加，进口也出现了较大幅度的增长。

2011年也门对外贸易下降了4.52亿美元，对外贸易由2010年的87亿美元，下降到了2011年的82.48亿美元。也门52%～55%的国内生产

也 门

总值是由对外进出口贸易构成。①

根据世界贸易组织第九次部长级会议于 2013 年 12 月在印度尼西亚巴厘岛通过的协议,也门正式加入世贸组织,也门农产品关税降至 24.9%,其他产品为 20.5%,并开放 11 个领域。②

---

① 《也门对外贸易去年下降 4.52 亿美元》,凤凰网,2012 年 6 月 2 日,http://finance.ifeng.com/roll/20120602/6552848.shtml。
② 《也门正式加入 WTO,农产品进口关税降低》,雨果网,2013 年 12 月 9 日,https://www.cifnews.com/article/6852。

第五章

军　事

第一节　概述

一　军队简史

（一）穆塔瓦基利亚时期

1918年，穆塔瓦基利亚王国建立。伊玛目叶海亚组建常备军。常备军的主要兵源有伊玛目私人卫队成员、警察局警员、奥斯曼军队旧部和萨那及其周边部落成员。最高指挥机构是军队指挥部，由司令、副司令和参谋构成。伊玛目借助奥斯曼军队旧部对常备军进行军事训练。军事训练的主要目的是应对各种形式的叛乱。武器装备以各种型号的步枪为主（约40万条），另有若干轻型和重型火炮，以及不同口径的机关枪。

长期以来，英国殖民者一直垂涎也门的领土。为应对英国殖民者自南部的入侵，加强对也门各部落的统治，1936年，伊玛目叶海亚组建国防军，并宣布实行义务兵役制。国防军采取4级16等的组织体系。之后，伊玛目艾哈迈德先后组建了国民军和白德尔团。1962年革命前，也门军队由4部分构成，即常备军、国防军、国民军和白德尔团。此时，也门军队共有40447人，其中常备军22090人，国防军15990人，国民军1396人，白德尔团971人。

（二）南、北也门共和国时期

1962年革命后，"自由军官组织"在北也门建立了共和国。"自由军

官组织"在成立之初把"建立一支强大的保卫祖国、捍卫革命及其成果的爱国军队"作为革命目标之一。为了广增兵员,北也门共和国军队在各省都设立了征兵处和军事训练中心。在保卫共和国战斗中,北也门共和国军队迅速建立起来。埃及和苏联在北也门共和国军队筹建与发展过程中发挥了重要作用。

埃及派出"阿拉伯专家委员会"亲临指导北也门军队建设的准备工作,在其军营和军事机构中帮助北也门共和国训练了4个步兵旅。此外,埃及另派出10个专业训练团队协助北也门共和国军队培养军事干部与军事人才。苏联为北也门共和国军队提供了必要的现代化军事武器,充实了北也门共和国军队的武器装备,并培养了一批军事指挥员。

也门统一前,北也门军队有3.85万人,军队构成有:5个装甲旅、3个机械化旅、12个步兵旅、1个特种部队旅、4个炮兵旅、1个地对地导弹旅、2个空降突击旅和1支政府卫队。此外,还有国家安全部队约1万人,部落武装至少2万人。北也门武器装备有:M-60A型、T-62型、T-54型和T-55型等主战坦克625辆;装甲侦察车185辆;步兵战车120辆;装甲人员运送车370辆;米格-21型、苏-22型和F-5E型等作战飞机61架;小型舰艇13艘。

1967年,南也门摆脱英国殖民统治后,建立南也门共和国。南也门军队的建立主要依靠苏联的帮助。南也门政府与苏联签订了军事技术合作与军援协定,聘请了苏联的军事专家和顾问。1990年,也门统一前,南也门军队有2.75万人,军队构成有:3个装甲旅、2个机械化旅、11个步兵旅和1个炮兵旅。此外,还有民兵1.5万人、公安部队3万人。南也门武器装备有:T-62型、T-54型、T-55型和T-34型等主战坦克515辆;装甲侦察车150辆;步兵战车约180辆;装甲人员运送车约300辆;米格-21型和苏-20型等作战飞机49架;军用直升机12架;小型舰艇8艘。

(三)国家统一后

1990年也门统一后,南、北也门军队并没有合并。1994年,南、北也门军队因政治矛盾牵扯进军事内战,南也门军队几乎全军覆灭。内战结束后,也门军队实施了现代化改革,扩充了军队力量,增加了现代化装

第五章 军事

备，军队结束南北之分。

萨利赫执政期间，注重加强对军队的控制。2002年，萨利赫总统建立了独立于政治安全局之外的另一情报机构——国家安全局。也门国家安全局直接听命于总统。国家安全局拥有法律规定之外的数个秘密拘留中心。国家安全局军官有无须司法裁决的司法控制权。阿里·穆罕默德·安西担任国家安全局局长，但担任副局长的阿马尔·穆罕默德·阿卜杜拉·萨利赫（萨利赫总统的侄子）掌握国家安全局实权。

这一时期出现了"一个国家，多组军队"的局面。国防卫队及特种部队、第一装甲师是独立于也门国防部之外的陆军武装力量，分别拥有装甲旅、步兵旅、炮兵旅、导弹旅、防空旅。萨利赫的儿子艾哈迈德担任国防卫队及特种部队总司令。国防卫队及特种部队士兵、第一装甲师士兵与也门国防部下属陆军士兵所着军装不同，年金不同，训练强度不同。国防卫队及特种部队士兵年金最高，训练强度也最大。萨利赫倒台之后，国防卫队及特种部队成为其私有部队，成为与政府军抗衡的一支主要部队。

二　国防领导体制

也门宪法规定国家军队属于人民。国家军队的职责是保卫共和国的领土完整与国家安全。

总统是国家武装力量的统帅。最高军事决策机构为总统领导的国防委员会。国防委员会总领陆军、海军、空军与国防卫队及特种部队事务。萨利赫执政期间，着重加强国防卫队及特种部队的建设与装备，使之成为其御用部队。2012年12月，新任总统哈迪宣布撤销国防卫队及特种部队番号。

哈迪总统对国家的国防力量进行了改组。改组后的也门武装力量由陆军、空军、海军、边防部队、国防储备军和战略储备军构成。其中，战略储备军直接听命于总统，由若干导弹旅、总统卫队和特种作战部队组成。

国防部是最高军事行政机关。国防部负责日常国防开支、国防教育与科研等相关事务。国防部下设有物资供应部、技术安全部、通信系统部、军事医疗部等。

三 军费开支

也门统一后，国内局势并不稳定，军费开支处于较高水平。1992年，军费开支占国内生产总值的5.28%。1994年内战结束后，国内形势趋于稳定，军费开支有所减少。1996年，军费开支占国内生产总值的3.62%。自"9·11"事件之后，也门在美国主导的反恐计划中进行了持续的军事行动，军费开支不断回升。至2003年，也门军费开支约合8.09亿美元。

2004年以来，也门胡塞武装力量不断壮大，胡塞武装与政府军的冲突不断。"阿拉伯之春"爆发之后，也门国内安全形势不断恶化。也门政府的军费开支呈现逐年增长的趋势。2015年，沙特发起"决战风暴"，也门军费开支更是应声而增。2008年，也门军费开支为12亿美元，2009年增至14.2亿美元，2010年增至14.5亿美元，2011年增至16.1亿美元，2012年增至16.2亿美元，2013年增至16.5亿美元，2014年增至17.2亿美元，2015年增至24.3亿美元。其中，2015年也门政府的军费开支占国内生产总值的6.5%，人均军费支出为86美元。

四 兵役制度与军衔

也门实行义务兵役制。《义务兵役法》规定，凡年满18周岁的男性公民须服兵役，服役的期限为2年。法律还规定，达到服兵役年龄但身居异国的也门男性公民可以以资抵役，具体金额和实施条件由国防部、内政部共同商议，提交总理决定。新兵不仅有军籍，政府部门也保留其相关档案。共和国军校或外国军校等高校毕业生入伍，可直接获得士官或军官军衔。

也门军衔分士兵、士官和军官3类。士兵军衔有1个级别：列兵。士官军衔设置有4个级别：下士、中士、上士、军士长。军官军衔设置有4等11级：帅级（元帅），将官3级（少将、中将、上将），校官4级（少校、中校、上校、大校），尉官3级（少尉、中尉、上尉）。

五 军队纪律与处分

军队现役人员不得加入任何形式的政党、团体、协会等政治组织。现役军人或退役军人均不得泄露具有保密性质的事项，不得保留任何具有保密性质的文件。现役军人不得从事任何承包、房地产、招标等与其职位相关的工作。现役军人不得与非也门人结婚。

依据违纪情节，军队对士兵的处分项目有：训话；书面或口头警告；不得离开军营或船只；延长服役时间，最多可不连续实行5次；军队拘留所拘留30天；扣除不超过半个月的薪水；延迟晋级，最多延迟6个月。

第二节 实力、编成与装备

一 陆军

也门陆军现役兵力约6万人。陆军的组织结构以军区划分。也门总统阿卜杜·拉布·曼苏尔·哈迪于2013年4月10日发布2013年第16号共和国法令，对也门军区重新划分。也门军区由原来的10个军区，改划为7个军区；军区不再以区域名来命名，而是以数字命名。具体划分情况与各军区总部地点如下。

第一军区：哈德拉毛省北部；军区总部位于赛文市。

第二军区：哈德拉毛省南部、迈赫拉省、索科特拉省；总部位于穆卡拉市。

第三军区：马里卜省、舍卜沃省；总部位于马里卜市。

第四军区：亚丁省、莱希季省、达利省、阿比扬省、塔伊兹省；总部位于亚丁市。

第五军区：荷台达省、哈杰省；总部位于荷台达市。

第六军区：阿姆兰省、萨达省、焦夫省；总部位于阿姆兰市。

第七军区：宰马尔省、贝达省、萨那省、伊卜省；总部位于宰马尔市。

2013年，也门各军区的部队编成如下。

第一军区：第一军区指挥部、塞穆德核心作战旅、赫什阿核心作战旅、第37装甲旅、第23机动步兵旅、第315装甲旅。

第二军区：第二军区指挥部、盖达核心作战旅、第137机动步兵旅、第123步兵旅、第27机动步兵旅。

第三军区：第三军区指挥部、阿塔格核心作战旅、第13步兵旅、第107步兵旅、第312装甲旅、第14装甲旅、第3山地步兵旅、第19步兵旅、第21机动步兵旅。

第四军区：第四军区指挥部、塔伊兹核心作战旅、阿奈德核心作战旅、阿比扬核心作战旅、第119步兵旅、第111步兵旅、第45步兵旅、第115步兵旅、第2山地步兵旅、第135步兵旅、第210机动步兵旅、第17步兵旅、第35装甲旅、第22装甲旅、第31装甲旅、第39装甲旅、第33装甲旅。

第五军区：第五军区指挥部、第121步兵旅、马来赫兹核心作战旅、第82步兵旅、第105步兵旅、第25机动步兵旅。

第六军区：第六军区指挥部、萨达核心作战旅、焦夫核心作战旅、第131步兵旅、第101步兵旅、第102步兵旅、第133步兵旅、第122步兵旅、第115步兵旅、第127步兵旅、第72步兵旅、第29机动步兵旅、第310装甲旅、防空旅等。

第七军区：第七军区指挥部、第9机动步兵旅、第26机动步兵旅、贝达核心作战旅、第30装甲旅、第55炮兵旅、第61炮兵旅等。

截至2014年底，也门陆军的主要装备如下。

主战坦克1220辆：其中俄制T-34型30辆，俄制T-54型和T-55型300辆，俄制T-62型200辆，俄制T-72型300辆，俄制T-80型100辆，俄制T-90型50辆，美制M-60A1型240辆。

步兵战车1600辆：其中俄制BMP-1型100辆，俄制BMP-2型500辆，俄制BMP-3型300辆，南非制Reva型200辆，国产贾拉尔-3型200辆，国产高提士-1型和高提士-2型300辆。

轮式装甲侦察车260辆：其中法制潘哈德AML型125辆，法制潘哈德AML-245型60辆，俄制BRDM-2型60辆，加制LAV-25型15辆。

装甲人员运送车 690 辆：美制 M－113 型 60 辆，美制悍马型 150 辆，苏制 BTR－40 型 60 辆，苏制 BTR－60 型 100 辆，苏制 BTR－80 型 150 辆，苏制 BTR－152 型 20 辆，沙特制幼狮－1 型 150 辆。

火炮共计 2000 门有余：L－16 型 88 毫米迫击炮 200 门，潘哈德 AML 型轮式装甲侦察车装备的 82 毫米、107 毫米、120 毫米、160 毫米迫击炮 302 门，2S1－25 型 122 毫米自行火炮 25 门，M－46 型 130 毫米牵引火炮 60 门，D－20 型 152 毫米牵引火炮 10 门，S－23 型 180 毫米牵引火炮 20 门，M－114 型 155 毫米牵引火炮 15 门，BM－21 型多管火箭炮 280 门，另有 RM－70 型、BM－13 型、BM－14 型、BM－24 型、BM－27 型、BM－30 型多管火箭炮 1000 余门。另有多管火箭发射车 20 辆。

防空高射炮：ZU－23－2 型 100 门，ZSU－23－4 型 50 门，S－60 型 120 门，另有 K－61 型高射炮、博福斯 40 毫米机关炮若干门。

二 海军

1962 年，北也门海军建立。1967 年，南也门海军建立。1990 年，也门统一后，也门南、北海军合并。海军现役兵力 1700 人。也门有五个海军基地，即"穆卡拉海军基地"、"塔瓦希海军基地"、"荷台达海军基地"、"索科特拉海军步兵基地"和"比尔阿里海军步兵基地"。五个海军基地分别驻有穆卡拉海军基地部队、塔瓦希海军基地部队、荷台达海军基地军队、第 1 海军步兵旅和第 2 海军步兵旅。

2010 年，也门海军的主要装备如下。

巡洋舰 1 艘，导弹快艇 27 艘，巡逻舰艇 13 艘，登陆艇 4 艘，两栖舰艇 6 艘，扫雷艇 6 艘，截至 2011 年，也门海军各类警船、战船、舰艇共计 159 艘。

三 空军

也门空军组建于 1990 年。现役军人 8000 人。也门的主要空军基地有萨那的"戴伊莱米空军基地"，穆卡拉的"里岩空军基地"，舍卜沃的

也门

"阿塔格空军基地",塔伊兹的"塔力高空军基地",莱希季的"恩地空军基地",荷台达的"荷台达空军基地"。

2004~2012年,也门空难事故频发,共有20架军用飞机坠毁,4架飞机被损坏。在此期间,共有16名飞行员,1名助理飞行员,23名教练、技术员与导航员遇难。自2012年底以来,针对也门空军的破坏与暗杀活动更为猖獗。

2014年,也门空军的主要装备如下。

运输机31架:俄制伊尔-76型运输机3架,苏制安-12BP型运输机1架,苏制安-24RV型运输机6架,苏制安-26型运输机6架,苏制雅克-40型运输机6架,美制空中王国-350ER型运输机4架,美制C-130H"大力士"型运输机3架,西班牙制CN-235型运输机2架。

战斗机88架:美制F-5E型战斗机8架,美制F-5F型战斗机3架,苏制米格-21Bis/MF型战斗机40架,苏制米格-21U型战斗机4架,苏制米格-21UM型战斗机8架,苏制米格-29SMT型战斗机20架,苏制米格-29UBT型战斗机5架。

对地攻击机68架:苏制米格-23ML型对地攻击机10架,苏制米格-23BN型对地攻击机20架,苏制米格-23UB型对地攻击机5架,苏-22M型对地攻击机30架,苏-22U型对地攻击机3架。

侦察机2架:美制塞斯纳-208型"大篷车"侦察机2架。

教练机38架:捷制L-39型"信天翁"教练机12架,捷制Z-142型教练机12架,苏制雅克-11型教练机14架。

运输直升机63架:苏制米-8T型运输直升机10架,苏制米-14型运输直升机2架,苏制米-17型运输直升机25架,苏制卡-27型运输直升机8架,意制AB-204B型运输直升机2架,意制AB-206B型运输直升机5架,意制AB-212型运输直升机5架,意制AB-214型运输直升机6架。

攻击直升机22架:苏制米-24D型攻击直升机14架,俄制米-35型攻击直升机8架。

无人机12架:美制"扫描鹰"无人机12架。

四 边防部队

也门边境线约长达 2000 公里，边境安全对国家至关重要。也门边防部队主要负责保卫国家边境安全，分布于与阿曼、沙特交界的几个边界省份。也门边防部队缺乏必要的边防武装设备，边防能力较弱。也门与沙特的边境线呈犬牙交错之势，沙漠与山地环境恶劣，使这里成为毒品、武器等非法交易的通道。

也门边防部队的主要力量有位于哈杰省的第 2 边防旅、位于哈德拉毛省的第 11 边防旅和位于萨达省的第 117 边防旅。

五 国防储备军

也门国防储备军组建于 2013 年 4 月。阿里·贾菲任国防储备军司令。总部位于也门共和国原卫队所在的 48 号营地。国防储备军与陆、海、空部队一样，行政组织上从属于国防部，听命于武装部队最高指挥者。国防储备军各旅随时准备接受作战计划调配。

也门国防储备军的编制主要有储备军指挥部、第 7 步兵旅、第 4 装甲旅、第 83 火炮旅、第 62 步兵旅、第 63 步兵旅、第 102 山地步兵旅等。

六 战略储备军

也门战略储备军组建于 2012 年 12 月。战略储备军在组织上直属于武装部队最高领导者，在结构上由若干导弹旅、总统卫队和特种作战部队构成。

导弹旅在编制上包括导弹旅指挥部、导弹第 5 旅、导弹第 6 旅、火箭炮第 8 旅。总统卫队成立于 2012 年 8 月，直接听命于总统，包括总统卫队第 1 旅、总统卫队第 2 旅、第 3 装甲旅和第 314 装甲旅。特种作战部队由特种作战部队指挥部、特种部队旅、反恐部队、第 1 山地步兵旅和第 10 闪电旅构成。

第三节 军事工业与武器贸易

一 军事工业

也门的军事工业起步晚，自主研发与制造能力弱，军事工业体系尚未建成。武器制造追求的是实用原则，所以也门军事工业的发展以仿制为主。也门曾利用俄罗斯军事技术，生产哈密道型老式步兵战车，但因达不到技术要求而停产。2001年之后，随着美国军事技术的转让，也门开始加强军事工业的建设。也门步兵战车的零件与技术主要来自国外，同时得到南非战车专家的指导。

2007年，也门从美国斯巴达公司定制了约18辆步兵战车。随后，也门与斯巴达公司签署协议，购买了所定制的战车的生产技术。2009年，也门开始生产第一代步兵战车——高提士-1型。2009年底，也门开始生产高提士-2型步兵战车。高提士-2型步兵战车能容纳8人及1台发射装备。该战车采用的是丰田公司的发动机。2010年，也门宣布开始生产新一代步兵战车——贾拉尔-3型。2010年3月，也门成立武装部队军工制造局，隶属于国防部。军工制造局主要负责生产各种国防设备，如多用途轻型卡车、重型卡车、弹药和电子设备等。同年6月，也门总统萨利赫首次对外宣称也门掌握了先进的军工制造技术，也门制造的300辆步兵战车将在未来几个月内交付军队服役。

虽然也门军事工业取得了一定的发展，但军工产品较为单一。除步兵战车外，主要军工产品还有仿制的俄式T-55AM2型坦克、UAZ-469型越野车和GAZ-2975"虎"式专用装甲越野车。小型武器也多为仿制品，如维克斯型机枪、德拉戈诺夫型狙击步枪、G43型半自动步枪、毛瑟98K型狙击步枪、伯格曼MP-18型冲锋枪、MP-40型冲锋枪等。

哈迪总统上任后，对军事组织进行了改革，制订新的军事工业发展计划。2012年11月，也门"5·22"军工集团董事长萨阿德·拉吉将军表示，

2013～2016年，也门军工部门将对军工制造产业的生产能力进行整合，2016～2020年，也门计划同时引进常规武器设备生产线工厂和先进武器设备生产线工厂，以满足也门军队对武器装备的需求。

此外，也门胡塞武装组织极为重视军事工业的发展。胡塞武装主要生产灵活性强、攻击性强的武器，武器生产以仿制为主，主要军工产品有火箭炮、导弹和步枪。胡塞武装在原有导弹的基础上，通过扩大导弹口径、增加火箭头重量等方式提高打击精度和扩大火力攻击范围。

2017年3月，胡塞武装公开展示了征服者-M2型中程弹道导弹。征服者-M2型中程弹道导弹重350公斤，射程400公里。胡塞武装的步枪口径都比较大、射程较远，如口径为30毫米、射程为5000米的高斯穆型狙击步枪和口径为23毫米、射程为4000米的祖费高尔-2型狙击步枪。此外，胡塞武装的军工产品还有攻击机、无人侦察机等。

二　武器贸易

（一）国家武器贸易

也门是阿拉伯地区主要的武器进口国。1998～2003年，也门军费预算增加了3倍。也门负责武器贸易的官员表示，也门增加的军费预算多用于购买武器装备。也门武器贸易的对象国主要有俄罗斯、美国、中国以及英国等。

俄罗斯是也门武器贸易的主要对象国。也门的重型武器主要来自俄罗斯。1994～2007年，也门累计从俄罗斯进口了价值约为120亿美元的武器装备。2007年，俄罗斯向也门交付9架米格-29型战斗机。2000～2003年，也门累计从美国购买了价值约为5000万美元的武器装备；同期，也门从中国进口了价值约为1亿美元的武器装备；从法国、英国、德国、意大利进口了价值约合5000万美元的武器装备；从其他欧洲国家购买了价值约为2亿美元的武器装备。

整体而言，也门重型武器进口的数量有限，小型武器贸易活跃。由于缺乏针对购得武器的仓储管理系统，也门在国际武器贸易市场上的信誉较

差。也门政府常被美国与欧盟国家指责为向第三方倒卖武器的中间商。2005年，美国和欧盟以此取消了与也门的中间商已达成的3笔武器交易。同年，为改善在武器贸易中的形象，也门政府宣布禁止采购任何个人、企业进口与代销的武器装备。政府禁令使也门武器经销商以买卖小型武器为主。1996~2000年，也门从阿根廷、巴西、中国、捷克、法国、德国、菲律宾、波兰、葡萄牙、南非、西班牙和美国进口了约合5000万美元的小型武器。

（二）私人武器贸易

也门将"持枪权"视为一项基本人权。也门宪法规定公民具有枪支所有权。也门法律还规定，年满18岁的也门公民，持有的手枪和其他全自动、半自动武器须取得政府的许可证。1992年第40号法令规范了个人枪支、弹药的持有权与合法交易。

也门国内的武器交易市场较多，武器公开售卖。城区比较著名的武器交易市场有首都萨那城以东的呼兰镇的"基汉奈市场"和萨达省的"陶力哈市场"。在也门部落分布区，武器与水果、蔬菜一样，随意摆摊售卖。由于政府缺乏对枪支等武器的有效监管，也门枪支的持有与使用均没有得到规范，武器私下交易活动猖獗。这种现象对也门国内安全形势和人身安全问题而言，无异于积羽沉舟。

也门前总理阿里·穆贾瓦尔认为武器的非法流通严重破坏了也门国内和平与安全。自2007年起，也门政府尝试限制国内武器的持有与交易，以新许可证替代旧许可证，要求武器交易活动中必须登记并保留买家的详细信息。此外，政府努力削减武器交易市场数量，关闭了至少18个武器交易市场，约300家武器零售商店停止营业。

随着也门内战升级，居民生活条件恶化，许多平民开始出售个人武器以补贴家用。2014年，也门小型武器市场上，美国柯尔特手枪最受欢迎，每把价格约为3200美元；美国步枪的价格约为4500美元；俄罗斯卡拉什尼科夫步枪的价格约为2300美元。也门国内武器市场交易虽以小型武器为主，但偶尔也会出现重型武器的身影。

第四节 近期军事焦点

一 胡塞武装组织

胡塞武装组织，其正式名称是"真主的拥护者"，其前身是成立于1992年的"青年信仰者"组织。该组织的创始人是侯赛因·巴德尔·丁·胡塞（1959～2004年），其父是栽德派最著名的教法学家之一——巴德尔·丁·胡塞（1926～2010年）。胡塞家族属于什叶派分支栽德派中极有威望的家族。为了对抗逊尼派穆斯林，信仰栽德派的也门总统萨利赫曾联合侯赛因·胡塞，支持"青年信仰者"组织。1993年，侯赛因·胡塞当选为议会议员。2000年，侯赛因·胡塞提出效仿伊朗，实行政教合一。自此，他与萨利赫渐行渐远。

2003年，伊拉克战争爆发后，侯赛因·胡塞公开指责萨利赫是美国的"代理人"。自2004年起，胡塞家族以宗教领袖的身份，开始在萨达省收取天课和布施。萨利赫政府要求胡塞家族上缴收取的财物，胡塞家族拒绝了政府的要求。同年9月，侯赛因·巴德尔·丁·胡塞在与政府的武装冲突中丧生。政府为防止其坟墓变为"圣地"，将他的遗体安葬在萨那中央监狱。但他的兄弟阿卜杜·马利克·巴拉丁·胡塞、叶海亚·胡塞等继续与萨利赫政府进行对抗，直到2010年在沙特的斡旋下才停火。

"阿拉伯之春"爆发之际，萨利赫政府摇摇欲坠。胡塞武装组织成了"革命"的积极分子，成为"革命"队伍中坚决反对向萨利赫妥协的激进派。2011年11月，海合会力争达成赦免萨利赫、建立联合政府的协议，但胡塞武装组织拒绝在此协议上签字。

哈迪总统上台后，一度想拉拢胡塞武装组织，但双方意见相左，导致关系恶化，最终从"文争"演变成"武斗"。2014年9月21日，在前总统萨利赫的配合下，胡塞武装组织攻占首都萨那。2014年底，胡塞武装组织与萨利赫领导的军队组成同盟，共同对抗也门总统哈迪领导的合法政府。2017年，萨利赫欲与沙特和谈，被指"背信弃义"。同年12

月4日，萨利赫被胡塞武装组织杀害。也门境内的军事力量陷入更加错综复杂的局面。

二 "决战风暴"

2015年1月19日，胡塞武装组织与哈迪政府的总统卫队发生冲突，随后胡塞武装组织占领了总统府。2月6日，胡塞武装组织单方面宣布成立"总统委员会"和"全国过渡委员会"，取代总统和议会。2月21日，总统哈迪被驱逐出首都萨那。3月19日，胡塞武装组织向总统哈迪所在的城市亚丁及全国多个城市展开进攻，支持哈迪的政府军和总统卫队在对峙中节节败退。3月25日，总统哈迪逃往沙特首都利雅得寻求帮助。

3月26日至4月21日，沙特阿拉伯率领10国联军对也门胡塞武装组织发动了代号为"决战风暴"的军事行动。在以空袭为主的"决战风暴"军事行动中，沙特派出100架战机，阿联酋派出30架战机，科威特派出15架战机，巴林派出15架战机，卡塔尔派出10架战机，约旦派出6架战机，摩洛哥派出6架战机，苏丹派出3架战机，埃及派出16架战机。此外，沙特声称另派出一支15万人的陆军部队及一支海军。埃及派出4艘战船及1艘海洋护卫舰。巴勒斯坦当时表示时刻准备参与地面作战。"决战风暴"的目标是恢复哈迪总统的合法政权，令胡塞民兵从街头撤出，解除胡塞武装，不允许前总统萨利赫在也门未来发挥任何作用。"决战风暴"军事行动并未达到预期目标。

针对也门不断恶化的政治局势，4月14日，联合国安理会以14票赞成、1票（俄罗斯）弃权通过了一项有约束力的安理会协议，对占据也门首都萨那并驱逐合法总统哈迪的胡塞武装组织组织实施制裁。6月19日，由联合国主导的首轮也门问题磋商在瑞士日内瓦结束。由于分歧严重，也门冲突双方没有达成协议。20日，沙特等国对胡塞武装组织占领的多个地区发动空袭。与此同时，胡塞武装组织在也门南部地区向政府军展开猛烈攻势，也门战事进一步升级。

三 荷台达之战

2015年5月，由沙特主导的多国联军向也门派遣了地面部队。虽然

第五章 军　　事

政府军在与胡塞武装组织的战斗中，多次被胡塞武装组织"反推"至沙特境内，但在联军的支持下，也门政府军先后收复亚丁、舍卜沃、焦夫等省大部分领土。2016年初，政府军夺回也门第三大城市塔伊兹市。自此，也门政府军与胡塞武装组织双方进入对峙局面。

荷台达省是也门人口最密集的省份之一。胡塞武装组织于2014年占领荷台达。荷台达省成为胡塞武装组织重要的经济与军事基地。荷台达港是也门第二大港口，进出口商品的关税收入可观。荷台达港的进出口商品关税是胡塞武装组织的主要经济来源。此外，荷台达港是胡塞武装组织大宗获取外来军用装备的门户。

2018年6月13日，也门政府军在多国联军的支持与协助下，展开对荷台达市的军事收复行动。经过一周多的激战，政府军已经将战线推进到了荷台达市的南部郊区。反复易手之后，政府军控制了位于市区南部的荷台达国际机场的大部分区域。与此同时，胡塞武装组织也在集结人员抵抗政府军和联军的进攻，破坏政府军的补给线。在这场战役之中，双方均持续加大投入力度，战争处于胶着状态。与此同时，战争的持续造成了严重的人道主义危机。荷台达之战中，联军的战斗力受到挑战，并面临国际舆论的强大压力。

2018年12月6日，在联合国的斡旋下，中断了两年半之久的也门政治进程重新在瑞典启动。联合国特使格里菲思宣布，也门政府与胡塞武装组织之间已经签署了一项关于交换被拘禁者的协议。此次谈判将是也门实现和平的一个关键契机。

第六章

社 会

第一节 社会结构与部落社会

一 社会结构

(一) 社会构成

在漫长的历史发展进程中,随着社会制度的演变,也门的社会结构在不断地变化和发展。根据世界银行的相关文件,从古代延续到当代,也门的大部分地区社会阶层和组织的分化均可追溯到以下四种类别:

(1) 学者精英、宗教领袖、圣裔以及大土地所有者,这一群体作为也门社会的精英阶层,掌控着也门社会的话语权,人数估计不超过总人口的5%。

(2) 农业生产资料的所有者,通常意义上指的是拥有武器的部落农民和渔民,他们构成也门社会的主要阶层,估计占到也门总人口的80%。

(3) 服务提供者,如演艺人员、屠夫、理发师等,这一群体本身没有土地,无法用武器保卫自己,需依靠部落保护,估计占总人口的5%。

(4) 其他各种被边缘化的无土地者,这类人群没有家谱或者被家族驱逐,估计占总人口的10%。

一方面,也门社会的构成是其社会、政治和经济长期互动发展的产

物。另一方面，社会结构也塑造着也门的社会关系、政治权力和经济利益，并对社会各阶层间的流动产生影响。历史上，处于社会底层的群体不允许拥有土地、携带武器以及与精英阶层通婚，如萨达地区就很少有与较低阶层的群体进行通婚的现象，即使有些地区，萨达男性可以娶较低社会阶层的女性，但严禁萨达地区女性外嫁较低社会阶层的家庭。这种现象在也门统一后有所改观，但仍然存在。

上述社会结构在不同地区具有差异性。上述阶层划分主要集中在也门传统政治中心西北高原地区、萨达地区等。在红海和阿拉伯海沿岸低地，漫长的海岸线和丰富的海洋资源在历史上曾吸引来了诸多异族移民，如奥斯曼人、埃塞俄比亚人、厄立特里亚人、索马里人、印度人、英国人等，这些移民带着自己的文化传统和社会制度融入当地文化中，当地就不存在严格的社会阶层划分。沿海的亚丁地区，受英国殖民统治以及南也门时期实行的社会主义制度的影响，社会结构阶层划分并不明显。

也门社会底层最受排斥的是被称为阿赫达姆（Akhdam 音译，字面意思是仆人）的贱民群体。从历史上看，这个词指的是帖哈麦地区和也门南部地区皮肤黝黑、地位低下的街头清洁工、制鞋商、舞者、乐师、民间医生和祭师等群体。20世纪70年代之前，阿赫达姆主要集中分布在也门南部地区，也门北部地区则较为鲜见。20世纪70年代后，阿赫达姆成员利用移民和教育的机会开始向社会上层流动。也门政府进行土地改革，解禁土地买卖后，他们开始购置土地，建设房屋，不再继续使用传统的身份来标记自己。

自20世纪70年代以来，伴随着也门缓慢的城市化进程，城市地区传统的社会阶层分化逐渐弱化，基于个人的经济收入和经济地位的经济层级分化正在重新构建也门的城市社会（见表6-1）。

表6-1 也门中等城市主要职业群体

阶层	职业
商业企业家	贸易商、拍卖商、经销商、经纪人、中间商、店主和放债人
艺人和工匠	木匠、工艺匠、铁匠、焊工、汽车修理工、理发师、乐师
白领和工薪	公务员（法官、教师、护士、军人）、律师、宗教教师和学者

续表

阶层	职业
农业生产者	农村地主、佃农、无地农业工人
边缘群体	没有技术的临时工和低地位的无土地者

资料来源：Document of the World Bank, *Republic of Yemen Country Social Analysis*, http://siteresources.worldbank.org/Extsocialdev/Resources/3177394-1168615404141/YemenCountrySocialAnalysis.pdf。

(二) 家庭结构和婚姻

1. 家庭结构

也门以大家庭为基本形式，通常由基于同一父性血缘的核心家庭组成。家庭遵循严格的父权制，即家庭中最年长的男性享有绝对权威和地位，并拥有为家庭及其成员做出重大决定的权力。家庭内部男性占据主导地位，妇女则在家务和抚养子女方面发挥作用。传统上，妇女可以通过生育男婴获得尊重，生育男婴在当地是一件值得庆贺的喜事。在也门，按照传统，无论男孩和女孩都要进行"割礼"仪式，这种落后的习俗给也门未成年女性带来了严重的身心伤害。也门政府于2001年颁布法律对该陋习加以禁止，然而在也门各地，对女性的"割礼"仍然时有发生。

家谱是也门社会秩序构建中的一个关键因素。在一定意义上，人们根据家谱可以界定一个人的社会身份和地位，家谱越不为人知，该家族成员的社会地位就越低。在这种社会观念的主导下，活跃在也门城镇和农村的无家谱者，如小商人、理发师、园丁和乐师等服务业者始终被认为是社会的弱势阶层，需要在部落的保护下才能够生存下去。但20世纪90年代后，随着也门城市化和经济的发展，家谱的影响在逐渐弱化。

2. 婚姻

在也门，家庭包办婚姻最为常见。在缔结婚姻关系前，男女双方家长一般会就此问题征求潜在新娘或新郎的意见，但最终的婚姻决定权依旧属于家长。同伊斯兰世界的许多地方一样，也门允许一夫多妻制，男性可能同时有多达四个妻子，但在现实生活中，也门男性很少有拥有一个以上的

141

妻子的。在也门，婚姻买卖现象也较为常见，而新娘价格一般由新郎的父亲给出，这种做法通常被当作婚礼的一个组成部分。也门离婚现象较少，但人们对离婚也并不感到耻辱。此外，也门的童婚现象较为突出，据人权观察员援引的联合国和政府的数据，有接近14%的也门女性在15岁之前结婚，在18岁之前结婚的女性的比例更是高达52%。

二 部落社会

部落众多、分布广泛是也门社会的一大显著特征。在伊斯兰教传入之前，也门就存在四大部落联盟，分别是希木叶尔、穆兹哈吉、卡达和哈姆丹。希木叶尔部落居住在南部山区和中部高原。穆兹哈吉部落由因斯、曼拉德和哈达乌部落组成，主要集中在东部地区。哈姆丹部落由哈希德和伯克利部落构成。近代也门历史和社会变迁导致部落关系发生重构，伯克利部落被并入穆兹哈吉部落，希木叶尔部落大部分被并入哈希德部落联盟中。经过不断的分化组合，现代也门最大的部落联盟有四个：哈希德、巴基尔、哈卡和穆兹哈吉。其中哈希德部落乃全国最强、知名度最高，该部落集中于萨那、哈杰、萨达三省，人口逾百万，由50多个中小部落组成，组织严密，是一个集政治、经济、军事、宗教于一体的强大实体。巴基尔部落实力次之，两个部落源于也门历史上的同一个部落哈姆丹。

以教派而论，大体上西部的帖哈麦地区主要是伊斯玛仪派部落，中南部属沙斐仪派部落，北部则是栽德派部落的大本营。也门北方和南方分别有168个和25个以农业和畜牧业为主的定居部落，其余是非定居的游牧部落。北方部落中有141个分布在也门高原地区，27个分布在沿海平原地区。

也门部落社会自成体系、高度复杂。部落是拥有共同的祖先的人所组成的亲缘关系网络，所有的部落男子都属于某个具体部落，家庭是也门部落社会最基本的单位，若干家庭组成一个家族，若干家族构成一个部落，家庭和家族以父权制为特征。每个部落具有固定的领地，通常这些领地的变化很小。部落成员都表示来自"同一个祖先"，因此成员间具有"兄弟之情"。正如一个父亲的儿子们拥有和守护着共同的荣誉，一个部落中所有男子也会被要求守护共同的荣誉，部落荣誉与个人荣誉紧密相连。但实际上部落成员之间及不同部落之间的地位并非完全平等。

(一) 也门部落社会构成

通常意义上，也门部落构成包括若干家庭或者家族，其成员都属于部落民，部落领袖被称为"谢赫"（Shaykh），来自最具影响力的家族。首领出身的家族通常被称作"本源家族"，有时一个部落的名称便是其本源家族的名称（如艾勒·萨利姆部落，其名称便来自"萨利姆家族"）。尽管部落内部成员之间具有平等的"兄弟之情"，但整个部落社会中不同的家族按照世系关系和地位尊卑有着严格的等级划分。此外，也门的部落是典型的父系氏族社会，男性地位远远高于女性。在也门"部落"一词还具有地域属性，包括共同生活在这块地域内受部落保护的非部落民。非部落民的构成具有多样性，包括地位较高的宗教学者阶层，还有地位较低但不可或缺的弱势阶层等。

第一类是宗教学者乌里玛（Ulama）阶层，包括卡迪（Qadis，法官家族）和赛义德（Sayyids，圣人后裔）。其地位高于部落成员，通常将腰刀佩带在右边。每个卡迪家族及其所在地都处于一个部落的保护之下。在部落中其拥有特权地位，不用缴纳部落中的集体税收，甚至可以向求助的部落成员提供避难庇护。第二类是弱势阶层（Du'afa），主要包括犹太人、理发师、屠夫和小商贩等。弱势阶层生活在部落领地之内，但其地位低于普通部落成员，他们不能携带任何武器，与部落首领和成员腰刀佩带在中间不同，其腰刀只能佩带在左边。这类人无权参与关系部落荣誉的事件，但受到所在部落的保护，任何伤害他们身体和利益的行为都必须向提供保护的部落做出赔偿。

20世纪60年代，随着现代经济活动的开展，也门传统的部落结构也受到一定冲击，部落成员与部落组织之间的紧密依附关系出现松动。部落成年男子的谋生方式也出现多样化的发展趋势，许多人离开村庄和部落前往城市或国外工作和生活，逐渐融入多元化的城市文明社会之中。城市周边及交通较为发达地区的部落习俗已经出现淡化趋势。

(二) 也门部落社会制度与规范

也门部落社会有着完备的组织和制度规范,尽管部落以及部落联盟之间存在千差万别,但有共同遵循的制度和规范。

1. 强烈的荣誉观

在也门部落中,每个部落民土地的核心是其家园。攻击住所、偷盗、放火以及对部落民及其亲属进行人身伤害等都是破坏荣誉的侮辱性行为,此类行为扩大到部落层面是在部落地域内攻击或偷盗财物。如果部落民或谢赫没有能力捍卫荣誉,不仅在村庄和部落中没有容身之地,还将被迫脱离村庄和部落而寄人篱下,丧失部落成员的资格。其家族和子嗣也会因此长期蒙羞。唯有重新战斗,夺回自己的荣誉,才能重返部落。

2. 部落调解方式

部落内部纠纷的处理是根据一定的程序进行的:家庭纠纷一般在内部由家长出面解决;本部落地区间的纠纷由各群体的小酋长们出面解决;涉及整个部落的纠纷由部落酋长或酋长委员会出面解决;涉及部落联盟间的冲突通过部落联盟主席解决。尽管纠纷或冲突的种类、范围不同,但部落社会遵循一致的调解原则和程序:发生争议的两方暂停交往,各自寻求自己的"保护人"(alqah),再由保护人请求有声望的谢赫或者宗教人士以"调解者"的身份在两者之间进行传话调解,最终解决争端。具体实践中,调解者通常是三四个谢赫,他们轮流进行调解,涉及部落联盟间的争端通常最终协定的达成需要几十个谢赫进行调解和签字。调解者在解决争端中可以获得报酬和声望。

3. 部落习惯法与复仇原则

根据传统习俗和伊斯兰教法制定的法律法规,主要涉及民事和刑事范畴,用以处理有关的部落争执和对部落民进行惩处。例如,部落中明确规定偷盗是对部落成员财产和荣誉的侵犯,强行入宅行窃被视为攻击行为。罪犯被捕获后交部落酋长处置并由其负责追回赃物,还要求罪犯对受害者进行赔偿。如果是惯犯或者情节严重,会被驱逐出部落。部落习惯法中承认复仇和以命偿命原则。部落中血亲复仇可以是个人行为,也可以是家族和部落的集体行为。但复仇是对等的,一个人偷了另一个人的牛,那么受害者将以同样的方式回击。当一个人将另一个人杀死，受害者的家族和部落有义务为其复仇。目前杀人行为有两种解决方式：第一种是凶手家庭及其所属的部落提供偿命金，在20世纪70年代末金额是12000里亚尔，实际上这一数额根据受害者的身份和伤势有很大不同，杀害部落权贵的偿命金可达11倍之多；第二种是在受害者亲属和部落拒绝偿命金的情形下，必须通过决斗的复仇方式解决，复仇的原则是"以眼还眼"，如今西北高原地区很少有这种方式，但东部某些部落仍保留着复仇的传统方式。不同部落的生活习惯和生活方式不尽相同，但是均保留着古代阿拉伯人慷慨好客和勇敢顽强的传统精神，不过有些偏僻地区的部落还存在以抢劫为荣的不良遗风。

（三）部落社会与也门现代国家

也门古代的盖哈坦王国、马因王国、萨巴王国、希木叶尔王国等都是典型的部落王国。阿拉伯帝国时代行省长官主要通过拉拢也门当地部落首领的方式实现帝国对也门行省的管理。阿拉伯帝国式微后，9~16世纪也门部落和国家的力量此消彼长，国家构建由松散的部落国家缓慢地向现代国家转变，1918年的穆塔瓦基利亚王国实现了也门独立，奠定了也门现代国家构建的基础。

穆塔瓦基利亚王国时期，伊玛目加强中央政府的权力，削弱部落社会的独立性。伊玛目不再是之前部落纷争的"仲裁者"，他的地位逐渐超越部落的其他成员，成为高高在上的拥有生杀予夺绝对权力的统治者。但集权化过程并没有破坏传统的部落体系，部落社会仍拥有自治权，部落组织也完整地保留下来，甚至一定程度上伊玛目仍依赖着部落力量完成对国家各个地区的管理。

20世纪60年代，北、南也门共和国相继建立。北也门共和国时期部落力量进一步渗透和整合进国家政治中，部落酋长担任国家行政官员的现象日益普遍。进入政治权力中心的大部落酋长为了巩固自己的政治、经济利益，竭力干涉国家政务，试图控制国家重大问题的决策，这直接导致刚刚经历内战的北也门共和国政局动荡。1967年，南也门共和国建立后不久走上"民族社会主义"发展道路，社会改革等使传统部落受到极大冲

击，但并未消失，直到1990年后南部部落才出现复兴之势。

历史上，部落社会在也门早期国家的形成、抵抗外部势力入侵等方面发挥了积极作用。部落内部的团结性以及部落习惯法不仅增强了部落的凝聚力，而且约束着部落成员的道德行为。至近代，也门部落始终是对抗外部势力占领也门的重要武装力量，部落对抗击外部入侵、保卫也门统一发挥过重要作用。当代部落仍对也门的政治、经济和社会生活发挥着巨大影响力。1986年，萨利赫总统在一次采访中公开表示："国家是部落的一部分，也门人民是部落的共同体。"当前也门内战持续，地方势力和部落势力仍借机不断扩大各自的影响，这将对民族和解与政治重建产生消极影响。

第二节　国民生活

作为世界上最不发达的国家之一，也门经济落后，国民生活质量整体较差，民众长期面临着教育、住房、医疗、就业以及供水供电不足等一系列问题。2015年也门内战冲突造成了严重的人道主义危机，数百万民众流离失所，用以支持民众日常生活的基础设施和服务基本崩溃，食物、饮用水稀缺，供电不足，也门政府和民众正面临着极为艰难的时刻。

一　居住

（一）建筑风格

也门建筑是阿拉伯世界最迷人的建筑之一，但民居整体质量较差。也门民居建筑因地取材，以芦苇、茅草、石头以及泥砖为主要建筑材料。大约1/4的城市贫民的住所是小屋、帐篷或其他临时搭建的居所。在炎热的沿海地区，除了权贵和精英阶层，普通民众的住宅多为稻草屋顶的圆形小屋。在山区，穷人则住在石头或砖堆砌的小屋里。也门的富人阶层通常居住在带有阿拉伯西南独特建筑风格的大房子里：地基通常由砂岩、玄武岩或花岗岩建造，高度一般为两到八层，窗户则由砖装饰设计；此外，房屋顶部通常还有一个黄铜色的凉廊，视野开阔。

（二）住房政策

受本国政治、经济和社会环境因素的制约，也门迄今依旧缺乏一个相对成熟和系统化的国家住房政策，对于全国各地低收入家庭而言，住房的可负担性和充足性均存在明显的不足。大多数城市缺乏为不断增长的人口提供住所和生活服务的资源。此外，也门的失业率很高，大多数人无法负担房租和购买土地的费用，再加上大部分城市管理落后，由此也门城市的空地逐渐成为棚户等的定居点，并成为城市的主要部分。

在20世纪70年代，政府曾试图修建不同类型和不同标准的住房来解决民众住房问题，其中经济适用房被视作一种能够覆盖大多数也门家庭特别是低收入家庭的住房政策。为此，政府将经济适用房的申请标准定为住房支出占家庭月收入的25%~30%。同时，政府推出成品房计划，在不借助私人资本的情况下由政府出资修建住房并向公众出售，以此来控制房价并缓解住房供求紧张矛盾。借助这一计划，也门政府还通过重建也门城市银行来打造公共工业住房。然而受制于国家经济能力和政府财政，政府无法长期提供资金来维系经济适用房项目和成品房计划，以致经济适用房项目在20世纪70年代就起步艰难，在80年代停顿并于90年代终止，而成品房计划也没有达到预期的住房数量，此外，政府住房设计僵化，空间保守，没有切实考虑到也门家庭未来人口增长的需求。

在成品房计划失败后，80年代中期，也门政府又转向住房用地问题。政府通过住房和市政部门将具备基础设施的平整空置地和配套服务出售给公众，即"地皮和服务"计划，帮助也门低收入群体以合理的价格获得土地，用于他们自己建造房屋。除土地外，政府还提供诸如学校、医疗和商业等基本社会服务并且不收取太多额外费用。"地皮和服务"计划是也门政府针对低收入者的住房政策之一，并在萨那地区首次实施。

长期以来也门住房一直供不应求。特别是在国家统一后，面对持续增长人口和大量涌向城市的农村人口，也门政府既没有提供有效住房，也没有制定解决住房问题的相关政策法规。除了政府因素，国民收入水平低下

也是也门住房问题的重要因素。1991年也门家庭平均收入为539美元，2003年减少到378美元，大部分低收入群体很难支付起相对高昂的房价。此外，也门建筑材料和土地价格的上涨以及混乱的住房市场和住房管理，也进一步加剧了也门的住房危机。

（三）供水

也门是世界上水资源最为稀缺以及人均水资源利用率最低的国家之一。根据世界银行的相关统计数据，也门人均年用水量为150立方米，相较而言，水资源短缺的中东和北非人均年用水量为1250立方米，全球人均年用水量则为7500立方米。也门西半部是水资源最为稀缺的地区，包括西部高地、帖哈麦和红海沿岸地区。这里分布着也门90%的人口，人均年用水量仅为90立方米，只有一半的农村家庭可以获得安全的饮用水，即便是大城市——第三大城市塔伊兹，市民也只能每隔30~40天接受一次公共用水补给。

面对水资源稀缺问题，也门人不仅精心设计了露台农业系统来充分开发和利用地表水和浅层地下水，还结合伊斯兰原则、习惯法和国家政策构建起了相应的协商机制和制度规范：水是无主资源，但使用权归开发者所有；上游沿岸地区有优先使用权；不得人为干预水源及河流流域；井必须间隔一定距离；任何人不得否认他人的饮水权。

20世纪60年代后，随着公有土地的私有化，私人开始占用和开发水资源。政府的公共政策却仅仅是利用公开投资发展新的灌溉技术，重水利基础建设而忽视相应的管理制度。同时，传统上负责水资源调配和纠纷处理的部落首领们逐渐演变为水资源的主要消费群体，这破坏了传统的水资源管理体系和使用制度，导致出现水资源分配不公现象。

除水资源稀缺以及分配问题外，水资源的运输也需要支付高昂的成本。普通家庭无法负担汽车运水的费用，主要依靠妇女和儿童从远处的水源取水。在塔伊兹市部分农村地区，妇女们通常需要在午夜时分前往邻近村庄的水井取水。此外，居民饮用水卫生情况很差。全国大部分地区具备自来水、内部污水处理系统和电力的房屋仍然较少，特别是农村地区，只有一小部分的住宅拥有室内水源管道。2015年也门内战以来，也门城市中用以支持民众日常生活的基础设施和配套服务已经崩溃，民众饮用水供应严重不足。

（四）供电

也门市政发电能力无法满足国家国民经济与生活的需求，全国经常发生拉闸限电的情况。根据统计数据，2014年也门的电力需求将近2000兆瓦（1兆瓦＝100万瓦），当年的供电缺口在30%以上。为了保证生活所需的最基本的电力供应，很多也门家庭开始购买中小型柴油发电机。但是在燃油供应短缺、价格上涨之后，更多家庭开始选择太阳能发电装置。如今也门已成为世界第三大太阳能发电装置进口国，2015年以来国内主要发电站更是停止运转，绝大部分地区的市政供电中断，包括首都萨那在内的大部分地区被迫断电。

二　就　业

（一）基本情况

当代也门人口增长较快，年轻人口比例大。2018年相较于2000年，人口基数增长超过60%。同时其人口中有近一半是15岁以下的年轻人，平均人口年龄为19.4岁（2018年）。也门的老龄化程度较低，据统计，也门60岁以上人口比例为4.51%，65岁以上为2.86%，人口结构呈典型的金字塔型。相较于发达国家，也门低龄化的人口结构天然具备较好的人口红利条件。然而作为全球不发达国家之一的也门，工农业发展水平低下，快速增长的适龄就业人口与就业机会不足以及落后的经济和社会发展水平与民众基本生活和就业需求的矛盾尖锐。

除了就业人口的自然增长外，高辍学率、与市场需求无关的毕业生人数增加及女性劳动力参与率提高这些结构性的社会因素加剧了也门国内的就业矛盾。在也门，民众所需求的工作岗位数量要远远多于当前市场所能够提供的就业岗位数量。失业人群中，非熟练工人和只接受过基础教育的工人最为常见，而具有较高学历的知识分子的失业率也出现了小幅上升。此外，也门国内缺乏职业技能熟练的劳动力，导致企业雇工严重短缺。同

时，由于缺乏能够适应企业快速发展和变化的高素质劳动力，也门国内的许多职业对移民的依赖程度越来越高。

也门人口常年保持着高失业率，其中2009～2017年，也门人口失业率基本维持在13%～18%，2010年达到历史最高水平17.8%（见图6-1）。

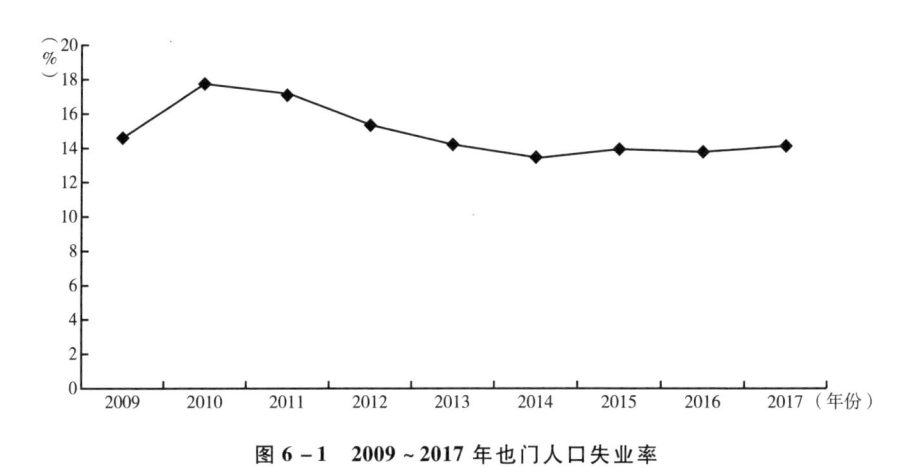

图6-1 2009～2017年也门人口失业率

资料来源：https://tradingeconomics.com/yemen/unemployment-rate。

（二）劳务输出

当前，也门一半以上的人口是农业劳动力。而根据大英百科全书网站统计，也门从事服务业的劳动力约占总人口数的1/4。由于国内经济落后，无法提供充足的就业岗位，也门成为中东地区对外劳务输出的大国。也门的海外侨民曾达到140多万人（1989年），后来虽有所减少，但基本保持在100万人左右。

对外劳务输出主要集中在石油等资源性部门。输出地方面，主要集中在沙特阿拉伯和科威特等石油生产大国。劳务输出一方面缓解了也门国内严峻的就业压力，另一方面给也门带来了可观的外汇收入。但也不可避免受到中东地区相对动荡的局势的影响。如海湾战争期间，也门政府支持伊拉克萨达姆政权对科威特采取行动，从而遭到了美国和中东多国的反对和制裁，直接导致大批在外务工的也门人回国。海湾战争时约有80万人返回国内，造成了1991年也门的侨汇突降至9.98亿美元，而在1989年和

1990年这个数字分别为12.59亿美元和14.98亿美元，在失去诸多侨汇收入的同时，也门国内失业率也达到了36%。

(三) 劳工权益

也门有工会组织，并建立了工会总联合会，但注册工会会员的人数很少，集体谈判能力有限。也门政府和法律承认工人组织的权利，但停工和罢工则需要政府的批准和允许。此外，也门于1965年加入国际劳工组织并累计批准了30项劳务国际公约。长期以来，国际劳工组织在也门保持着活跃状态。通过"以工作换现金计划"，积极为也门民众提供在职培训、技能培训、创业和自营培训，为工人组织和雇主组织提供技术支持，帮助也门政府进行劳务管理和制度建设，有效促进了也门民众就业和收入状况的改善。

也门雇佣童工现象很普遍。政府禁用15岁以下童工的法令很难得到执行。为有效解决童工问题，政府寻求广泛的国际合作，并于2000年实施了国际劳工组织消除童工方案（IPEC）。在国际劳工组织的协助下，也门政府多个部委联合当地的劳工、雇主组织，进行广泛的国家干预，包括改善立法、执法及政策，建立和使用童工数据库，提高社会认知，进行社会对话和协调劳务关系等具体措施。

此外，推进性别平等以及保障女性就业权利是也门政府部门要解决的又一棘手问题。自2001年以来，也门政府在国际劳工组织的协助下，制定和实施了国家妇女就业战略（2001~2011年），将性别平等和女性就业纳入政府工作的主流范畴。也门教育和农业部门则通过网络平台倡导女工政策，使2万多名男女工人认识到其工作权利和性别平等，同时政府鼓励媒体对也门女工进行积极评价。

第三节 医疗卫生

作为世界上最不发达的国家之一，也门长期以来都面临着现代化的医疗设施和医疗服务落后、医药短缺、医疗经费不足及公共医疗服务覆盖率低等严重问题。

一 2015年内战前医疗卫生发展状况

也门实行免费医疗制度。2015年内战之前,政府不断加大对医疗卫生的投入力度,也门医疗卫生服务获得了一定的发展。

20世纪90年代,也门开始建立卫生保健系统,加大对医疗服务的资金投入力度,增加医疗卫生基本设施和项目,并将发展医疗卫生事宜作为消除贫困计划的重要组成部分。第三个五年计划期间,也门政府改组公共卫生和人口部,颁布《医疗保险法》,整顿医疗机构,实行医疗卫生定期审查制度,加强医疗器械和药品管理,更新医院设备,新建疾病专科门诊和专科医院,并且在疾病预防方面取得显著成果:成功降低了疟疾死亡率,控制了血吸虫发病率,结核病免疫率和控制接近世界卫生组织标准,建立艾滋病防控机制,开展脊髓灰质炎的监测和防治工作。具体体现在以下几个方面。

(一)医疗卫生服务机构与设施增加

2012年末,也门公立医院的数量达241所,其中包括185所流动医院,是1992年公立医院数量的3倍多。也门新建了一批疾病预防与治疗服务中心,如国家疾病监控中心、国家疟疾预防中心、国家紧急救援中心,以及心脏病与癌症治疗中心等。疾病预防与治疗服务中心引进了较为先进的医疗设备,可以对癌症进行放射性治疗,对肾功能衰竭进行透析治疗。

也门卫生服务中心从1992年的370个增加到2012年的3880个。其中包括60个带床位的卫生服务中心,813个无床位的卫生保健中心,以及3007个提供基础保健服务的保健站。另有2466个公立生殖健康服务中心,约41个医疗卫生服务协会。医院与卫生服务中心总床位从1992年的8150张增加到2012年的16826张。到2015年内战前,也门每万人配备的医院设施为0.1家,每万人床位为7.1张,每万人牙医为0.2人,每万人药剂师为0.4人,每万人护士与助产士为7.3人。虽然医疗卫生服务有了一定发展,但相对于人口基数而言仍显不足。

(二)儿童与妇女医疗保健水平提升

1. 计划生育措施

妇女卫生保健方面,妇女利用现代科学方式的计划生育意识提高。数据显示，2011年采取计划生育措施的育龄妇女占23%。1992年，这一比例仅为6.1%。也门妇女的年龄与贫富程度成为其是否采取计划生育措施的主要因素。2011年的数据显示，15~19岁的早婚女性采取计划生育措施的比例为10.4%，35~39岁育龄妇女采取计划生育措施的比例为35%；富裕家庭育龄妇女采取计划生育措施的比例为43.7%，贫困家庭育龄妇女采取计划生育措施的比例仅为14.7%。此外，育龄妇女的受教育水平与计划生育措施的实施也密切相关。

2. 疫苗接种措施

妇女与儿童疾病预防方面，2012年约有210万名儿童接种了预防小儿麻痹症疫苗和五联疫苗，约有90万名孕期妇女接种了破伤风疫苗，疾病预防意识提高。

(三) 医疗卫生从业人员增加

随着也门医疗卫生机构数量增加、医疗设施增多及医疗卫生服务范围的扩大，医疗卫生从业人员数量也不断增长。也门医生数量从1992年的2315名增加到2004年的5282名。2012年，也门医生数量为6570名，其中包括1704名专家级医生。2012年，医生与居民的比例为1∶3733。同年，助产士人数为4370名，药剂师为2741名，护士数量为12885名，其中包括1120名拥有大学学历的护士。

(四) 国家的医疗卫生预算增加

2012年，政府对卫生部门的财政预算占总预算的5.41%，2002年为3.98%。政府财政预算对个人的投入从1997年的人均608里亚尔，增长至2011年的人均2536里亚尔。2014年，也门医疗卫生预算为1696亿里亚尔，与2013年1443亿里亚尔相比，增长了253亿里亚尔，增长率约为17.5%。

(五) 也门私营企业对医疗卫生服务的投入

内战前也门私营医疗卫生服务发展显著。据也门卫生部门网站统计，2012年也门私营医疗卫生服务机构达14598家。其中包括180家私立医院，327家门诊所，597个卫生中心，678家普通诊所，1097家专科诊所，779家牙科诊所，129家牙科实验室，1321家医疗实验室，105家放射诊

所，1396家初级紧急诊所，61家接生诊所，184家眼科诊所，3363家药店，4381家储药店。

私营医疗卫生服务的发展，拓展了也门国内医疗的服务范围，减轻了公立医院的接诊压力，降低了患者出国就医的频率。

二 2015年内战后医疗卫生发展状况

2015年内战爆发至今，许多医疗机构在冲突中被摧毁和被迫关闭。自2016年9月以来，也门卫生部门获得的预算大幅度减少，卫生机构严重缺乏运营资金，医院工作人员无法领取正常工资。根据世界卫生组织发表的声明，因受持续不断的冲突的影响，也门卫生系统濒临崩溃，数以百万的民众面临营养不良和罹患疾病的风险。在内战前，也门全国有医院282家，设有床位的卫生中心1261家，卫生站3309家，母婴中心155家，药房1420家。内战后各地的医疗机构报告显示，有7600多人死亡，近4.2万人受伤。截至2016年初，仅有45%的卫生设施完全可用，38%部分可用，17%无法使用。至少274处卫生设施遭到毁损。高度专业化的医务人员，如重症监护室医生、精神科医生和外国护士已离开该国。

内战造成1880万人需要人道主义援助，其中1030万人需紧急救助。超过700万人面临粮食安全问题，800多万人面临严重缺水和卫生设施短缺的风险。近330万人（包括210万名儿童在内）出现严重营养不良状况，这一数字自2014年底以来增加了150%，其中46.2万名儿童患有急性营养不良或其他危及生命的疾病，如呼吸道感染或器官衰竭。据世界卫生组织估计，2017年也门有1480万人无法获得基本医疗保障，1450万人无法享用清洁用水和卫生设施，其中880万人生活在严重缺乏医疗保健设施和服务的地区。鉴于准入和安全方面的限制，2017年也门卫生部门针对国内1040万人口的医疗材料供应计划被搁置，只有45%~50%的医疗机构还在运转。

世界卫生组织2017年7月21日表示，也门正面临世界上最严重的霍乱疫情暴发的威胁。自2017年4月27日以来，也门全境已报告了36.8

万余起霍乱疑似病例，其中1828人死亡。疫情最严重地区包括萨那、荷台达、哈杰以及阿姆兰4个省。到2017年12月，也门暴发的霍乱已经感染了数百万人。除霍乱外，白喉等其他传染病正在该国蔓延。在一个医疗保健设施和服务本就缺乏的国家，持续战乱对也门基础设施损毁、饮用水供应系统和卫生系统的破坏，使得也门地区的疫情进一步恶化。

三 政府医疗卫生计划

为提升国内医疗卫生服务水平，保障国民特别是妇女、儿童的健康，也门政府推行了一系列的医疗卫生计划：扩展疫苗接种计划，项目目标——控制小儿麻疹的发病率，降低新生儿破伤风发生率，降低脊髓灰质炎发病率；生育健康计划，项目目标——降低产妇死亡率，提高计划生育措施实施率，提高母乳喂养率；抗血吸虫病计划；心理健康计划；学校健康计划；儿童健康计划；流行病检测计划；疟疾防控计划；等等。

第七章
文　化

第一节　教育

一　现代教育简史

1895年,萨那建立了也门历史上第一所工业学校。该校主要专业有装饰、木工和缝纫,校址位于现萨那军事博物馆。1927年,亚丁商学院成立。1936年,叙利亚籍教授艾哈迈德·扎卡利亚在萨那建立起第一所农业学校。1937年,纺织工业学校建立。1949年,萨那女子学校建立,学生们主要学习基础科学、家务、缝纫。1951年,亚丁建立技术学院,该校开设4个专业：木工及装配、普通机械、汽车机械、电工。1954年,亚丁商学院推出为期三年的职业技术全日制教育。1957年,萨那建立了也门第一所卫生学院,该校首批招生100人,讲授卫生、健康相关知识。20世纪70年代和80年代,也门职业技术教育得到很大发展。全国范围内建立各类技术培训院校与培训中心共计47所。职业技术教育的发展带动了也门基础教育的发展。

统一之前,南、北也门在教育上有明显区别。北也门革命前,其教育处于封闭的状态。直至1925年,北也门才有比较正规的学校。该校是一所宗教学校,以学习语言和宗教为主,学制12年,只招收男生,其教学方法与内容仿效埃及的爱资哈尔学校。1962年,北也门成立共和国。共和国政府重视教育的发展,大力兴办学校,也门的教育事业得到快速发

展。20世纪60年代初,北也门在校初中学生约有700人,小学生约有6万人。1977年,也门在校学生共计28万之多,教师人数从60年代的几百人增至8000多人。70年代,北也门形成了6∶3∶3的教育体制(6年小学教育,3年初中教育,3年高中教育)。1967年,英国殖民者撤离南也门。在此之前,南也门只在亚丁地区有比较正规的小学、初中和高中教育。70年代,南也门的教育体制基本形成。与北也门不同,南也门采取8∶4的教育体制(8年综合教育,4年高中教育)。其中高中教育又分为学术、职业、技术、教师培训4种不同的教育类型。80年代,随着南、北也门政府政策的支持与人口的不断增长,也门在校学生人数持续增多。

也门统一后,为了满足学龄儿童的入学需求,政府新建近千所中小学校。与此同时,政府开始培养本国的教师队伍,重视教师队伍的扩充与水平的提升。此外,为实现南、北也门教育体制的融合,也门政府制定了9∶3教育体制(9年基础教育,3年高中教育)。其中,高中教育的第2年和第3年,实行文理分科。1990年,世界全民教育大会在泰国宗迪恩(Jomtien)召开。为响应这次大会的号召,也门教育部在世界银行和对也门提供教育援助的国家的帮助下,制定了若干个国家教育发展战略。

也门国家教育发展战略主要有:1998年的"扫盲与成人教育战略",旨在克服也门关于发展道路的一个难题;2003年的"发展基础教育战略",旨在普及初等教育,兑现国家承诺;2004年的"技术教育与职业培训战略",旨在吸引15%(2004年为2%)的初级教育毕业生接受技术与职业教育;2006年的"高中教育战略"和"高等教育战略","高中教育战略"旨在培养学生为接受技术教育和大学教育做准备,"高等教育战略"旨在建立高素质、高质量、高效能的高等教育体系,服务于国家的发展、社会的进步与人民生活水平的提高。在也门国家教育发展战略的指导下,也门教育取得了很大发展,但仍面临着教师资源不足、教育预算短缺、教育监管不力的问题。

二 教育预算

也门政府部门中负责教育管理的机构有教育部、技术教育和职业培训部、高等教育和科学研究部。教育部负责公立和私立的普通教育；技术教育和职业培训部负责工业、农业、商业、技术等相关的技术教育和职业培训；高等教育和科学研究部负责公立、私立大学和各类研究中心的相关事宜。

也门统一后，政府致力于加强基础教育建设、扩大高等教育规模。21世纪，也门教育取得了显著发展。也门教育的发展离不开国家财政的支持。2000年，也门公共教育支出总额为896亿里亚尔。2012年，这一数额增长至3820亿里亚尔。2005~2011年，也门教育预算占政府总预算的比例从13.95%上升到15.89%。受国内安全形势的影响，2012年，也门教育预算占政府总预算的比例下降到13.65%。

也门政府较重视对基础教育阶段的投资，其次是高等教育和职业技术教育，对学前教育和成人教育的投资少。2012年，政府对基础教育的预算占国内生产总值的3.5%，占政府总预算的10.1%，占对教育总投入的62.9%。2002~2013年，也门政府对学前教育的预算从未超过教育总预算的0.3%。无独有偶，也门政府对成人教育的扫盲计划投资也处于较低水平。

三 教育体制

也门的教育体制包括学前教育、基础教育、高中教育、职业技能培训、专业技术教育、高等教育及成人教育。基础教育包括小学和初中教育，学制为9年，其中，中小学实行免费教育，小学实行义务教育。初中毕业以后，学生可以选择接受高中教育、职业技能培训或专业技术教育。高中教育，学制为3年。职业技能培训和专业技术教育依据所学层次与专业为期2~5年不等。高等教育中的大学教育一般为期4年，工程专业和医学专业的学制是5~6年。

（一）学前教育

也门学前教育的发展较为落后。也门政府将学前教育作为提高基础教育水平的一个重要阶段。2002年，也门政府颁布关于儿童权利的第45号法律，将学前教育纳入教育部学年教育计划之列。也门学前教育分为托儿

所和幼儿园两个阶段。幼儿园接收对象为3~6岁的儿童,幼儿园教育的目标是:培养孩子对学习的兴趣,为下一阶段的学习做准备;培养孩子养成良好的生活习惯和优秀的思想品德;培养孩子与同龄儿童间友爱互助。

近些年,也门学前教育有所发展。其发展主要体现在幼儿园增多、入园儿童增加、入园率提高和幼师人数增加。2001/2002学年至2012/2013学年,幼儿园数量从172所增加至548所;幼儿园入园儿童从12505人增长至29459人,其中女童入园人数从5917人增长至13493人;学前儿童入园率从0.54%提高到0.68%;幼师人数从886名增长至2132名,女幼师占绝大多数,由其中的863名增加至2083名。

也门学前教育虽取得了一定的发展,但仍面临着一些问题。首先,城乡发展不均衡。学前教育主要集中在城市,而且是主要城市。城市学前儿童占总入园儿童的96.6%。其次,整体入园比例处于较低水平。2012/2013学年,学前儿童的入园率仅为0.68%。也门教育部计划至2015年学前教育达到0.8%的入园率。随着也门内战的爆发与持续,该计划并没有达成目标。

(二) 基础教育

也门政府极为重视基础教育的发展。中小学实行免费教育,小学实行义务教育。政府为基础教育还下拨专项资金,提供必要的物质资源,培养专业的人力资源,确保发展有质量保障的基础教育。截至2010/2011学年,也门公立、私立中小学校有16109所,其中有3732所包括小学教育和初中教育。基础教育的师资力量在数量上有所增加,质量上有所改善。2001/2002学年至2012/2013学年,中小学教师数量从170428人增至229393人。其中拥有大学本科学历的教师由30.3%增至45.5%;大学本科以下学历的教师占比降低,但仍有一半以上的中小学教师只拥有高中及以下学历,其中小学毕业的教师比例从26.8%降至17.2%。在增建校舍和培养教师人才的基础上,也门政府将提高小学教育净入学率和总入学率作为降低文盲率的重要手段之一。

近些年,从入学率来看,也门基础教育取得了不错的发展。根据也门政府的统计,1990年基础教育入学率仅为59.6%;2001/2002学年至

2012/2013学年，6~14岁儿童总入学率从64.7%提高至89.8%，其中2012/2013学年，学龄儿童净入学率为83.6%。农村地区学校数量较少，学校密度低，家庭距离学校较远。农村儿童入学年龄较城市儿童年龄大：农村儿童普遍6岁之后才进入学校学习，城市儿童一般在5~6岁入学。女童入学率较男童入学率低，主要原因有：也门社会中存在男性优先的文化氛围，女性地位较低；妇女工作部门人员的文盲率较高，对女童教育的重要性认识不足；为缓解家庭压力，女童被安排从事农业劳动和家务，充当童工；家庭负担重，无力支付多个孩子上学的花销。

2012/2013学年，也门基础教育在校生约有510万人。也门的基础教育分为小学教育与初中教育。小学教育为6年制，初中教育为3年制。基础教育的对象是6~14岁的学龄儿童。小学主要课程有《古兰经》、阅读、文化、数学、阿拉伯语、地理、历史、国情等。初中增设英语课程。

也门内战爆发以来，基础教育面临严重危机。学校被损坏，或被当作难民营。以塔伊兹省为例，从2014年9月开始，省内陆续有1400所中小学校停课。其中，78%的学校被部分或全部摧毁，22%的学校被军队占领或充作难民营。2017年，也门境内约有300万名学龄儿童无法接受正常的基础教育。随着内战的持续，这一数据不断上升。此外，政府财政困难造成拖欠教师工资，教师离职或罢课现象时有发生。战火中的也门基础教育正面临严峻困难。

（三）高中教育

也门的高中教育分为普通高中教育和专业高中教育。高中教育的入学条件是完成基础教育，并取得毕业证书。

普通高中教育文理分科，学制为3年，主要学习相关的科学文化知识，为接受技术教育和大学教育做准备。普通高中教育的主要课程有物理、化学、生物、地理、历史、社会、电脑、阿拉伯语、英语、《古兰经》等。2017年，也门教育部在亚丁省和哈德拉毛省对普通高中教育试行改革：取消文理分科；学生的选拔由学校和教育部共同主持，实行积分制，由教育部和学校评估的学生积分在总成绩中各占50%。

专业高中教育，学制为3年。专业高中教育的课程设置兼顾学科知识

与应用知识,并与市场需求相连接。毕业后,由教育部颁发资格认证书。专业高中教育毕业生的选择范围广泛,可以依据自己的能力、素质与兴趣,直接进入劳动力市场,或继续深造。

2006年,也门政府实施了"高中教育战略",在这一国家政策的支持下,也门高中教育取得很大发展。2005/2006学年至2015/2016学年,也门高中教师人数从31920人增长至69831人。高中任教老师被要求是教育学院大学毕业。也门共和国教育部官方网站显示,同时期,也门高中教育入学学生从633156人增长至1396006人;高中毕业生人数从138533人增长至375468人。

(四) 职业技能培训与专业技术教育

也门最初的职业技术教育可追溯到1895年萨那建立的第一所工业学校。20世纪70年代和80年代,也门的职业技术教育得到很大发展。全国范围内建立的各类技术培训院校与培训中心共计47所。统一后,政府重视职业技术教育的发展。也门政府成立劳动与职业培训部,设立职业培训部门和职业技术教育机构与公共培训机构。1992年,政府撤销劳动与职业培训部的职业培训部门,成立职业培训总局。依据共和国1995年第15号法令,政府设立职业技能培训专项基金。

职业技能培训的入学门槛较低,培养层次不高。学员只需完成基础教育即可。职业技能培训是学员从基础教育毕业走向工作岗位的过渡阶段。职业技能培训的学习内容包括现代技术专业的基本手工技能。职业技能培训的目的是使学员毕业后能够迅速适应工作要求,完成工作任务。学员具体学习的培训技能和接受培训的时期都会在毕业证书中标注。2003/2004学年至2010/2011学年,也门国内各类职业技能培训机构由54所增至70所,参加职业技能培训的学员由2002年的12482人增加至2010年的25093人,其中有2876名女性学员,占比约为11.5%。

专业技术教育遵循教育部、高等教育和科学研究部的指示,旨在培养适应现代科学技术发展的应用型资格技术人才。专业技术教育的课程主要包括人文科学、社会科学、自然科学及技术应用方法。专业技术教育同时接受基础教育毕业生和普通理科高中毕业生。专业技术教育依据学生入学水平和进修时间，有多个培养层次。其中包括应用本科（高中毕业后就读 4 年）、高等专科（高中毕业后就读 3 年）、中等专科（高中毕业后就读 2 年）。基础教育毕业生进入专业技术教育学校进修 5 年后，可达到中等专科或高等专科水平。截至 2013 年，也门有专业技术教育学校 135 所，其中 95 所属于公立学校，40 所属于教育部监管下的私立学校。2001/2002 学年至 2012/2013 学年，从事专业技术教育的教师数量由 929 人增长至 4580 人；接受专业技术教育的人数从 10442 人增长到 35272 人。

（五）高等教育

1. 高等教育概况

也门的高等教育主要指大学教育及更高层次的人才培养。1970 年，萨那大学的建立标志着也门高等教育的开端。2001 年，也门政府成立了高等教育和科学研究部，专门负责高等教育的相关事宜。2006 年，国家制定"高等教育战略"，该战略旨在建立高素质、高质量、高效能的高等教育体系，服务于国家的发展、社会的进步与人民生活水平的提高。2011 年，也门共有 31 所大学，其中 9 所公立大学，22 所私立大学。公立、私立大学共有 156 个学院和 584 个专业。截至 2019 年，也门公立大学增至 13 所，私立大学增至近 40 所。此外，还有位于荷台达的 1 所伊斯兰法学院和位于萨那的 1 所颂经学院。大学教育学制一般是 4 年，工程专业和医学专业的学制是 5~6 年。

学生取得普通高中或专业高中或中等专业技术学校毕业证书之后，参加全国统一的高考进入大学教育阶段。也门的高考成绩对于能否进入大学读书十分关键，院系不同，录取分数也不同。也门的大学整体录取率不到 10%。也门国家信息中心网站数据显示，2011 年，也门公立大学入学人数共计 205691 人，其中男性占 68.4%，女性占 31.6%；私立大学入学人数为 63364 人，其中男性占 74.92%，女性占 25.08%。2014 年，也门公立大学入学人数约为 37 万人，私立大学入学人数不到 6 万人。由于学费低，公立大学受到大多数高中毕业生的青睐。以萨那大学为例，其 2017 年的入学申请人数多达 7 万余人。

也门主要的公立大学有萨那大学、亚丁大学、哈德拉毛大学、塔伊兹大学、宰马尔大学、荷台达大学、伊卜大学、哈杰大学、阿姆兰大学；主

要的私立大学有科学技术大学、阿瓦女王大学、艾哈高夫大学、未来大学、伊曼大学、萨巴大学、塔伊兹国家大学、社会科学应用大学、现代科学大学、也门大学、约旦也门大学、黎巴嫩国际大学和伊本·赫勒敦大学等。

2. 著名大学

萨那大学 成立于1970年。20世纪80年代初，萨那大学设立硕士与博士学位。与其他阿拉伯大学不同，萨那大学分布在全国多个省市，有多个校区，共有26个学院，其中只有13个位于萨那校区。位于萨那校区的学院有：法学院、教育学院、文学院、科技学院、经济与贸易学院、医学与健康科学学院、工程学院、农学院、药学院、牙医学院、传媒学院、语言学院、科学技术与计算机学院。位于其他省市的学院有：商学院（赫穆尔校区）、文学院（萨达校区）、科学与教育学院（萨达校区）、教育学院（艾尔哈卜校区）、教育学院（阿姆兰校区）、科学与教育学院（胡兰校区）、文学院（胡兰校区）、教育学院（阿布斯校区）、教育学院（哈杰校区）、教育学院（迈赫维特校区）、科技与文学教育学院（马里卜校区）、翻译学院（阿姆兰校区）、应用技术学院（哈杰校区）。主要研究中心有：计算机中心、人口培训与研究中心、水和环境中心、医学院中心、文物与遗产中心、科学与技术中心、社会发展中心、工程研究咨询中心、远程教育中心等。2010/2011学年，萨那大学在校生人数共计73263人，其中男生50911人，女生22352人；任职教师共计2393人，其中男性教师1872人，女性教师521人。

亚丁大学 成立于1975年。该校共有23个学院：教育学院（亚丁校区）、纳赛尔农业技术学院、医学与健康科学学院、管理技术学院、经济学院、工程学院、法学院、教育学院（仁杰巴尔校区）、教育学院（萨布里校区）、教育学院（舍卜沃校区）、文学院、石油与冶金学院（舍卜沃校区）、教育学院（亚法尔校区）、教育学院（多里尔校区）、教育学院（罗德尔校区）、教育学院（拉得凡校区）、教育学院（图尔巴哈校区）、牙医学院、药学院、语言学院、科技学院、计算机学院、社会科学与应用学院。主要研究中心11个：左法尔也门研究中心、科学技术研究中心、继续教育研究中心、计算机中心、工程咨询中心、环境技术研究中心、语言研究中心、英语研究与翻译中心、妇女培训与研究中心、学术发展研究中心、研究生科研与培训健康管理中心。此外，还有多个服务型单位与服务中心：亚丁大学出版社、保健中心、农业咨询与社会服务中心、兔唇研究与治疗中心等。2010/2011 学年，亚丁大学在校学生共计 29149 人，其中男生 19043 人，女生 10106 人；任职教师共计 2010 人，其中男性教师 1564 人，女性教师 446 人。

哈德拉毛大学 依据共和国 1995 年第 18 号法令成立。该校建立在原亚丁大学分校区穆卡拉教育学院（1974 年建立）的基础上。1996 年开始招生。现该校已发展成为拥有 13 个学院的偏理工类大学。13 个学院包括教育学院（穆卡拉校区）、石油与工程学院、环境科学与水生物学院、女子教育学院、教育学院（马哈拉校区）、教育学院（索科特拉校区）、医学与健康科学学院、管理学院、应用科学学院（赛文校区）、教育学院（赛文校区）、文学院、科技学院、护理学院。主要研究中心有：蜂蜜研究中心、学术发展和质量保证中心、环境研究中心、信息技术中心、咨询中心等。2010/2011 学年，在校生共计 11826 人，其中男生 8587 人，女生 3239 人；教师 893 人，男性教师 726 人，女性教师 167 人。

塔伊兹大学 成立于 1995 年。办学目标是为国家培养品学兼优的现代化建设人才。学校有 8 个学院：教育学院（塔伊兹校区）、科技学院、文学院、管理学院、法学院、科技与文学教育学院、医学与健康科学学院、信息技术与工程学院。主要研究中心有：可行性研究中心、计算机中心、远程教育中心、教育发展与资格认证中心、继续教育中心、心理指导中心、语言中心。2010/2011 学年，该校在校生共计 25440 人，其中男生 13235 人，女生 12205 人；任职教师共计 760 人，其中男性教师 550 人，女性教师 210 人。

科学技术大学 成立于 1994 年，位于首都萨那。该校是一所理工类私立大学。该校的办学目标是为学生提供不同学科的专业知识和技能，支持不同领域的认知与应用科学研究，将教育产出与劳动力市场的需求联系在一起，提供高质量的教学与必要的基础设施，服务于学生的求学与生活；同时，扩展与国内、区域和国际大学及科研机构的合作关系。该校共

有8个学院：医学与卫生科学学院、开放教育学院、牙医学院、药学院、工程学院、人文社会科学学院、信息技术与计算机学院、管理学院。主要科研中心有：咨询与发展中心、教育与受教育中心、东方研究与阿拉伯语中心、计算机培训和系统中心、国际语言中心、地理信息培训与研究中心、卓越发展中心、医疗器械校正与咨询中心、可再生能源与电子设计中心、水与环境技术中心、工程咨询与研究中心、媒体咨询与培训中心、医学教育与培训中心、药物研究中心、大学图书中心。2010/2011学年，该校在校生总计19986人，其中男生13880人，女生6106人；任职教师共计408人，其中男性教师366人，女性教师42人。

（六）成人教育

也门成人教育的对象是文盲人群。1998年，也门颁布第28号扫盲法令，并通过"扫盲与成人教育战略"。也门成立独立的政府机构负责扫盲工作，开展了多项扫盲计划。

1. 字母扫盲计划

通过3个学习阶段进行，掌握基本的读、写、计算能力。该计划包括基础学习阶段（为期2个学年，达到基础教育四年级水平，并颁发脱盲证书）、继续学习阶段（为期1个学年，在不返盲的基础上，继续学习，达到基础教育六年级水平）、完成学习阶段（为期2个学年，达到基础教育九年级水平）。

2. 培训与认证计划

在扫盲的过程中，依据市场需求，对文盲人员进行基本职业技能培训，使之有能力从事改善其生活水平的工作。该计划由两部分组成：基础培训中心（培训对象为男性，培训技能有汽车修理、电力、木具制作、车床加工、铸造等）、女性培训中心（培训对象为女性，培训技能有分拣、纺织、刺绣、复印、家政）。

3. 文化教育计划

普及文化知识。该计划围绕宗教教育、健康教育、环境教育、法律教育等展开，旨在提高文盲人群整体文化水平。

2010/2011学年，全国扫盲中心共计3369个，开设扫盲班6154个，扫盲班共有6901人任教。2001/2002学年至2012/2013学年，参与扫盲计划的人数从49863人增长至191118人，其中农村参与人数占65.4%；扫盲计划的完成率由21.1%提高至27.7%。整体而言，也门的扫盲计划进展缓慢，完成率低。也门"2025愿景战略"的目标是使也门转变为社会、政治、经济与文化协调发展，人力资源达到世界中等水平的国家。在成人教育方面，"2025愿景战略"的目标是将文盲率降到10%以下。目前，也门国内局势不稳，百姓流离失所，这一目标恐难实现。

四　国际教育合作

鉴于也门国内高等教育资源的限制，也门政府重视外派留学生工作。也门政府派留学生去往较发达的国家学习先进的科学技术知识，以期留学人员学成归国后，为国家的建设贡献一份力量。

20世纪80年代后期，也门高中毕业生人数增加，也门高等院校招生能力有限。为此，也门政府开展了一系列的外交活动。埃及、沙特、叙利亚、苏联等国每年为也门提供5000多个留学生名额。其中，苏联政府提供的留学生名额最多。1983/1984学年，苏联为也门提供了800多个名额。此外，为加强与其他国家间的联系，也门同样接收外国留学生。1985/1986学年，也门萨那大学有400多名外国留学生。

也门统一后，积极推进国际教育合作。也门教育部、高等教育和科学研究部、计划和国际合作部共同负责国际教育合作相关事宜。目前，也门与数十个国家保持着国际教育合作关系。其中包括美国、俄罗斯、中国、意大利、英国、德国、加拿大、印度、苏丹、卡塔尔、约旦等。2010/2011学年，也门政府向41个国家的150个专业外派留学生8000名。2012/2013学年，也门政府向教育合作国家外派留学生人数达9300名。随着也门安全局势的恶化，也门财政日益困难，政府外派留学生的数量有所减少。2017/2018学年，也门政府外派留学生数量仅有5000余名。2018/2019学年，也门公派留学生数量为6900多名。[1]

---

[1] 阿拉比亚网，https://www.alaraby.co.uk/portal；马斯达尔网，https://almasdaronline.com/。

第二节 文学艺术

一 文化机构

也门文化和旅游部，总揽也门文化事务。文化和旅游部下设管理机构主要有：古迹与博物馆总局、历史名城保护总局、图书总局、戏剧与电影总局、遗产与文化发展基金、多个手稿馆及其附属图书馆、国家图书出版社及其分支机构、音乐遗产中心、萨那高等艺术学院、亚丁贾米勒·阿尼穆艺术学院、穆卡拉穆罕默德·朱木阿汗艺术学院、亚丁的巴勒斯坦音乐厅等。

也门有各类官方和民间的文化研究机构与文化服务中心。这些研究机构与服务中心主要有：也门战略研究中心，从事也门文化与科学发展战略问题研究；也门未来研究中心，从事也门现代化过程中的文化与社会问题研究；也门文化发展研究中心，致力于传播现代文化，协助青年提高文化水平；妇女发展与文物艺术中心，致力于保护传统手工艺，帮助妇女提高手工艺制作水平。此外，还有文化知识传播协会、文学家与作家协会、艺术家协会、青年艺术协会等社会文化组织。也门的文化机构还包括文化教育与普及机构，例如，文化宫、文化队、博物馆与公共图书馆等。

也门共有21个国家博物馆。主要有：国家博物馆（萨那）、军事博物馆（萨那）、民间收藏博物馆（萨那）、国家博物馆（亚丁）、战争博物馆（亚丁）、民俗博物馆（亚丁）、国家博物馆（塔伊兹）、国家博物馆（哈德拉毛）等。其中，塔伊兹国家博物馆于2016年2月在战火中遭毁。

二 文学

（一）古代文学

也门古代文学与阿拉伯古代文学是一体的。贾希利叶时期，阿拉伯古代文学以诗歌为主。"悬诗"被认为是该时期阿拉伯文学的精华。当时各部落的著名诗人会在欧卡兹集市上举行一年一度的赛诗会，公认最佳的作品就会被用金水写在亚麻布上，悬于克尔白神庙，故称之为"悬诗"。

阿拉伯古代诗歌可分为颂扬诗、矜夸诗、爱情诗、哀悼诗、攻讦诗等。代表诗人有乌姆鲁勒·盖斯、塔拉法·本·阿卜杜、祖海尔·本·艾比·苏勒玛、莱比德·本·拉比阿、阿慕鲁·本·库勒苏姆等。这一时期最著名的女性诗人是罕萨，她的哀悼诗在阿拉伯古代文坛上具有重要地位。贾希利叶时期的散文与诗歌相比，流传下来的数量很少。这主要是因为当时流行的是口传文学，诗文的传播依靠记背而不是书写，而诗歌合辙押韵，易于诵读，散文则略难。主要的散文形式有演说、故事。此外，这一时期还有格言、成语、训谕、卜辞、誓词等散文形式。

伊斯兰教兴起之后，伊斯兰政权的文化政策，改变了以诗歌为主的阿拉伯文学的发展进程。阿拉伯诗歌创作的繁荣局面被以《古兰经》为代表的宗教文学所替代。这种宗教文学以赞美《古兰经》、《圣训》、伊斯兰、先知等为主题。随着哈里发政权的建立，又出现了政治诗、咏物诗等。这一时期著名的也门诗人有阿穆尔·本·马迪·雅克尔布、法尔瓦·本·穆斯克、瓦德哈·叶门等。独立封建王朝时期，也门著名的文学家有阿卜杜·赫里克·本·艾比·陶力哈、艾哈迈德·本·阿卜杜拉·本·阿巴德、阿迈尔·叶迈尼等。

（二）现代文学

自16世纪初开始，阿拉伯半岛上的各王国陆续被奥斯曼土耳其帝国兼并。随后的300多年内，阿拉伯地区的文化基本处于停滞状态。文学缺乏良好的环境和动力，发展缓慢。1798年拿破仑占领埃及，奥斯曼统治下封闭的阿拉伯世界的大门被打开，东西方文化在一种特殊的条件下重新开始接触、交流、融合，阿拉伯文学重现生机。阿拉伯现代文学在广义上包括近代、现代和当代三个时期。也门现代文学的形式主要有诗歌、故事、小说等。

也门现代文学仍以诗歌为主流。也门诗歌出现了新诗体——侯麦尼体诗歌。这种诗体无须严格遵守传统的文法和句法，摆脱了呆板僵化的形式，诗歌内容更多地展现人们的情感与社会生活。代表诗人有艾哈迈德·

本·哈西姆、阿卜杜·拉赫曼·本·叶海亚·安西和他的儿子艾哈迈德。

也门现代文学的复兴运动以诗歌为开端。20世纪40年代起，也门复兴诗歌脱离传统的主题，采取新的题材。复兴诗歌围绕也门人民的历史和政治现实展开，体现了民族运动的情怀。诗人们将诗歌与国家命运和民族主义运动联系在一起，赋予诗歌爱国主义和民族主义的含义。民族爱国诗人的杰出代表是穆罕默德·马哈穆德·祖贝里。同一时期，浪漫主义的诗歌开始出现，并成为也门诗歌中一个重要的流派。浪漫主义的代表诗人有穆罕默德·阿里·鲁格曼、阿卜杜拉·巴尔杜尼等。50年代，也门浪漫主义诗歌衍生了自由体诗歌。60年代，伴随着也门革命带来的冲击，自由体诗歌得到发展，代表人物有阿卜杜·阿齐兹·麦凯利赫、凯尔什·阿卜杜·拉海米·萨达姆等。60年代末，散文诗出现，代表诗人是阿卜杜·拉赫曼·法赫里。

也门的现代故事产生于20世纪30年代。当时，也门文学复兴运动蓬勃兴起，出现了《也门智慧》《半岛姑娘》等文学性较强的报纸杂志。这些报纸杂志陆续刊登一些翻译的文学作品和也门现代故事。现代故事兴起之初，故事作品一般是以单篇或连载的形式发表。50年代之后，现代故事文学发展迅速，很多作家声名鹊起，故事作品层出不穷，代表人物有穆罕默德·阿卜杜·伍里、赛义德·奥里克、穆罕默德·麦斯尼等。

也门现代小说的出现较其他阿拉伯国家晚。20世纪50年代起，也门小说进一步发展。60年代后才有较大起色。70~80年代作家和作品集中出现。依据也门社会发展与小说创作主题的变化，也门现代小说的发展大致可以分为3个阶段。

1. 产生阶段

20世纪20年代末至50年代末，也门处于文化复兴阶段。艾哈迈德·阿卜杜拉·赛高斐的《高露特女孩》（1929年）是也门第一篇现代小说作品。这一阶段小说的主题是启蒙改革思想，代表作家及其作品有穆罕默德·阿里·鲁格曼及其作品《赛义德》（1939年）和《卡穆兰迪》（1947年）、阿卜杜·提卜·艾尔赛兰及其作品《在穆卜尔舍的日子》（1948年）。

2. 现实主义阶段

20世纪60年代至80年代末。这一阶段小说注重现实生活，关注乡村生活、人口迁徙、社会革命等现实问题。代表作家及其作品有穆罕默德·马哈穆德·祖贝里及其作品《瓦克瓦克的悲剧》、穆罕默德·阿卜杜·伍里及其作品《客死他乡》（1971年）和《开放的萨那城》（1978年）、穆罕默德·哈奈拜尔及其作品《石油村》（1976年）、侯赛因·萨利姆·巴斯迪克及其作品《云路》（1977年）、宰义德·麦提阿·迪玛吉及其作品《人质》（1985年）。

3. 现代发展阶段

20世纪90年代至今。也门女性文学开始崭露头角，代表人物及其作品有娜迪娅·库开拜尼及其作品《智慧女人》（2009年）、耐比莱·宰碧尔及其作品《它是我的身体》（2000年）等。这一阶段小说关注的新问题有战争、恐怖主义与宗教极端主义等，代表人物及其作品有萨义德·欧来歌及其作品《三个夜谈人》（1993年）、哈比布·阿卜杜拉比·苏鲁力及其作品《毁灭之鸟》（2005年）、娜迪娅·库开拜尼及其作品《单爱》（2006年）、耐比莱·宰碧尔及其作品《阿伊莎的鞋夫》（2012年）等。

三 音乐

也门音乐具有悠久的历史，是阿拉伯音乐的一个重要组成部分。也门公元8世纪至9世纪的石刻上就已经出现艺人演奏乐器的画面。也门古代伴奏乐器有陶尔比、拉巴卜、萨姆萨米等。陶尔比是现代阿拉伯乐器乌德琴的前身，有四根弦柱。拉巴卜是欧洲弓弦乐器列比克（现代乐器小提琴）的前身。

也门流传至今的音乐以民歌为主。也门民歌充满着部落感和风土色彩，包括萨那民歌、哈德拉毛民歌、莱希季民歌和叶菲阿民歌等。其中萨那民歌被联合国教科文组织列入世界非物质文化遗产目录。萨那民歌根植于14世纪以来的诗歌，诗化的优美歌词是萨那民歌的特点之一。萨那民歌通常是在节日、婚礼、聚会等重要的社会活动中演唱，一般由一位独唱歌手演唱，两种乐器（乌德琴和一种铜盘）伴奏。为

了保护这种特有的传统文化，联合国教科文组织在也门文化和旅游部、萨那大学和法国考古与社会科学研究所等机构的帮助下，通过也门音乐遗产中心搜集了300多首萨那民歌。《法尔塔诗》就是广为流传的萨那民歌。

也门历史上最著名的音乐艺术家是赛阿德·阿卜杜拉。他生活在也门栽德派伊玛目王朝与奥斯曼统治者连年争战的时代。栽德派伊玛目王朝对音乐采取消极政策。赛阿德·阿卜杜拉被萨那的宗教学者指控是脱离了宗教信仰的人。20世纪初，他被宗教保守主义者杀害。作为也门历史上重要的音乐艺术家，他有众多门生。鉴于也门北部王朝对音乐的遏制，他的弟子多南迁至英国殖民者控制的亚丁。阿里·恩陶布和穆罕默德·扎法尔是也门近代两位有名的音乐家，也是赛阿德·阿卜杜拉的弟子。

南、北也门采取不同的音乐政策，也门音乐也有了南北之分。英国殖民者控制下的亚丁，艺术活动较为自由。20世纪40年代，亚丁有两位音乐大师，分别是谢赫阿里·阿布·白克尔·白沙拉赫勒和萨利赫·阿卜杜拉·安塔尔，他们是赛阿德·阿卜杜拉弟子的弟子。1961年，亚丁成立了第一支现代乐团，乐团团长是穆罕默德·阿卜多·扎伊迪。1973年，亚丁建立了也门第一所音乐教育学院，名为亚丁贾米勒·阿尼穆艺术学院。北也门地区音乐的发展较为缓慢。伴随着"9·26革命"的爆发，北也门音乐有了突破性发展。这一时期的音乐创作围绕革命斗争和动员群众展开，代表作有《革命进行曲》《悲伤的繁花》。这两首歌由鲁特非·贾阿法尔·阿玛尼作词，艾哈迈德·本·艾哈迈德·高西穆谱曲，流露出人民反抗压迫的心声与革命情怀。

也门统一后，其音乐事业进一步发展。目前，也门共有3所音乐教育学院。分别是萨那高等艺术学院、亚丁贾米勒·阿尼穆艺术学院、穆卡拉穆罕默德·朱木阿汗艺术学院。也门进入内战以来，政府财政和家庭支出困难，也门音乐人才培养面临挑战。以亚丁贾米勒·阿尼穆艺术学院为例，1996年学校入学人数有400多人，2014年入学人数已不足50人。

四　舞蹈

舞蹈是也门传统文化生活中不可或缺的部分。也门舞蹈与音乐伴奏密不可分。伴奏乐器主要有传统的手鼓、乌德琴等。同时，现代乐器也在音乐伴奏中出现，如小提琴、吉他、手风琴等。虽然在也门舞蹈之中现代流行舞蹈元素时有出现，但也门舞蹈仍充分保有传统舞蹈的风格与魅力。

就伴乐节奏和舞蹈动作而言，也门传统民间舞蹈因地而异，各有特点。山区舞蹈粗犷豪迈，海岸舞蹈柔情细腻。民间舞蹈展现了也门各地区传统社会的生活面貌。此外，也门是重要的贸易中转站，是古代文化的交融之地。这种文化交融丰富了民间舞蹈的形式与类别。据不完全统计，也门共有100余种舞蹈，大致可分为以下几类。

（一）巴尔阿舞

在阿拉伯语标准语中，"巴尔阿"词义为出色、出众、娴熟。但其在也门方言中有另一种意思，即准备战斗的人。因此，巴尔阿舞也被称为战舞。舞者是清一色的男性，手持匕首，或放在肩上。也门人对巴尔阿舞的舞蹈寓意各执一词。一些人认为该舞蹈的寓意是教育部落子民在困难情况下团结一致、共同对敌；另有一些人认为该舞的寓意是教授武器使用方法，展现也门古代的战争文化。巴尔阿舞是也门分布地区最广的舞种，主要分布在萨达、哈德拉毛、塔伊兹、迈赫拉、帖哈麦、叶菲阿等地区。也门各个地区的巴尔阿舞都有其独特的特点。哈德拉毛的恩达舞属于巴尔阿舞种，在表演中舞者使用棍子或盾牌代替匕首。有些地方，舞者或不带任何武器进行表演。

（二）莎尔哈舞

"莎尔哈"在阿拉伯语中的意思是解释、阐明。莎尔哈舞被称为释义舞，着重通过舞蹈动作传递给观众某种信息，用肢体语言传情达意。莎尔哈舞可以表现捕捞或耕作的场景，可以表达久旱逢甘霖的欢庆及丰收的喜悦，主要分布在莱希季、哈德拉毛、亚丁等地区。在表演中，观众围成一个圈，应和伴奏乐器，时而以手打节拍，时而对唱，为舞蹈增添热烈的气氛。舞者一般是两个人，不拘男女。

(三) 扎芬舞

扎芬舞是节日、婚庆、聚会等活动中的常见舞蹈,主要分布于哈德拉毛地区。该舞节奏平缓,舞步简单。观众围坐在一起,舞者应着节拍,两两成对,男女共舞或男男共舞。

也门有非洲特色舞蹈,如里沃舞、巴穆比兰舞,主要分布在也门南部地区。里沃舞是亚丁市奥斯曼区和莱希季省最著名的舞蹈。表演时间一般在婚礼之夜,表演者均为男性。巴穆比兰舞据传是20世纪30年代由非洲水手带入也门的,主要分布于穆卡拉市、希赫尔市。此外,也门还有专门的女性舞蹈,如海岸舞。海岸舞以哈德拉毛海岸地区女性的表演最佳,据说这也是海岸舞名字的由来。

五 造型艺术

(一) 古代造型艺术

也门古代造型艺术与阿拉伯造型艺术是一体的。阿拉伯造型艺术是阿拉伯文化的重要表现形式之一,具有悠久的历史。伊斯兰教产生之前,阿拉伯造型艺术有石头雕塑、青铜雕塑、洞穴壁画、石碑雕刻、陶艺等形式。造型艺术的内容包括人、动物、自然景观与生活用品等。人面雕像与动物雕刻是这一时期也门造型艺术的代表。也门人面雕像形象逼真、表情丰富。动物雕刻形态各异,带有神话色彩。

伊斯兰教产生之后,偶像崇拜被禁止。造型艺术的题材发生变化,不再是人物或动物,而是《古兰经》中的章节或《圣训》中的经典语录。这一时期,造型艺术有了新发展。雕刻艺术出现了木质雕刻、象牙与骨头雕刻,如清真寺的壁龛、华丽的大门,以及用象牙和骨头雕刻成的各类精美器具。绘画艺术衍生出了一种新的造型艺术,即阿拉伯书法艺术。阿拉伯书法的点、线搭配与图案装饰,成就了阿拉伯造型艺术的独特魅力。阿拉伯书法种类繁多,主要的书法体有库法体、三一体、誊抄体、公文体和波斯体等。

建筑艺术是造型艺术中最早的表现形式。阿拉伯世界最引人注目的建筑是清真寺。伊斯兰教历史上第一座清真寺是麦地那清真寺。麦地那清真寺奠定了清真寺建筑的造型与结构基础。随着装饰艺术的发展，清真寺的建筑规模愈见雄伟，装饰图案愈见精致。此外，阿拉伯古代造型艺术还有陶瓷艺术、编织艺术、金属艺术等多种形式。

（二）现代造型艺术

也门现代造型艺术起步较晚。20世纪60年代末，随着"造型艺术运动"的展开，也门现代造型艺术才开始发展。哈希姆·阿里·阿卜杜拉是也门现代造型艺术的奠基者。当时，也门国内缺乏专业造型艺术的培训与学习机构。有造型艺术梦想的也门青年远赴欧洲进修，从而造就了也门第一批现代造型艺术家，如福阿德·法提哈、阿卜杜·杰里里·苏鲁利、萨阿德·穆巴拉克、阿卜杜·杰巴尔·尼曼。

也门现代造型艺术题材突破人物与动物的限制，艺术创作丰富多样。造型艺术在现代发展的过程中以绘画为主流。艺术家的绘画作品呈现多个流派，并以现实主义流派为主。哈希姆·阿里·阿卜杜拉是现实主义流派的代表人物，他的作品中有农民、渔民、商人、巴尔阿舞舞者、集市景象等极具现实主义色彩的人物形象与生活场景。现实主义流派的代表人物还有阿卜杜·杰巴尔·尼曼、阿卜杜·杰里里·苏鲁利等。绘画艺术中表现主义流派的代表人物有艾哈迈德·班得海夫、阿里·宰哈尼等；抽象主义流派的代表人物有哈基姆·阿克尔、阿卜杜·莱提夫·拉彼阿等。

也门现代造型艺术发展的新特点是女性绘画艺术家的异军突起。女性艺术家以其独特的视角与细腻的情感创作出别具一格的艺术作品，在也门造型艺术领域占有一席之地。代表人物有艾米娜·纳西尔、费特希耶·拜登、阿尔塔芙·阿卜杜拉·哈姆迪等。

在绘画艺术发展的同时，雕刻艺术与书法艺术也得到传承与发展。造型艺术家福阿德·法提哈以雕刻见长，他的代表作品有萨那机场前矗立的白色石雕《力量与和平》《困战七十日》等。也门当代著名雕刻家及其作品还有瓦力德·戴勒及其作品《巴尔东尼》半身像、法里德·萨米德及其作品《月亮鸟》等。也门当代著名书法家有纳赛尔·阿卜杜·瓦哈卜·纳赛尔、阿卜杜·拉赫曼·贾尼德、艾哈迈德·侯赛因·艾舒勒等。

近些年，也门造型艺术领域人才辈出。在埃及文化办公室主办的

2016年国际造型艺术论坛上,也门造型艺术家斩获3枚金奖。2017年1月,也门举行第3届现代造型艺术展。虽有内战影响,但仍有30多位也门年轻艺术家的70多幅作品参展。在国家艰难之时,也门造型艺术家肩负起更多的责任。他们用艺术作品记录下国家与人民的不堪命运,同时呼吁交战双方摒弃暴力、宽容相待,表达了人们对和平的渴望。其中,也门青年艺术家穆拉德·苏比阿以其壁画作品获得2014年意大利韦罗内奇和平艺术奖。

六 摄影与电影

也门摄影艺术始于20世纪20年代末。艾哈迈德·阿穆尔·阿巴斯是也门的第一位摄影师。此前,在也门的摄影者主要是东方学家、旅行者、外籍商人等,摄影题材以也门人民的社会生活为主。1930年,艾哈迈德·阿穆尔·阿巴斯在亚丁创建第一个摄影工作室。1949年,他将工作室迁往塔伊兹,创建了也门北部的第一个国家摄影工作室。1948年,他被伊玛目聘为私人摄影师。由此,他拍摄了许多也门王国统治时期的人物照。1955~1959年,他用相机记录了也门民族运动的历史场景和革命烈士的英勇大义。他拍摄的作品还包括也门主要城市的照片及学生毕业照等。阿卜杜·拉赫曼·阿比尔将也门摄影艺术推到专业发展阶段。他的摄影作品涵盖了自然景观、人文景观和历史记忆,如矗立在云端与悬崖之上的村庄、索科特拉岛的自然风光、节日欢庆的场景、政客与文化学者的身影等。他用摄影勾勒了也门的历史与现实。也门当代摄影艺术虽然发展缓慢,但也取得了一些成就。也门当代青年摄影艺术家艾敏·阿比尔和萨利姆·萨义德·百伍宰尔曾分别获得迪拜第6届和第7届哈姆丹国际摄影奖。

也门第一个电影院建于1918年。20世纪70年代末,也门社会风气较为开放。萨那大学的大部分女生摘下了头巾。大学里经常会举办电影文化周活动。最受也门人欢迎的电影有印度电影、埃及电影和黎巴嫩电影。也门电影院最多的时候有49个。20世纪90年代以来,受沙特瓦哈比运动的影响,电影艺术的发展受到限制。截至目前,也门电影院只剩下3个。其中1个在萨那,2个在亚丁。

也门电影作品的数量不多，主要有以下 3 部。《萨那老城里新的一天》被认为是也门第一部故事电影。该电影拍摄于 2005 年，由也门媒体中心和菲利克斯电影娱乐公司联合制作。英籍也门人贝德尔·本·赫尔西担任导演。电影通过意大利摄影师弗雷德里科的视角，描述了与富家女订婚的男主人公爱上贫家女的故事。该电影获得了美国华盛顿电影观众奖、马斯喀特"金匕首"观众奖，并曾在开罗国际电影节上获得最佳阿拉伯电影奖。电影《奴珠姆》拍摄于 2014 年，是也门女导演赫底澈·赛莱米的作品。该电影是也门第一次提交的奥斯卡最佳外语片的参赛作品。这部电影依据也门真实的故事改编而来，讲述了也门第一位被离婚女童的故事。《逢赌必输》拍摄于 2017 年，是也门内政部制作的官方电影。该电影讲述了外籍旅行家玛丽娅携父母到萨那古城旅游，遭遇恐怖分子绑架以及得到也门军队救助的故事。该电影意在警告也门国内的极端主义分子与恐怖主义分子。

第三节　媒体

一　广播与电视

也门统一之前，南、北也门分别有各自的广播电视管理机构。广播电台与电视台的数量有限。统一之后，也门成立了广播电视总局，统管也门的广播与电视业务。也门广播电视总局的工作宗旨是引导媒体维护国家统一，促进人民安定、团结。

2005 年，政府将普及广播作为社会全面发展计划的一部分。广播电台的数量增加、规模扩大、节目多样。也门的广播电台基本为官方广播电台，地方性电台居多。全国性的广播电台有萨那广播电台和亚丁广播电台。地方性的广播电台有塔伊兹广播电台、穆卡拉广播电台、青年广播电台、萨达广播电台、青年之声广播电台、荷台达广播电台、也门之声广播电台等。此外，还出现了胡塞武装组织的马瑟尔广播电台。

也门共有四大官方电视台,分别是:也门电视台、亚曼电视台、萨巴电视台和伊曼电视台。也门电视台又被称为萨那电视台,也门人习惯上称之为第一频道。也门电视台的播放内容包括新闻、文化等多个方面,是一个综合频道。亚曼电视台,原为亚丁电视台,也门人习惯上称之为第二频道。亚曼电视台同样是一个综合频道。萨巴电视台创办于2008年,主要播放与青年、体育相关的电视节目。伊曼电视台创办于2008年,主要制作和播放与宗教相关的节目。伊曼电视台的宗旨是引导人们的宗教信仰,使之远离极端主义。

此外,也门还有以萨义德电视台为代表的私人电视台和反政府武装的马瑟尔电视台。萨义德电视台创办于2007年,旨在不带政治色彩地呈现更真实的也门。马瑟尔电视台创办于2012年,是胡塞武装组织进行政治与宗教宣传的御用电视台。

2013年,也门广播电台的总播送时长为48549小时。同年,电视台的总播送时长为35040小时,其中也门电视台的播送时长为8760小时。

二 新闻出版

也门统一后,实行宽松、自由的新闻出版政策。1990年第25号法令规定任何个人、团体和政党都可以主办报刊。同年,也门政府在新闻部下设立报纸出版发行机构。该机构专门负责新闻出版事务,并在各省设有分支。

2005年,也门政府颁布新的《新闻出版法》,加强了对新闻报纸发行的管理。新的出版法提高了对新闻工作人员的要求,新闻记者必须是记者工会成员,报刊编辑必须长居国内。同时,新的出版法加大了对新闻从业人员违法乱纪言行的处罚力度,新闻记者的保释金从1万里亚尔提高至10万里亚尔,对诽谤总统及友好兄弟国家首脑行为的处罚从2年监禁增至5年监禁。此外,该法还针对新闻出版制定了一些与版面及发行相关的新规定。

也门报刊种类繁多。依据发行主体划分,也门报刊有官方刊物、军方刊物、政治组织刊物、社会团体刊物和私人刊物。依据发行周期,也门报刊可分为日报、周刊、月刊、季刊。截至2013年，也门共有各类刊物295种，主要报刊有《革命报》、《十月十四日报》、《九月二十六日报》和《共和国报》等。

依据共和国1995年第90号法令，也门成立图书出版发行总局。图书出版发行总局隶属于文化和旅游部，贯彻执行国家的文化政策，指导图书出版工作。截至2013年，也门共有各类出版与印刷机构100余家。这些出版与印刷机构大多拥有先进的印刷设备，但并不专注于图书出版业务，对赢利较快、较多的商业印刷趋之若鹜，如票据、账单、传单等。此外，这些机构还经营进口图书，销售学习与办公用品。

也门主要的出版机构有阿巴迪研究与出版中心、哈立德·本·瓦力德出版集团和亚丁大学出版社等。阿巴迪研究与出版中心始创于1890年，是集科研与出版于一体的出版机构。截至2008年，该中心已累计出版1600余种图书。由于国内政治动荡加剧、资金短缺等问题，2011年该中心的出版物数量开始下降，2014年停止出版。哈立德·本·瓦力德出版集团成立于1986年。该集团是也门唯一的专业出版法律及相关书籍的出版机构。亚丁大学出版社创办于1986年，主要出版大学教材等知识与文化书籍。此外，该出版社还出版10余种期刊，涉及农学、医学、文学、法学、管理学等多个领域。

三　通信与网络

1972年，英资通信企业开始在也门提供现代通信服务。1990年，也门政府收购了这家英资通信企业49%的股份，并更名为也门国际电信公司（Tele Yemen）。该公司隶属于通信和信息技术部，由也门电信总局和英国无线电公司共同控股。2004年，也门政府完全控股也门国际电信公司。自2001年移动通信服务发展以来，也门国际电信公司更多地涉足通信产品批发，而非零售。

目前也门移动通信共有GSM和CDMA两种制式，有些地区只有一种制式。也门移动电话通信零售公司有4个，分别是也门MTN公司、Sabafon公司、Y-也门幸福公司和也门移动通信公司。其中，也门MTN

公司成立于2000年9月,是一家与外国合作的合资公司。也门移动通信公司成立于2004年,是也门第一家CDMA网络运营商。2007年,也门移动通信公司的用户数量和覆盖范围跃居全国移动运营商首位。值得一提的是,该公司的CDMA系统基于中国华为的技术支持。

1996年,也门国际电信公司开始提供互联网服务。2001年,也门网络公司成立,通过ADSL提供固定线路网络服务,通过Wi-Max提供无线网络服务。自2013年起,也门国际电信公司增开YahClick无线网络业务。也门互联网上网方式以ADSL为主,而且网速慢、费用较高。Wi-Max网络的覆盖区域仅包括萨那和亚丁。整体而言,也门互联网的覆盖率较低。偏远的农村地区主要依靠手机的3G服务获取网络。

也门互联网的普及率与使用率在中东国家中属于较低水平。2017年,也门互联网用户数量约为690万人,约占总人口的24%。也门互联网用户使用最多的网站有Facebook、谷歌、YouTube、Windows Live、雅虎等。

第四节 体育

一 体育机构与设施

也门统一之前,南、北也门政府为促进体育运动的发展,分别设立了体育管理机构。统一后,也门政府设立青年和体育部,划拨专项资金建设体育场馆,支持成立体育组织,支持开展青年体育活动。青年和体育部下设高等体育学院、青年与青少年体育基金会、也门奥林匹克委员会、体育医疗中心。

1990~2011年,也门体育组织有较大发展。其中,体育俱乐部从125个增至322个,体育运动联合会从14个增至28个。也门主要的体育俱乐部有萨那青年俱乐部、哈德拉毛青年俱乐部、哈桑·阿比扬俱乐部、提莱勒体育俱乐部、伊卜人民俱乐部等;主要的体育运动联合会有足球联合会、拳击联合会、武术联合会、乒乓球联合会、手球联合会、健美联合会等。

截至2011年，也门各省共建立了129个体育运动中心，以便也门青年和运动员进行健身运动和比赛训练。2010年，第20届阿拉伯海湾杯足球赛在也门亚丁举行，也门政府为此增建了大型体育场地，完善了体育设施。目前，也门各类大型体育场共有17个，如亚丁5·22国际体育场、烈士体育场、统一体育场、阿里·穆赫辛·马里斯体育场、宰马尔国际体育场等。

二　体育项目

也门有其独特的自然地理环境，也门居民有其独特的生活方式。同时，也门人民也有其独特的体育运动。也门传统的体育项目有赛骆驼、赛马、跳骆驼等。这些运动具有悠久的历史，充满民族特色，是宝贵的民间体育文化遗产。近些年，也门政府开始重视传统体育项目的发展。哈德拉毛省的泰里姆市设有赛骆驼节，每年举行为期两天的比赛活动。也门各地每年也都举办类似的活动。赛骆驼是也门最受欢迎的体育活动。赛骆驼活动进行时，男女老少，摩肩接踵，在赛道两旁观看。赛程一般较短，有250米赛和500米赛等。跳骆驼是最具也门特色的一项运动。该项运动要求参赛选手跳过若干只并排站立的骆驼，是对选手弹跳高度与跳跃宽度的综合考察。截至2015年，跳骆驼比赛的最高纪录是一次性徒手跳过7只骆驼。

也门现代竞技类体育项目以足球为开端。足球运动最早出现于南也门，由驻也英国士兵传入。1962年，也门足球协会成立。同年，也门足球协会加入亚洲足球联合会；1980年加入国际足球联合会。足球是最受也门人民喜欢的现代体育运动项目。武术是极具中国特色的也门现代体育项目，中国武术受到也门人民特别是青年的喜爱，同时他们也会积极参与。此外，也门主要的现代竞技类体育项目还有乒乓球、田径、跆拳道、拳击、柔道和摔跤等。

三　体育水平

也门统一后，体育运动水平得到了一定的提高。也门虽然是一个体育

小国，但其有些体育项目在国际比赛中仍具有一定的竞争力。在国际赛事资格选拔中，也门运动员的入选率有所提升。在地区运动会中，也门在一些项目上有较好的表现。

也门国家足球队自1965年开始参加各类国际与地区比赛，如阿拉伯杯、海湾杯、亚洲杯和世界杯。1993年，世界杯足球赛亚洲区预选赛上，也门足球队以一个任意球战胜中国队。截至2016年，也门足球队未参加过任何国际大赛的决赛，也从未在世界杯及亚洲杯外围赛阶段取得过出线资格。直到2019年亚洲杯，才首次通过资格赛取得预选赛参赛资格。也门足球运动员阿穆尔·阿卜杜·拉赫曼被英国知名足球门户网站评为2012~2013年赛季世界排名前50的球员之一。

拳击运动是也门体育的强项之一。阿里·雷米是也门轻量级职业拳击手。在拳击比赛中，他以"25场全胜"而闻名世界。也门的拳击运动员在各类国际与地区比赛中有着举足轻重的作用。英籍也门人纳西姆·哈米德素有"拳击王子"之称。也门体育的强项还有摔跤、跆拳道、武术、健美、空手道、柔道和国际象棋。

2002年，韩国釜山亚运会上，阿克拉姆·努尔在男子跆拳道54公斤以下级的比赛中夺得也门历史上的首枚亚运会奖牌。2006年，卡塔尔多哈亚运会上，穆罕默德·艾舒勒获得武术项目的铜牌。在随后的2010年、2014年和2018年亚运会上，也门未取得任何奖牌。

在泛阿拉伯运动会上，也门在其体育强项方面取得的成绩较好。1997年，第8届泛阿拉伯运动会上，阿卜杜拉·阿赞尼在54公斤级摔跤比赛中获得银牌。1999年，约旦泛阿拉伯运动会上，哈提木·哈德拉尼获得国际象棋赛的金牌，赞丹尼获得国际象棋赛铜牌，沃智迪·艾布·白克尔获得62公斤级健美比赛铜牌，阿卜杜拉·阿赞尼获得40公斤级自由摔跤赛铜牌，阿里·穆哈莱菲获得55公斤级空手道赛铜牌。2004年，阿尔及利亚泛阿拉伯运动会上，也门运动员在跆拳道、体操、国际象棋3个项目上获得了3金、1银、4铜的成绩。2007年，开罗泛阿拉伯运动会上，也门在体操、柔道、乒乓球、举重、跆拳道、国际象棋6个项目上获得1金、4银、7铜的良好成绩。2011年，多哈泛阿拉伯运动会上，也门在柔道、跆拳道、摔跤、拳击、体操5个项目上获得2金、2银、3铜的好成绩。

四 女性体育运动

为促进女性体育运动的发展，2003年也门政府在青年和体育部下增设女性体育管理机构。女性体育协会与女性体育俱乐部也随之成立。2005年，也门设立女子足球赛。2006年，也门女性足球运动员有160名，其中包括50名青少年运动员。2009年，也门组建了6支女子足球队和3支青少年女子足球队，女子足球队每周训练4次。也门女子足球队虽然从未参加过世界杯与亚洲杯的资格选拔赛，却已经得到了国际足球联合会的认可与肯定。

2008年，也门组建第1支女子拳击队，有8名队员。目前，也门女性运动员有1000余名，女性运动项目有射击、田径、国际象棋、网球、乒乓球、排球、篮球、5人足球等。2014年，苏丹主办的阿拉伯射击锦标赛中，也门女运动员在女子组手枪射击与步枪射击比赛中均获得第3名的成绩。也门女性体育运动虽然取得了一定的发展，但也面临一些问题，如财政支持力度不够、专业教练人员缺少以及传统保守思想的束缚等。

五 战争对体育的影响

也门内战以来，基础设施遭到严重破坏。战火中，2010年新开放的亚丁5·22国际体育场超过70%的面积毁于一旦。统一体育场、哈高特体育场也遭到不同程度的毁坏。一些体育场被充作军营，体育设施不能正常运转。运动员的训练工作、医疗服务等面临前所未有的挑战。

也门运动员的职业生涯面临终结的危险。内战的紧张局势造成体育投入减少，体育运动资金不足，体育运动无以为继。国家年度体育竞技活动被取消。有些运动员不得不放弃体育事业，转而从事其他行业以维持生计。有些运动员甚至加入胡塞武装组织，对抗政府军。

也门

此外，体育运动员的生命安全受到威胁。也门运动员阿里·库斯洛夫曾在2011年泛阿拉伯运动会上获得60公斤级柔道比赛金牌，在骚乱中被击中腹部。2015年5月，"25场全胜"的拳击运动员阿里·雷米死于内战造成的爆炸。

第八章

外　　交

第一节　外交政策

第一次世界大战结束后，也门脱离奥斯曼帝国在1918年宣布独立，建立了穆塔瓦基利亚王国。穆塔瓦基利亚王国时期，也门的外交政策十分被动。英国觊觎也门已久，1839～1914年英国逐渐将其殖民势力扩展至整个南也门地区；沙特对也门北部虎视眈眈，1934年也门在与沙特的战争中败北，割让季赞、纳季兰和阿西尔三地给沙特。同时，鉴于也门重要的地理位置，土耳其、意大利、苏联、荷兰、德国、法国等国争相与也门建立了外交关系。

1962年革命后，北也门建立共和国，外交政策进入新的时期。革命的六项基本目标构成也门发展外交关系的基本原则。北也门共和国奉行相互尊重、互不干涉内政的独立自主的外交政策。1967年，在埃及的支持下，南也门的反英斗争取得胜利，建立了共和国。南也门奉行亲苏联的外交政策。在冷战背景下的阿拉伯地区，北也门得到沙特的支持，南也门则与埃及的关系较为密切。

也门统一后，政府重申恪守过去南北双方分别同世界各国签署的一切协议和国际条约。也门坚持独立自主的外交政策；遵守《联合国宪章》和《阿拉伯联盟宪章》；奉行中立和不结盟政策；支持民族解放运动；坚持睦邻友好、和平共处，坚持互相尊重、互不干涉内政，主张以和平方式解决国与国之间的争端与分歧；坚持对外开放。海湾危机中，也门支持伊

拉克的立场引起沙特的不满。1994年内战期间，也门指责沙特干涉也门内政，埃及反对北也门武力统一，由此，也门与沙特、埃及的关系一度紧张。2001年"9·11"事件后，在美国的斡旋下，也门与沙特、埃及在反恐领域的合作不断加强，外交关系逐渐转好。

2011年革命后，也门哈迪政府得到以沙特为首的多数阿拉伯国家的支持。在沙特等国发动的"决战风暴"陷入胶着状态之后，沙特试图拉拢前总统萨利赫共同抗击胡塞武装组织。随后，萨利赫遭遇胡塞武装组织袭击身亡。由此，处于战争状态下的两国外交关系前途未明。胡塞武装组织发动政变后，伊朗表示承认其建立的新政权，否认了哈迪政权的合法性。随后，也门哈迪政府宣布与伊朗断绝外交关系。

在重大历史与现实问题上，也门坚持支持巴勒斯坦民族的解放事业，谴责美国将使馆迁至耶路撒冷的决定，积极推动巴勒斯坦两大主流政治派别的和解；也门坚决反对军事打击伊拉克和干涉伊拉克内政的行为；也门反对一切形式的恐怖主义，反对将恐怖主义与阿拉伯民族和伊斯兰教混为一谈，认为贫困和不公平是滋生恐怖主义的土壤，主张在世界范围内消除贫困和不公平现象。

截至目前，也门已同100多个国家建立了外交关系。由于地缘、文化等传统因素，也门与阿曼、阿联酋等西亚国家，以及厄立特里亚、索马里等非洲之角国家关系紧密。近代以来，在政治选择与外交事务方面，也门受西方国家与地区大国的影响显著。为了更深入细致地了解也门外交的发展历程，我们将对也门内政与外交产生重要影响的一些主要国家分节展开论述。同时，作为共建"一带一路"国家，也门与中国的关系尤为值得关注。

第二节　与沙特的关系

也门与沙特毗邻，传统关系深远。也门与沙特的现代外交关系始于1932年沙特建立之后。北也门共和国建立之前，因宗教矛盾与领土纠纷，也门伊玛目王国与沙特的外交关系并不平稳。1934年3月，伊玛目王国

第八章　外　交

与沙特发生战争,也门不敌沙特,沙特很快占领也门的荷台达。同年5月,也门与沙特签订了为期20年的《塔伊夫条约》。依据条约,也门将季赞、纳季兰和阿西尔割让给沙特;沙特将荷台达交还给也门,承认也门独立,不吞并也门;两国保证维持边界现状,实行友善政策。《塔伊夫条约》暂时结束了双方的紧张关系。

1962年9月,北也门"自由军官组织"发动的革命取得成功,建立了阿拉伯也门共和国。以伊玛目巴德尔为首的王室残余势力逃往沙特,寻求沙特的支持。沙特政府宣布仅承认伊玛目巴德尔是也门合法政权的唯一代表,支持巴德尔推翻共和政权。由此,沙特支持的也门王室力量与埃及支持的共和力量展开了持续8年之久的内战。1970年3月,北也门与沙特达成《吉达协议》。根据协议,双方停止宣传战,实现停火,也门政府停止对王室力量的军事行动,沙特停止对王室力量的支援。同年7月,北也门与沙特正式建立外交关系。

1967年11月,南也门共和国成立。南也门政权接受了社会主义思想,决定走"科学社会主义"的发展道路。面对南、北也门不同的发展道路,沙特开始调整对也门的外交政策。20世纪70年代初,沙特支持北也门政权的发展,并扶持南也门的部落势力,使其与南也门政权进行对抗。沙特与南也门的外交关系十分紧张,双方边界冲突不断。直到1983年,随着国际与地区形势的缓和,双方外交关系才逐渐步入正轨。

也门统一后,两国外交关系仍龃龉不断。海湾危机中,也门支持伊拉克的立场引起沙特的不满。沙特驱逐约80万名也门劳工,中断经济援助,并以维护国家安全为由驱逐大部分也门驻吉达领事馆的外交人员,双方外交关系一度恶化。1994年4月,也门南北内战爆发。在北方政府军拥有绝对优势的情况下,沙特呼吁南北双方立即停火,通过对话解决分歧。针对沙特的这一行为,也门政府指责其干涉也门内政,站在了主张分裂的也门社会主义党战线,两国关系再度紧张。也门总统萨利赫曾多次要求沙特归还1934年占领的也门的土地,均遭到沙特拒绝。1994~1998年,两国边境及有领土争议的地区屡次发生武装冲突。尽管如此,两国在改善双边关系上也做出了努力。1995年2月,双方签署关于边界与外交问题的

187

"谅解备忘录",同意在《塔伊夫条约》的基础上解决存在争议的边境的归属问题。2000年6月2日,两国在吉达签订了《陆地和海上边界条约》,又称《吉达条约》,结束了长达60多年的边境纠纷。依据条约,边境线略有调整,沙特向也门移交约4万平方公里的土地。

2001年"9·11"事件后,也门与沙特内部均面临恐怖袭击频繁的严峻挑战,外部都受到美国的反恐压力,因此也门与沙特就打击基地组织展开合作。2002年6月,两国签订多项双边合作协议。2003年,沙特和也门互相移交基地组织嫌犯;同年,也门与沙特签署了关于加强边境管控的协议,预防恐怖分子越境从事恐怖活动。2009年1月,基地组织沙特、也门分支正式合并为基地组织阿拉伯半岛分支,这促使也门与沙特进一步加强反恐合作,双边合作关系进一步发展。

2011年2月11日,也门爆发革命,萨利赫政权岌岌可危。也门与沙特的外交关系再起波澜。2011年4月,沙特以海合会的名义向萨利赫政权施压,要求其接受海合会和平解决也门危机的倡议。同时,沙特希望继任总统哈迪通过启动全国对话,实现也门各派和解。直至2014年底,也门和平进程举步维艰。2015年1月,胡塞武装组织与前总统萨利赫联手攻占首都萨那。2015年3月,沙特率领10国联军对也门胡塞武装组织发动"决战风暴"。2016年7月,萨利赫要求直接与沙特对话,称也门问题是也门人自己的问题,反对外部势力的干涉;同年8月,沙特撤销在联合国对胡塞武装组织破坏其边界的申诉,沙特军方代表与胡塞武装组织的协商未果。2017年3月,前总统萨利赫开始与沙特接触,沙特许诺萨利赫重返政治舞台。2017年12月,萨利赫遭遇胡塞武装组织袭击身亡。也门内战至今,沙特时常出兵干预,两国外交关系由此陷入泥潭,不能自拔。

在经济贸易方面,2001年至也门内战前夕,也门与沙特的经贸往来基本保持增长态势。2002年双边贸易总额达10.6亿美元,2003年增至14.7亿美元,2010年超过40亿美元,2011年增至63.6亿美元,2014年增至约70亿美元。也门与沙特的贸易中,也门处于逆差地位。2002~2013年,也门对沙特总出口额约合80亿美元,从沙特进口额约合400亿美元。也门出口到沙特的主要产品有粮食、蔬菜、蜂蜜和鱼类等。也门从沙特进口的主要产品有石油、水泥、钢铁、电气设备等。也门内战爆发后，也门与沙特的贸易受到严重打击。受持续的战争影响，2015年1月和2月双边贸易额减少约30%，同年3月双边贸易额基本为零。

也门与沙特地理相接，历史相通，却因边界与领土问题而摩擦不断；两国宗教相同，文化同源，却因派系与立场不同而冲突不止。在美国的斡旋下，两国合力反恐。同时，经贸关系表现良好。萨利赫政权的倒台，又给两国关系发展带来新的变量。目前，也门国内局势未定，也门与沙特的外交关系在未来也充满不确定性。未来影响也门与沙特外交关系的因素主要有领土纠纷与油气资源。两国围绕杜维马岛主权的争端还未解决。2010年起，也门陆续探明有大量石油、天然气资源，甚至有消息称其储量超过海湾地区，主要分布在马里卜省、焦夫省、舍卜沃省和哈德拉毛省。这些油气资源或成为也门与沙特争夺的对象，或成为也门与之竞争的资本。鉴于此，也门与沙特双边关系会朝着更加复杂而多变的方向发展。

第三节 与伊朗的关系

也门自古便与伊朗有着密切的联系。希木叶尔国国王赛义夫·本·祖·亚赞曾向波斯皇帝求助，请求其支援也门抗击埃塞俄比亚的入侵。伊斯兰教出现之后，边境限制取消，两地距离拉近，交往日益频繁并保持着良好的关系。1979年伊朗伊斯兰革命之后，也门统一之前，伊朗极力向周边国家输出革命，也门与伊朗的关系一度紧张。

1990~1992年，也门与伊朗均致力于改善双边外交关系。两国搁置关于两伊战争的分歧，加强政治沟通，建立部长级经济合作联合委员会，并互派代表团。1992年3月，伊朗总统拉夫桑贾尼突访阿布穆萨岛，也门对此表示抗议，指责伊朗的行为侵犯了阿联酋人民的利益。两国部长级经济合作联合委员会双边会议中断。1994年，也门外交部部长访问德黑兰。同年9月也门内战结束之际，伊朗外交部部长访问萨那，并转交伊朗

领导层给也门总统萨利赫的恭贺信。虽然两国外交关系没有中断，却没有达成任何合作协议。

1996年1月，两国重启部长级经济合作联合委员会双边会议，并签署了加强双边在政治、经济与科学等领域合作的一些文件。2000年，也门总统萨利赫访问德黑兰，提出两国在互相尊重的基础上签署互不干涉内政安全协议的意见。2001年6月，伊朗在占领的阿联酋的三处岛屿进行军演，也门与伊朗的关系再次紧张。2003年，伊朗总统穆罕默德·哈塔米访问萨那，表示愿意改善与也门的紧张关系，促进两国在各领域的合作。两国签订安全协议，双边关系暂时缓和。

2004~2010年，也门政府与胡塞武装组织发生多次武装冲突。伊朗被指或是胡塞武装组织的幕后推手。也门与伊朗的外交关系不断恶化。2009年12月，也门外交部部长阿布·巴克尔·基尔比呼吁伊朗停止支持胡塞武装分子；伊朗称其没有为胡塞武装组织提供军事援助。也门现任总统哈迪上台之后，指责伊朗干涉也门内政并试图控制曼德海峡，伊朗再次予以否认。2014年底至2015年初，也门胡塞武装组织发动夺权行动，伊朗表示承认胡塞新建立的政权，否认哈迪政权的合法性。2015年10月2日，也门哈迪政府宣布与伊朗断绝外交关系。

总体而言，除短暂的友好外，也门与伊朗的关系并不太平。伊朗输出伊斯兰革命招致也门的抵制，伊朗对胡塞的支持触犯了也门政府的利益。在两国关系中，伊朗相对处于主动地位。虽然双边都有意改善关系，但受地区安全局势与本国利益影响，改善成效并不明显。伊朗政府对胡塞武装组织政权的认可更使两国关系跌至冰点。

第四节 与苏联/俄罗斯的关系

一 苏联解体之前

苏联解体之前，南、北也门与苏联一直保持着友好的双边关系。1928年11月，也门穆塔瓦基利亚王国与苏联签订《友好与互助条约》，又称

《萨那条约》。条约第一项是苏联政府承认也门是一个绝对独立的国家。该条约为期10年,并被多次续签。1955年10月,两国在开罗更新《萨那条约》内容并续签。条约第四项确定两国建立外交关系。此后,两国签署《贸易与支付协定》,互派外交使团。1956年7月,穆罕默德·巴德尔访问苏联。同年,也门与苏联签署《武器贸易协议》。

冷战背景下,北也门萨利赫上任之前,南也门与苏联的关系更为密切。1962年"9·26"革命后,阿拉伯也门共和国宣告成立。同年10月1日,苏联予以承认。随后,两国签署项目研究协议,涉及也门经济、土壤与地下水开发状况。1964年3月,北也门总统阿卜杜拉·萨拉勒访问莫斯科。其间,两国签订《友好条约》,达成经济与军事相关协议。1967年12月3日,苏联承认南也门独立。1968年,南也门与苏联互派大使级外交使团。同年,两国签订了《军事援助协定》。1969年,两国签订了经济、贸易、技术、渔业、文化与科学相关领域的合作协定。1971年12月,北也门共和国委员会主席阿卜杜·拉赫曼·叶海亚·埃里亚尼访问苏联,双方肯定了两国在卫生、文化与干部培养方面富有成效的合作。苏联先后资助南也门建立水泥厂和造船厂。1979年9月,苏联总理柯西金访问亚丁。同年10月,南也门与苏联签订了为期20年的《友好互助条约》。自南也门独立到1986年,苏联共计向南也门提供了3亿美元的经济援助和15亿美元的军事援助。

萨利赫上任之后,致力于增进北也门与苏联的联系。1981年与1984年,萨利赫两次出访苏联。其间,两国再次签署并更新《友好互助条约》。1986年,苏联资助北也门建立了一个武装部队的工业基地。到也门统一前,苏联向北也门提供了约16亿美元的援助。苏联对也门统一表示支持与欢迎。

二　苏联解体之后

苏联解体之后,也门与俄罗斯继续保持了良好的外交关系。1994年,也门内战期间,俄罗斯发表声明,呼吁双方停火并实现和解,愿尽力帮助解决冲突与恢复也门的统一与稳定。也门内战结束后,两国

关系进一步发展，两国高层政治往来与经济贸易合作日益增多。1997年11月，俄罗斯免除也门80%的对俄债务，总计约合67亿美元。2002年12月，萨利赫应邀访问俄罗斯。其间，两国发表了关于友好合作原则的联合声明，并签署了一些与文化、教育、体育和旅游相关的互助协议。2004年4月，萨利赫再次访问俄罗斯，双方就共同关心的国际与地区问题交换意见。同年5月，两国签署在经济、文化、教育、旅游方面的合作议定书。同年11月，俄罗斯国家荣誉中心授予也门总统萨利赫"文明对话勋章"。此后，两国合作与交流密切，两国关系进一步发展。

2011年也门革命后，俄罗斯支持海合会关于和平解决也门危机的倡议。2012年12月，俄罗斯表示愿意为也门举行全国对话提供帮助。胡塞武装组织发动夺权行动后，俄罗斯表示支持哈迪政府的合法性。2015年3月，俄罗斯谴责沙特领导的多国联军对也门事务进行军事干预。俄罗斯主张在联合国框架下通过协商，和平解决也门危机。同年4月，俄罗斯在联合国安理会关于对胡塞武装组织及萨利赫等相关实体和个人实施武器禁运的2216号决议上投了弃权票。为此，也门外交部部长亚辛发表声明，指责俄罗斯在也门问题上的立场不够明确。

俄罗斯同哈迪政府和胡塞武装组织都保持着密切联系。在胡塞武装组织控制的也门首都萨那，俄罗斯保留了大使馆；在沙特支持的哈迪政府的首府亚丁，俄罗斯拥有一个领事馆。2017年，俄罗斯撮合也门前总统萨利赫倒向沙特。在公开宣布支持沙特后，萨利赫与胡塞武装组织的矛盾彻底激化。同年12月，萨利赫被胡塞武装组织击毙。随即，俄罗斯关闭驻萨那使馆，并表示这是临时性的。在这场也门危机中，俄罗斯一直努力地扮演调停冲突的角色。

综上所述，苏联解体之前，相较于北也门，苏联与南也门的关系更加密切。北也门萨利赫掌权后，苏联与北也门的关系日趋改善。苏联解体之后，俄罗斯与也门继续保持了良好的外交关系，并推动了双边关系的进一步发展。也门发生革命后，俄罗斯多方运筹，与也门国内冲突双方保持对话，积极调解各方势力之间的矛盾。

第八章 外　交

第五节　与美国的关系

19世纪后半叶，随着也门与美国商业贸易的发展，美国开始关注也门。也门与美国的外交关系始于20世纪初期。1928年，英国占领南也门期间，美国在亚丁设立领事馆。1946年，北也门与美国建立公使级外交关系。冷战时期，北也门从美国获得大量的军事援助，成为美国在中东地区重要的战略棋子；南也门因与苏联的密切关系，成为美国遏制的对象，南也门与美国断绝外交关系。冷战后期，南也门与美国的关系缓和。1990年4月底，南也门与美国重新建立外交关系。也门统一前夕，北也门总统阿里·阿卜杜拉·萨利赫访问美国，美国表示支持也门统一。

也门统一后，两国的外交关系受到内外多种因素的影响，但美国在也门外交关系中始终占有重要地位。统一后也门与美国外交关系的发展可分为三个时期。

也门统一至"9·11"事件爆发期间是也门与美国外交关系的磨合期。也门统一后不久，海湾战争爆发。也门反对联合国安理会对伊拉克动武的议案，反对美国对伊拉克的军事打击，并举行声势浩大的游行示威支持伊拉克。也门的行为引起美国的不满，美国随即撤销了对也门的资金援助，两国关系陡转直下。海湾战争结束后，也门支持美国的中东和平建议，美国增加对也门的援助，两国关系逐渐转暖。1994年，也门内战爆发，美国表示支持也门统一，反对分裂。美国驻也门大使分别会见了也门总统萨利赫和南方领导人比德，督促也门各派政治力量达成和解。内战结束后，萨利赫多次访美，美国免除了也门的部分债务，两国外交关系进一步发展。1998年3月，两国举行首次联合军事演习，也门政府同意为美国过往舰只提供军事便利。2000年10月，美国"科尔号"驱逐舰在亚丁港遇袭，造成17名美国海军官兵伤亡，也门政府未能积极配合美国展开调查工作。美国将也门列入包庇恐怖分子的国家名单，多次表示要予以军事打击，两国关系一度紧张。

"9·11"事件之后至也门"阿拉伯革命"爆发期间，也门与美国的

也门

高层互访频繁，双边外交关系基本处于亲密状态。2001年"9·11"事件为也门与美国改善关系提供了契机。同年11月，萨利赫出访美国，双方签署《安全合作谅解备忘录》。依据该备忘录，美国向也门提供军事情报与装备，协助也门打击恐怖分子。双方的外交和军事关系得到加强。2004年6月，美国总统布什高度评价了也门在反恐领域与美国的合作。同时，美国联邦调查局（FBI）在萨那设立办事处，进一步帮助也门打击恐怖主义。2005年2月，美国负责国际事务的副国务卿访问也门，称也门是地区国家民主实践的典范。同年11月，也门总统萨利赫出访美国，双方领导人就加强政治、经济与安全合作进行会谈，美国重申支持也门的民主进程，也门成为唯一被美国纳入"千年发展计划"的阿拉伯国家。2007年5月，萨利赫再次访问华盛顿，美国高度赞扬了也门政府在反对恐怖主义领域与国际社会的积极合作，并表达了对也门国内民主进程的关注。2011年1月，美国国务卿希拉里访问也门，旨在加大美国在也门的反恐力度。

也门与美国外交关系的亲密期，美国给予也门大量的资金与物质援助，其中以军事援助为主。2009年9月，美国国际开发署（USAID）与也门签署了约合1.21亿美元的项目发展援助协议，该协议为期三年，项目涉及卫生、教育、民主、善政、农业等领域。2009年，美国为也门提供了约合6700万美元的军事援助。2010年，美国对也门的军事援助翻倍，增至1.5亿美元，此外，还有部分发展援助流向加强也门安全力量建设领域。

也门与美国的贸易往来频繁。2002～2006年，也门对美国贸易一直处于顺差地位。2007年，也门对美国贸易出现逆差。2009～2010年，也门与美国的贸易总额从1207.35亿里亚尔增至1500.02亿里亚尔，增长了约24.2%。其中，也门进口总额从1195.82亿里亚尔增至1490.45亿里亚尔，出口总额从11.53亿里亚尔降至9.57亿里亚尔。也门对美国贸易逆差从1184.29亿里亚尔增至1480.88亿里亚尔。也门从美国进口的产品主要包括电子仪器与设备、零件、药品、食品、家具、纺织品及服装等。也门出口至美国的产品主要有鱼、奶、咖啡、蜂蜜等。同时，美国还是也门石油与天然气资源勘探、开采与提炼的重要参与国。

也门"阿拉伯革命"爆发后至今，也门与美国一直存在隔阂，外交关系处于再磨合期。2011年2月，也门爆发"阿拉伯革命"。美国表示支持也门青年的要求，积极与也门青年革命力量和总统萨利赫进行沟通，通过对各方施压寻求政治解决途径，以确保美国在也门的利益与地位。3月底，美国判断萨利赫的地位不保，开始转变支持萨利赫的态度，积极着手安排也门的权力过渡。2012年2月25日，也门新一任总统阿卜杜·拉布·曼苏尔·哈迪宣誓就职。为了取得美国对新政府的信任，哈迪在就职仪式上宣布将继续打击基地组织，强调对基地组织作战是国家与宗教义务。同时，也门新政府表示反恐协定继续有效，愿与美国展开各领域与层次的合作，也门成为美国的新盟友。2012年9月下旬，哈迪出席在纽约召开的第67届联合国大会，这是哈迪担任总统后首次访问美国。2013年7月，哈迪再次访问美国，受到总统奥巴马和国防部部长黑格尔的接待。双边会谈的内容涉及秘密军事援助，以及加强双边在打击基地组织方面的安全合作。其间，哈迪表示绝对支持在也门使用美国无人机进行侦察与攻击。作为回应，美国在过渡期给予也门多方面的支持，并通过政治施压，延长哈迪的总统任期。

在新的磨合期，也门新政府与美国之间并非毫无芥蒂。美国对胡塞武装组织的态度是双边外交关系的重要影响因素。在美国的官方发言中，美国从未将胡塞武装组织列入恐怖主义名单，其认为胡塞武装组织是也门的一个政治派别，有权利通过正规的选举体制参与也门的政治生活。2014年，也门国防部长与高级军事领导人访问华盛顿，其间双方明确也门军队在政党斗争与政治武装冲突中保持中立；加大对基地组织的打击力度，对胡塞武装组织采取宽容政策。内战前期，胡塞武装组织的坦克得以从也门政府军军营前无障碍通过。2017年初，特朗普上台后表示美国对也门的政策不会发生改变。2018年3月，胡塞武装组织向利雅得等多个沙特城市发射导弹，美国表示支持其盟友沙特对胡塞武装组织的反击，同时，美国仍呼吁包括胡塞武装组织在内的各方摒弃武力，进行政治谈判。也门

内战至今，其国内形势瞬息万变，总统哈迪就也门国内的安全与形势问题多次出访美国，但并未取得突破性进展。

也门与美国的外交关系在国际事务中同样处于磨合之中。2017年12月21日，联合国举行大会，讨论反对承认耶路撒冷为以色列首都的决议草案，并进行投票。也门投票反对美国的政策，并谴责美国将使馆迁至耶路撒冷的决定。由此，美国将也门作为第一个实施制裁的国家，削减对也门的援助。

在军事方面，美国给予也门军事援助，其主要目的是联合打击基地组织。2014年3月，也门官方机构发布了一份美国对也门的援助报告，该报告显示，2012~2013年美国向也门提供了约合2.47亿美元的军事援助，用以加强维护也门安全的力量，提高也门军队打击恐怖主义的能力。2012年5月，一个约由30人构成的军事专家组抵达也门莱希季省，协助也门军队打击基地组织。2012年9月中旬，美国驻萨那大使表示，根据与也门政府的磋商，美国海军陆战队的"一个小组"已经抵达萨那。该大使表示这一小组的到来是为美国外交提供安全援助，保护外交官免受暴力侵害。2016年5月，搭载约100名美国士兵与武器装备的两架飞机降落在也门莱希季恩地空军基地。2017年8月，美军派出特种部队前往也门舍卜沃省协助打击基地组织，美国在也门使用无人机对基地组织实施打击时多次造成也门无辜平民伤亡。美国在也门的军事存在及军事行为引起也门民众的不满，遭到也门民间组织与美国人权组织的批判。

在经济方面，也门经济在内乱与内战中受到严重摧残。2015年，也门对外贸易严重萎缩，也门与美国的经济贸易总额为2.2686亿美元。其中也门进口总额为2.1484亿美元，出口总额为0.1202亿美元，对美贸易逆差2.0282亿美元。鉴于也门国内日益恶化的生存环境及其重要的战略地位，内战至今，美国为也门提供了大量的人道主义援助。美国国际开发署网站显示，2015年10月至2016年9月，美国向也门提供了价值约合3.275亿美元的人道主义援助；2016年10月至2017年9月，美国向也门提供了价值约合6.375亿美元的人道主义援助。

第八章 外　交

第六节　与英国的关系

　　第一次世界大战之前，也门南部地区已是英国的囊中之物。1799年4月，英国东印度公司占领了位于曼德海峡南部红海入口的也门丕林岛。1839年，英国占领亚丁。自1839年至1914年，英国采取武力威胁与金钱收买等软硬兼施的手段，先后迫使或诱骗也门南部诸小国与其签订了一系列不平等条约，逐渐将其殖民势力扩展至整个南也门地区。一战期间至1934年，也门人民在伊玛目叶海亚及其父亲的带领下进行了艰苦卓绝的反英斗争。1934年3月，英国挑起也门与沙特之间的战争。在此之前的一个月，英国借势与也门签订了为期40年的《友好互助条约》。依据该不平等条约，英国承认也门是一个"完全独立"国家；也门穆塔瓦基利亚王国承认英国对也门南部的占领；互相给予最惠国待遇；等等。也门与英国的关系暂时得到一定程度的缓和。

　　第二次世界大战后，英国试图利用也门内部的政治矛盾，达到完全控制也门的目的。1948年初，英国支持的反也门王室政变以失败告终。也门与英国的关系骤然紧张。1949年，也门境内亚丁附近发现石油资源。鉴于此，英国急不可待地逼迫也门承认其对亚丁保护地的所有权，以及在其控制下南也门地区七个"保护国"的"独立"地位，还要求也门授予英国公司在也门独立开采石油的权利，要求也门许诺不得进口除英国以外其他国家的物资。也门断然拒绝了英国提出的诸多无理要求。两国紧张关系加剧。同年11月，英国对也门城市发动空袭，强行占领沙皮尔石油地区。1950年8月，也门被迫与英国谈判石油勘探与开采问题。1951年，两国签订协议，建立外交关系，互派外交代表。此后，虽然表面上两国关系有所缓和，但双方的争斗仍在继续，英国动辄以武力相威胁。

　　1962年9月，北也门共和国成立。同年11月，英国下议院投票不承认北也门共和国的合法政权。1963年2月，也门革命政府要求关闭其驻塔伊兹办事处。同年10月14日，南也门国家部队发动武装革命，反对英国的殖民统治。1967年11月30日，南也门彻底摆脱英国的殖民统治。

也门

1970年7月，英国承认北也门共和国。1971年9月，英国在萨那设立使馆。1975年5月，北也门与英国签订《有线与无线通信协议》。1983年8月，两国签署《文化合作议定书》。1984年8月，两国签署《经济与技术合作协定》。1970年至1990年，北也门与英国基本上保持了良好的外交关系，南也门与英国则较为冷淡。

1990年5月，也门宣布统一后不到两个小时，英国外交部即发来贺电。海湾战争中，也门支持伊拉克的立场使其与英国的关系出现短暂的恶化局面。之后，也门与英国高层互访频繁，两国在经济、文化、技术等领域保持密切合作。1992年12月，英国商业代表团访问也门，寻求两国在投资与贸易等领域的合作。1997年，英国伦敦等大城市举行为期六周的"也门文化周"活动，增强双边的文化交流。此外，两国签署了一系列旨在促进双边关系友好发展的合作协议。

"9·11"事件后，也门与英国展开反恐合作。也门与英国之间的高层互访更加频繁。英国加大对也门经济、文化与改革事业的支持力度。2002年8月，英国向也门提供了3811万美元贷款，用于改善亚丁的卫生设施。2007年8月，英国与也门签订了一项"十年发展伙伴关系"协议。根据协议，自2010年财政年度开始，英国每年向也门提供1亿美元援助，用于解决也门社会发展问题。2010年1月，"也门之友"捐助国会议在伦敦召开，会议宗旨是协调各成员国对也门的资金捐助力度，支持也门通过实施一系列政治、经济与安全方面的改革措施，加快经济建设进程，改善人民生活。

2011年2月，也门爆发革命。2011年3月，英国呼吁也门各方保持最大限度的克制，采取和平对话方式解决问题；谴责暴力事件，并将给予也门的年度援助提高至1.6亿美元，助力于稳定也门局势。2011年6月，英国与德国、意大利、西班牙发表了关于也门问题的联合声明，呼吁也门各方在海合会倡议框架内解决问题。2012年3月，也门选举后不久英国中东事务大臣访问也门。他表示英国将继续作为政治伙伴加强对也门转型的支持。同年8月，英国首相卡梅伦宣布将英国对也门的年度援助金额提高至3亿美元。9月，也门新任总统访问英国。两国领导人一致认为双方应继续密切合作，共同应对也门恐怖主义的威胁。

2015年3月，沙特等国发动"决战风暴"，英国表示支持。同年11月，英国外交大臣哈蒙德表示，沙特在空袭也门期间若有违反《国际人权法》的行为，英国将暂停对其的武器出口。2016年12月，胡塞武装组织领导人之一阿卜杜勒-阿齐兹·本·哈卜图尔指责英国通过向沙特销售武器的方式，参与对也门平民的轰炸。英国对也门的政策具有两面性：一方面向沙特出售武器；另一方面向也门提供人道主义援助。2015年3月至2017年7月初，英国累计向沙特出售了价值约合33亿英镑的武器及军事装备。2014/2015财年，英国向也门提供了近6500万英镑的人道主义援助；2017年英国为也门提供了约合1.9亿英镑的人道主义援助，其中6%被用于学校和医院的重建或维修。2018年3月，沙特与英国达成一致意见，指出应在海合会倡议的框架与机制内，在联合国2216号决议基础上通过开展也门全国对话，解决也门危机。

第七节 与埃及的关系

也门与埃及的关系有深厚的历史与文化积淀。据记载，图特摩斯三世法老接收过也门萨巴商人的礼物。也门商人的香料贸易是埃及古代神庙用香的主要来源之一。从古至今，也门与埃及一直保持着密切联系。在近现代史上，穆罕默德·阿里时期，两国间的商业贸易关系进一步增强，政治交往频繁，乃至也门地区部分领土处于埃及政权的统治之下。

两国在反抗殖民统治与争取民族独立的过程中，相互扶持，互相支援。1956年10月，苏伊士运河战争爆发，也门有2万余名志愿者奔赴埃及，参加埃及的反侵略斗争。1962年9月，北也门"自由军官组织"发动了"9·26"革命，受到了埃及的支持。为了维护也门革命成果，埃及增兵也门，进行支援。在也门共和政权与王室力量长达8年的较量中，在南也门旷日持久的反英斗争中，埃及都给予了大力支持，发挥了重要作用。

1990年5月，埃及对也门统一表示祝贺。随着原南北高层领导人之

间的政见分歧日益公开化，南北矛盾加剧。1994年，也门南北分裂战争爆发。埃及主张"统一不应强用暴力"。也门指责埃及无正当理由地庇护部分南也门分裂势力领导人——他们将开罗作为分裂活动的政治与宣传中心，反对萨那中央政府，反对统一。最后，北方军队获胜，以武力再次统一也门，也门与埃及的双边关系由此蒙上一层阴影。

2001年"9·11"事件后，也门与埃及在反恐问题上立场一致，关系逐渐缓和。2004年2月，也门总统萨利赫访问开罗，两国关系进入新的发展时期。2006年5月，两国恢复了中断7年之久的高级委员会会议，在也门会议期间签署了20多项合作协议，涉及旅游、教育、媒体、卫生、电力、司法、体育等多个方面。这一时期，双边贸易额逐年增长，2009年，埃及成为也门重要的出口国之一。

2011年2月，也门革命爆发后，埃及表示支持海合会的倡议以及联合国安理会关于解决也门危机的相关决议。埃及反对胡塞武装组织颠覆合法政权的行为。2015年3月28日，埃及宣布加入沙特领导的阿拉伯联军，打击胡塞武装组织，并派出一支400人左右的部队。同日，也门新任总统哈迪首次访问埃及，并参加在沙姆沙伊赫举行的第26届阿拉伯国家联盟峰会。峰会期间，埃及总统塞西表示支持恢复也门的合法统治，支持维护也门稳定。同年8月，哈迪再次访问埃及，参加新苏伊士运河竣工典礼。之后，也门高层领导人多次访问埃及，旨在加强双边在政治、经济与安全各领域的合作。塞西多次表示对也门合法政府的支持。

经济方面，截至2014年，也门与埃及双边贸易总额累计达9.06亿美元。也门对埃及贸易处于逆差地位，进口总额为8.88亿美元，出口总额为1800万美元。其中，2009年双边贸易总额达1.49亿美元，也门出口至埃及的贸易额占2600万美元；2010年1~3月，也门从埃及进口的贸易额达6208万美元，也门向埃及出口的贸易额占5258万美元；2011年，双边贸易总额达2.5亿美元。2018年1~5月，双边贸易总额达3.188亿美元，其中也门进口贸易额达2.297亿美元。

文化方面，两国交往也十分密切。埃及为也门教育部提供教材和实验室，并为也门在萨那、塔伊兹、伊卜各建立了1所学校。也门每年约有

1300名学生赴埃及各大学求学，约有5万人赴埃及旅游或看病。此外，两国高校还签订了联合培养人才协议，以加强人才交流与文化交往。

第八节 与伊拉克的关系

地缘相近的也门与伊拉克关系密切，且自古如此。近现代史上，也门伊玛目王国与伊拉克费萨尔王国相互支持，互为倚重。1931年，伊拉克使团出访也门。随后，两国签订《友好条约》。依据条约规定，也门派往伊拉克的留学生可在伊拉克大学里的军事与基础教育学院学习相关专业的技术、知识，也门支持伊拉克推进阿拉伯统一进程。随后，也门加入伊拉克倡导的阿拉伯国家联盟。两国在文化、政治与军事领域的合作关系加强。1940～1943年，应也门政府要求，伊拉克连续派出军事代表团，协助也门军队的训练与现代化建设。1946年4月，两国签署《引渡条约》，但条约第3条规定引渡对象不包括政治犯。

20世纪50～60年代，伊拉克几经政变。在这期间，伊拉克一方面支持南也门的反殖民斗争，另一方面支持北也门的革命斗争。1962年也门革命后的8年内战期间，伊拉克表示时刻准备为保卫也门革命胜利果实出战。北也门共和国时期，也门与伊拉克继续发展友好与互助关系。通过签订项目援助协定，伊拉克为也门提供了大量的经济援助，资助了也门农业、贸易、卫生及教育事业的发展。伊拉克大学的军事与基础教育学院为也门学生敞开大门，许多伊拉克教师与教授奔赴也门，支援也门基础教育与高等教育的发展。伊拉克专家在伊拉克政府的支援下，为也门建学校、立医院、挖井、修路、铺砖、筑桥。

20世纪90年代，伊拉克支持也门统一。海湾危机中，也门反对伊拉克入侵科威特，同时反对外国军队介入该地区，谴责针对伊拉克的军事打击行为，主张以和平方式在阿拉伯大家庭内部解决该问题。由此，也门提出了解决危机的五点倡议：联军不诉诸武力；伊拉克从科威特撤出；阿拉伯国家联盟维和部队进驻争议区，维护该地区和平；伊拉克撤军后，联军保证不派兵进入科威特；各方在接受以上建议的基础上成立和解委员会，

解决伊拉克与科威特之间存在的问题。

21世纪以来,两国外交关系有了新的发展,并面临一些挑战。2003年3月,美英绕开联合国安理会,对伊拉克发动了代号为"斩首行动"的军事行动。也门前总统萨利赫明确指出,对伊拉克的战争是毫无道理可言并违背国际法的。战争爆发后,伊拉克自顾不暇,成为面临严重人道主义危机的国家,其国际与地区影响力大幅削弱。2011年,也门国内爆发革命,伊拉克表示支持也门人民争取自由的革命。2015年3月,沙特等国发动"决战风暴"。伊拉克外交部发表声明,伊拉克拒绝在也门动用武力,海湾地区干预也门内战的行为或将导致该国形势更加复杂。

2016年8月底,以叶海亚·白德尔丁·胡塞为首的也门胡塞代表团访问巴格达,并与伊拉克外交部部长易卜拉欣·贾法里会面。会面期间,伊拉克外交部部长重申伊拉克坚决反对在也门实施军事干预,主张举行全国对话,和平解决也门危机。随后,胡塞政府发言人穆罕默德·阿卜杜·萨拉姆表示,胡塞代表团访问伊拉克后,伊拉克外交部部长宣布承认胡塞政府。9月3日,就伊拉克接见胡塞代表团一事,也门哈迪政府要求伊拉克澄清其立场与态度。24日,伊拉克外交部部长表示不承认胡塞政府,希望通过协商在联合国框架下和平解决也门危机。随着也门局势的变化,两国关系或面临新的挑战。

第九节 与中国的关系

一 也门统一之前

中华人民共和国成立后,也门是继埃及和叙利亚之后第三个承认中国的阿拉伯国家。1956年9月24日,中国与也门穆塔瓦基利亚王国建立了公使级外交关系。1957年,中国在塔伊兹市设立领事馆。1958年1月,中国与也门签订《友好条约》。该条约包括若干个涉及科学、技术、文化等方面的合作与贸易协议。1959年,第一个也门留学生代表团抵达北京。1961年12月,由中国政府提供贷款和中国专家提供技术指导的萨那至荷台达公路竣工。

20世纪60年代，中国与也门的外交关系进一步发展。1962年"9·26"革命后，中国表示支持也门人民的革命事业。同年10月初，中国承认北也门共和国。1963年2月，两国关系升级为大使级。1964年6月，北也门总统阿卜杜拉·萨拉勒首次访华。其间，双方签订了为期10年的《友好合作条约》，并签署了经济、技术与文化方面的合作协议。同年，中国向也门提供了10万英镑贷款，用于修建萨那至萨达省的公路、建立技术院校与纺织厂。1968年1月，中国与南也门建立大使级外交关系。同年9月，以赛义夫·道里恩为首的第一个南也门官方代表团访问中国。其间，两国签订了技术、经济合作与贸易往来两份协议。

20世纪70~80年代，中国同南、北也门都保持了友好关系。南、北也门政府与中国政府间的往来密切。1970年8月，南也门总统萨利姆·鲁巴伊访问中国。1972年7月，北也门总理穆赫辛·艾哈迈德·艾尼访问中国。1974年11月，南也门总统阿卜杜勒·法塔赫·伊斯梅尔访问中国。1976年12月，北也门总统易卜拉欣·穆罕默德·哈姆迪访问中国。1979年11月，中国外交部副部长访问也门。1980年，南也门总统阿里·纳赛尔访问中国。同年，中国副总理姬鹏飞访问也门。1987年12月，北也门总统萨利赫访问中国。这一时期，双方达成了一系列文化教育、经济贸易与技术合作协议。

综上所述，也门统一之前，中国与南、北也门充分尊重对方的利益与需求，在和平共处五项原则的基础上，均保持了良好的外交关系。这一时期，中国与南、北也门高层互访不断，经济、技术合作与文化交流频繁，为也门统一后中也关系的发展奠定了坚实的基础。

二 也门统一之后

1990年，南、北也门统一后，中也关系继续保持良好的发展态势，堪称现代国家关系的典范。政治方面，两国高层交往不断，政治互信加强。1992年4月，两国外交部部长在北京会晤，就许多阿拉伯问题与地区问题进行深入讨论并交换意见。1993年，全国政协副主席赛福鼎·艾

则孜访问也门。1996年,中国副总理吴邦国访问也门。1998年2月,也门总统萨利赫带领政治与经济代表团对中国进行为期一周的访问。1999年3月底至4月初,也门哈迪副总统访问中国。2000年,全国政协副主席杨汝岱访问也门。2004年3月底,也门总理巴杰麦勒率团访华,与中国签署了7项合作协议,其中包括加强两国在石油、天然气领域的合作。2006年4月,也门总统萨利赫再次访华。其间,两国在经贸、电信等领域共达成了8个双边合作协议。2008年6月,国家副主席习近平访问也门。同年11月,全国人大常委会副委员长司马义·铁力瓦尔地访问也门。自中也建交以来,中国支持也门实现和维护统一,无条件向也门提供经济援助。与此同时,无论是台湾问题还是人权问题,也门在国际场合始终坚持支持中国的立场,坚持一个中国的原则,支持中国的统一大业。

经济方面,两国合作项目增多,贸易往来不断增加。自1979年中国在也门承包劳务以来,许多中国公司参与了也门经济建设的众多项目。项目范围包括渔业、勘探与开发石油和天然气、道路与桥梁土木工程、矿产与水资源普查、工业与民用建筑工程、电站与机场建设工程、医疗援助、通信与信息工程等。位于萨那城西的中国烈士陵园,其中安葬着100多名从1962年起为修建萨那至荷台达公路而捐躯的中国工人与技术人员,以及在援建也门过程中牺牲的中国医疗人员及其他项目人员。中国援建也门的项目主要有萨那至荷台达公路、萨那友谊桥、萨那纺织工厂、萨那大学医学院与工学院、萨那技校和亚丁奥斯曼体育馆等。在贸易方面,双边贸易额基本保持增长态势。2003年,中国成为也门第三大出口国、第四大进口国。2005年,双边贸易额突破30亿美元,中国成为也门在亚洲最大的贸易伙伴,中也双边贸易占也门总贸易额的17.4%。2007年,受也门石油生产量下降与价格上涨的影响,双边贸易额出现暂时性下降。中国向也门出口的商品主要是纺织品、机电产品、贱金属、轻工业产品、粮油产品等。中国从也门进口的商品主要是原油。

两国在科教文卫领域建立了长期的合作关系。1969年,中国开始向也门派遣中高等学校教师组,在也门学校教授学生和培训教师,并提供相关教学设备。自1975年起,两国互派留学生。此外,北京外国语大学与萨那大学、上海大学与亚丁大学均建立了合作关系。在体育方面，中国向也门派遣高水平的武术教练，为也门培养了大量的优秀运动员与武术工作者。也门成为阿拉伯国家中武术运动开展得最好的国家。武术成为也门人民引以为傲的一项体育运动。此外，也门乒乓球运动水平在中国教练的指导与帮助下，也得到很大发展。卫生方面，自1966年起，中国不间断地向也门派遣医疗工作队，为也门的医疗卫生事业和保障也门人民身体健康做出了积极贡献。城市交流与建设方面，上海市同亚丁市、安徽省同哈德拉毛省分别于1995年和1998年建立起了友好省/市关系。

也门危机以来，中也两国政府间的交流仍较为密切。2013年1月，中国外交部副部长翟隽访问也门。2013年11月，也门总统哈迪访华。2016年5月，中国外交部部长王毅在多哈出席第7届中阿合作论坛部长级会议期间会见了也门副总理兼外交部部长阿卜杜勒·马利克·马赫拉斐。2018年7月，也门外交部部长耶曼尼来华出席第8届中阿合作论坛部长级会议，并与中国外交部部长王毅进行会谈。就也门问题的立场，中国多次表示，支持也门合法政府，支持政治解决也门问题，并愿继续向也门政府与人民提供力所能及的援助。2016年1月，中国国家主席习近平访问沙特期间，中沙发表联合声明，强调支持也门合法政权。

2011年也门革命爆发后，中国与也门双边贸易仍然保持增长态势。2015年后，两国贸易额出现较大波动。2012年，中国与也门双边贸易额创历史新高，贸易总额达到55.4亿美元，同比增长30.9%。其中，中国从也门进口额为35.9亿美元，同比增长14.7%；对也门出口额为19.5亿美元，同比增长76.9%。2013年，中国与也门双边贸易总额达52.0亿美元。其中，中国对也门出口额为21.39亿美元，中国从也门进口额为30.61亿美元。2014年，受战乱影响，双边贸易额出现轻微波动。两国贸易总额为51.38亿美元，其中中国对也门出口额为22.01亿美元，从也门进口额为29.37亿美元。2016年，中也贸易总额为18.58亿美元，同比下降20.2%。其中，中国对也门出口额为16.92亿美元，同比增长18.3%；从也门进口额为1.66亿美元，同比下降81.5%。2017年，双边贸易总额为23.04亿美元。其中，中国对也门出口额为16.44亿美元，从

也门进口额为 6.6 亿美元。

也门是共建"一带一路"国家之一，是中国重要的经济合作伙伴。2016 年 5 月，在第 7 届中阿合作论坛部长级会议上，也门副总理兼外交部部长阿卜杜勒·马利克·马赫拉斐表示，通过"一带一路"的建设与发展，中阿经贸合作能实现"一加一大于二"的效果。不可否认，中国与也门之间的合作具有广阔的发展前景，中也关系也将继续保持良好的发展态势。

大事纪年

公元前 14 世纪至公元前 630 年	马因王国时期,这是也门出现的第一个国家。
公元前 10 世纪至公元前 115 年	萨巴王国时期。
公元前 115 年至 628 年	希木叶尔王国时期。
628 年	也门波斯总督巴赞及其部下改宗伊斯兰教,这成为也门伊斯兰教化和归顺阿拉伯帝国的开始。
898 年	栽德派伊玛目王朝建立,并延续到 1962 年。
1538 年	奥斯曼帝国第一次占领也门。
1839 年	英国强占属于也门的亚丁地区。
1872 年	奥斯曼帝国第二次占领也门。
1904 年	《英土条约》规定了也门南部和北部的分界线。
1918 年	也门正式脱离奥斯曼帝国宣布独立,建立穆塔瓦基利亚王国。
1934 年	英国利用《萨那条约》《塔伊夫条约》迫使也门承认了英国对亚丁及其附近地区的统治,南也门成为英国殖民地,也门被政治分割为南北两部分。
1962 年 9 月 26 日	阿拉伯也门共和国建立。

也门

1967年11月30日	南也门人民共和国成立,结束了英国对南也门长达129年的殖民统治。
1970年	北也门共和派与君主派达成和解。
1970年11月30日	南也门人民共和国改名为也门民主人民共和国。
1972年2月	也门爆发第一次南北边境战争。
1979年2月	南、北也门爆发了第二次大规模的边境战争。
1990年5月20日	南、北也门统一为也门共和国。
1990年5月22日	萨利赫出任也门共和国总统。
1994年5月4日	也门南北内战爆发;7月内战结束,南方军队失败,也门重归统一。
1999年9月	也门统一后的首次总统直选中萨利赫再次当选总统。
2004年6月	什叶派胡塞武装组织发动叛乱,与政府军发生激烈冲突,长达6年的萨达战争爆发。
2006年9月	萨利赫第二次连任总统。
2010年8月	胡塞武装组织与也门政府签订停火协议,结束了与政府军长达6年的武装冲突。
2011年1月15日	也门各大城市连续爆发示威游行,抗议总统萨利赫及政府的相关政策。
2011年5月28日	基地组织阿拉伯半岛分支宣布在也门南部城市津吉巴尔市建立"伊斯兰酋长国"。
2011年11月23日	萨利赫签署海合会旨在化解也门危机的调解协议。
2012年2月27日	萨利赫总统辞职,阿卜杜·拉布·曼

	苏尔·哈迪当选为也门总统。
2015年1月22日	胡塞武装组织占领总统府、官邸和重要军事设施。
2015年2月6日	胡塞武装组织宣布成立总统委员会和全国过渡委员会，以取代总统和议会治理国家，但联合国未予承认。
2015年3月26日	沙特等国针对胡塞武装组织发起代号为"决战风暴"的军事行动。沙特联军支持哈迪领导的也门政府军，和胡塞武装组织之间的军事冲突延续至今。
2017年10月14日	也门南方过渡委员会领导人在亚丁宣布成立"国民大会"并将举行南方独立公投。
2017年12月4日	也门前总统萨利赫被胡塞武装组织袭击身亡。
2019年2月19日	联合国也门问题特使马丁·格里菲思声称，也门冲突双方自2018年12月在瑞典斯德哥尔摩达成协议后，当地形势正在发生积极转变，他对双方领导人做出的让步表示赞赏，并呼吁双方就第二阶段撤军计划的细节问题达成协议。

参考文献

一 中文文献

郭宝华：《中东国家通史·也门卷》，商务印书馆，2004。

哈全安：《中东史610—2000》，天津人民出版社，2010。

李建平、李闽榕、王金南主编《全球环境竞争力报告（2013）》，社会科学文献出版社，2013。

林庆春、杨鲁萍编著《列国志·也门》，社会科学文献出版社，2010。

彭树智主编《阿拉伯国家史》，高等教育出版社，2002。

时延春：《当代也门社会与文化》，上海外语教育出版社，2006。

《世界知识年鉴2016/2017》，世界知识出版社，2017。

杨建荣：《也门经济研究》，对外经济贸易大学出版社，2011。

苏尔坦·艾哈迈德·欧默尔：《也门社会发展一瞥》，易元译，人民出版社，1975。

希提：《阿拉伯通史》，马坚译，商务印书馆，1979。

二 外文文献

阿里·萨拉福：《南也门：从殖民至统一期间的政治生活》（阿文版），伦敦：利亚德·拉耶斯出版社，1992。

艾哈迈德·沃斯菲·扎卡利亚：《我的也门之旅》（阿文版），贝鲁特：思想出版社，1986。

艾敏·里哈尼：《阿拉伯人的王国》（阿文版），贝鲁特：吉勒出版社，1987。

哈桑·沙尔弗丁、陶菲格·哈拉兹：《50年来也门外交政策的成果》（阿文版），《革命报》2012年10月6日。

贾迈勒·萨纳德·苏维迪：《1994年也门战争：原因与结果》（阿文版），阿布扎比：阿联酋战略研究中心，1994。

穆罕默德·萨义德·阿卜杜拉：《亚丁：人民的斗争与帝国的失败》（阿文版），贝鲁特：伊本·赫勒敦出版社，1989。

萨米尔·阿布达利：《也门部落政治生活中的民主文化》（阿文版），贝鲁特：阿拉伯统一研究中心，2007年。

萨利赫·阿里·欧麦尔·巴穗尔：《哈德拉毛近现代史》（阿文版），亚丁：亚丁大学出版社，2001。

Abu Ghanem, Fadhl Ali Ahmad, *The Tribe and State in Yemen*, Cario：Dar al-Minar, 1990.

Abu Taleb, Hasan, "The Future of Yemen after the Civil War," in E. G. H. Joffe ed. , *Yemen Today：Crisis and Solutions*, London：Caravel Press, 1997.

Al-Ansi, N. A. ; Wahid, J. et al. , "Evaluating the Housing Policies and Strategies in Yemen as Approach to Provide Affordable Housing：Sana'a Case Study," *Journal of Science & Technology*, Vol. 17, No. 2, 2012.

Bonnefoy, Laurent, *Salafism in Yemen：Transnationalism and Religious Identity*, New York：Columbia University Press, 2012.

Burrowes, Robert D. , *The Yemen Arab Republic：The Polities of Development*, 1962 – 1986, London：Westview Press, 1987.

Carapico, Sheila, *Civil Society in Yemen：The Political economy of activism in Modern Arabia*, Cambridge：Cambridge University Press. , 1998.

Clark, Victoria, *Yemen：Dancing on the Heads of Snakes*, New Haven：Yale University Press, 2010.

Cordesman, Anthony H. ; Toukan, Abdullah, "The National Security Economics of the Middle East: Comparative Spending, Burden Sharing, and Modernization," Washington DC: Center for Strategic and International Studies, 2017.

Day, Stephen W. , *Regionalism and Rebellion in Yemen: A Troubled National Union*, Cambridge: Cambridge University Press, 2012.

Dresch, Paul, *A History of Modern Yemen*, Cambridge: Cambridge University Press, 2002.

Dresch, Paul, *Tribes, Government and History in Yemen*, Oxford: Clarendon Press, 1993.

Elie, Serge D. , "State-Community Relations in Yemen: Soqotra's Historical Formation as a Sub-National Polity," *History and Anthropology*, Vol. 20, No. 4, 2009.

Halliday, Fred, *Revolution and Foreign Policy: The Case of South Yemen* 1967 – 1987, Cambridge: Cambridge University Press, 1990.

Ismale, Tareq Y. ; Ismael, Jacqueline S. , *The People's Democratic Republic of Yemen: Politics Economics and Society*, Boulder, Colo. : Lynne Rienner, 1986.

Kostiner, Joseph, *Yemen: The Tortuous Quest for Unity*, 1990 – 1994. London: Wellington House, 1996.

Mardini, Ramzi, The *Battle for Yemen: al-Qaeda and the Struggle for Stability*, Washington DC: Jamestown Foundation, 2010.

Müller, Walter W. , "Outline of the History of Ancient Southern Arabia," in Werner Daum, ed. , *Yemen: 3000 Years of Art and Civilisation in Arabia. Felix*, Innsbruck: Pinguin-Verlag & Frankfurt am Main: Umschau-Verlag, 1988.

Peterson, J. E. , *Yemen: The Search for a Modern State*, London: Croom Helm Ltd. , 1982.

Phillips, Sarah, *Yemen's Democracy in Regional Perspective*, New York:

Palgrave Macmillan, 2008.

Pridham, B. R., ed., *Contemporary Yemen: Politics and Historical Background*, London: Croom Helm And The Centre For Arab Gulf Studies, University Of Exeter, 1984.

Pridham, B. R., *Economy, Society, and Culture in Contemporary Yemen*, London: Croom Helm, 1985.

Schwedler, Jillian, *Faith in Moderation Islamist Parties in Jordan and Yemen*, Cambridge: Cambridge University Press, 2007.

Weir, Shelagh, *A Tribal Order: Politics and Law in the Mountains of Yemen*, Austin, Tex.: University of Texas Press, 2007.

Wenner, Manfred W., *The Yemen Arab Republic: Development and Change in an Ancient Land*, Boulder: Westview Press, 1991.

三 主要网站

阿拉伯空军网，http://www.arabaviation.com。

埃及国家信息服务网，http://www.sis.gov.eg/。

巴彦网，http://albayan.co.uk/。

BBC 网，http://www.bbc.com/。

第七日网，https://www.youm7.com/。

今日也门网，http://yemen-now.com。

经济贸易网，https://tradingeconomics.com/。

联合国，https://www.un.org/。

联合国开发计划署，https://www.undp.org/。

联合国人口基金，https://www.unfpa.org/。

马里卜新闻网，https://marebpress.net/。

麦尔萨德网，http://almersad.net/。

美国国际开发署，https://www.usaid.gov/。

全球安全网，https://www.globalsecurity.org。

十月二十六日网，http://www.26sep.net/。

世界卫生组织，https：//www.who.int/。
世界银行，https：//www.worldbank.org/。
未来网，http：//www.elmostaqbal.com/。
新阿拉伯网，https：//www.alaraby.co.uk/。
新也门网，https：//www.alyemeny.com。
战争眼网，http：//www.occhidellaguerra.it/。
中国商务部，http：//www.mofcom.gov.cn。

索　引

《的黎波里宣言》　40，41

《古兰经》　7，13，15，25，53，161，169，174

《吉达协议》　31，32，187

《开罗协议》　40，41

《塔伊夫条约》　26，187，188，207

《友好互助条约》　27，191，197

阿比西尼亚人　20，25

阿卜杜·马利克·巴拉丁·胡塞　53，135

阿卜杜拉·本·侯赛因·艾哈迈尔　50，71，72，84

阿卜杜拉·萨拉勒　50，191，203

阿拉伯人　6，8，11，18，20，35，55，81，89，145

阿拉伯也门共和国　1，9，17，26，28，29，32，34，44，50，52，55，69，187，191，207

阿拉伯语　1，6，7，16，22，42，61，65，161，166，173

阿里·阿卜杜拉·萨利赫　52，68，69，193

奥斯曼帝国　17，22～24，26，27，34，49，55，90，185，207

边防部队　125，131

部落社会　18，60，139，142～146

部落习惯法　78，144，146

地方会议　62，64，75～77

独立王朝　21，25，90

反对党联盟　75，86

泛阿拉伯运动会　182，184

盖哈坦人　6，18～20

高等教育战略　158，163

关税　67，99，119～122，137

国防储备军　125，131

哈迪政府　5，47，59，60，65，80，85，98，99，136，186，190，192，202

哈姆丹部落　21，142

海军基地部队　129

荷台达之战　136，137

宏观经济政策　89，99

胡塞武装组织　4，47，48，53，59，60，65，72，75，133，135～137，177，178，183，186，188，190，192，195，199，200，208，209

决战风暴　47，60，126，136，186，188，199，202，209

卡坦·穆罕默德·沙比　36，37，50

卡特　11，12，102，105，106

马因王国　19，145，207

民族解放运动　28，35，36，49，185

民族社会主义　37，39，58，145

南方过渡委员会　86，87，209

南也门人民共和国　17，34，36，37，55，58，208

内战　4，16，29～32，34，43～45，48，51，58～60，65，82，84～86，89，93～99，108，110，111，119，124，126，134，145，146，149，152～154，160，161，172，176，183，184，186～189，191，193，195，196，201，202，208

全国人民大会党　34，44，51，59，60，69～76，82～85

人道主义危机　5，48，98，99，137，146，202

萨巴王国　19，20，25，145，207

萨那古城　13，15，16，118，177

社会主义　37，39，40，58，78，92，140，145，187

水资源　95，103～106，119，148，204

司法机构　66，68，77，79，80

四大哈里发　21，56

索科特拉岛　2，15，118，176

投资政策　92，93，99，102

威权统治　44，59，60

武器贸易　132，133，134，191

希巴姆古城　14～16，118

希木叶尔部落　21，142

希木叶尔王国　19，20，25，145，207

协商会议　32，51，60，63，64，70，72，73

谢赫　143，144，172

椰枣　11，103

也门社会党　37，42，52，71，72，74，76，82，84～86

也门危机　46，48，188，192，199，200，202，205，208

叶海亚·穆罕默德·哈米德丁　14，27，49

伊斯兰改革集团　28，43，45，51，58，71，72，76，81，82，84～86

伊斯兰教　6～8，11～13，15，17，20，21，24～26，40，42，49，51，55，56，61，62，65，78，82，84，90，142，144，169，174，186，189，207

义务兵役制　123，126

犹太人　6，14，143

宰比德古城　14～16，118

自由军官组织　28，29，50，52，57，123，187，199

最高司法委员会　66，77，79，80

新版《列国志》总书目

亚洲

阿富汗
阿拉伯联合酋长国
阿曼
阿塞拜疆
巴基斯坦
巴勒斯坦
巴林
不丹
朝鲜
东帝汶
菲律宾
格鲁吉亚
哈萨克斯坦
韩国
吉尔吉斯斯坦
柬埔寨
卡塔尔
科威特
老挝
黎巴嫩
马尔代夫

马来西亚
蒙古国
孟加拉国
缅甸
尼泊尔
日本
沙特阿拉伯
斯里兰卡
塔吉克斯坦
泰国
土耳其
土库曼斯坦
文莱
乌兹别克斯坦
新加坡
叙利亚
亚美尼亚
也门
伊拉克
伊朗
以色列
印度
印度尼西亚
约旦
越南

非洲

阿尔及利亚
埃及
埃塞俄比亚
安哥拉
贝宁
博茨瓦纳
布基纳法索
布隆迪
赤道几内亚
多哥
厄立特里亚
佛得角
冈比亚
刚果
刚果民主共和国
吉布提
几内亚
几内亚比绍
加纳
加蓬
津巴布韦
喀麦隆
科摩罗
科特迪瓦
肯尼亚
莱索托
利比里亚
利比亚
卢旺达

马达加斯加
马拉维
马里
毛里求斯
毛里塔尼亚
摩洛哥
莫桑比克
纳米比亚
南非
南苏丹
尼日尔
尼日利亚
塞拉利昂
塞内加尔
塞舌尔
圣多美和普林西比
斯威士兰
苏丹
索马里
坦桑尼亚
突尼斯
乌干达
赞比亚
乍得
中非

欧洲

阿尔巴尼亚
爱尔兰
爱沙尼亚
安道尔

奥地利
白俄罗斯
保加利亚
北马其顿
比利时
冰岛
波兰
波斯尼亚和黑塞哥维那
丹麦
德国
俄罗斯
法国
梵蒂冈
芬兰
荷兰
黑山
捷克
克罗地亚
拉脱维亚
立陶宛
列支敦士登
卢森堡
罗马尼亚
马耳他
摩尔多瓦
摩纳哥
挪威
葡萄牙
瑞典
瑞士
塞尔维亚
塞浦路斯
圣马力诺

斯洛伐克
斯洛文尼亚
乌克兰
西班牙
希腊
匈牙利
意大利
英国

美洲

阿根廷
安提瓜和巴布达
巴巴多斯
巴哈马
巴拉圭
巴拿马
巴西
秘鲁
玻利维亚
伯利兹
多米尼加
多米尼克
厄瓜多尔
哥伦比亚
哥斯达黎加
格林纳达
古巴
圭亚那
海地
洪都拉斯
加拿大
美国
墨西哥

也门

尼加拉瓜

萨尔瓦多

圣基茨和尼维斯

圣卢西亚

圣文森特和格林纳丁斯

苏里南

特立尼达和多巴哥

危地马拉

委内瑞拉

乌拉圭

牙买加

智利

大洋洲

澳大利亚

巴布亚新几内亚

斐济

基里巴斯

库克群岛

马绍尔群岛

密克罗尼西亚

瑙鲁

纽埃

帕劳

萨摩亚

所罗门群岛

汤加

图瓦卢

瓦努阿图

新西兰

国别区域与全球治理数据平台

www.crggcn.com

"国别区域与全球治理数据平台"（Countries, Regions and Global Governance, CRGG）是社会科学文献出版社重点打造的学术型数字产品，对接国别区域这一重点新兴学科，围绕国别研究、区域研究、国际组织、全球智库等领域，全方位整合基础信息、一手资料、科研成果，文献量达30余万篇。该产品已建设成为国别区域与全球治理数据资源与研究成果整合发布平台，可提供包括资源获取、科研技术服务、成果发布与传播等在内的多层次、全方位的学术服务。

从国别区域和全球治理研究角度出发，"国别区域与全球治理数据平台"下设国别研究数据库、区域研究数据库、国际组织数据库、全球智库数据库、学术专题数据库和学术资讯数据库6大数据库。在资源类型方面，除专题图书、智库报告和学术论文外，平台还包括数据图表、档案文件和学术资讯。在文献检索方面，平台支持全文检索、高级检索，并可按照相关度和出版时间进行排序。

"国别区域与全球治理数据平台"应用广泛。针对高校及国别区域科研机构，平台可提供专业的知识服务，通过丰富的研究参考资料和学术服务推动国别区域研究的学科建设与发展，提升智库学术科研及政策建言能力；针对政府及外事机构，平台可提供资政参考，为相关国际事务决策提供理论依据与资讯支持，切实服务国家对外战略。

数据库体验卡服务指南

※100元数据库体验卡，可在"国别区域与全球治理数据平台"充值和使用

充值卡使用说明：
第1步 刮开附赠充值卡的涂层；
第2步 登录国别区域与全球治理数据平台（www.crggcn.com），注册账号；
第3步 登录并进入"会员中心"→"在线充值"→"充值卡充值"，充值成功后即可使用。

声明
最终解释权归社会科学文献出版社所有

客服QQ：671079496
客服邮箱：crgg@ssap.cn

欢迎登录社会科学文献出版社官网（www.ssap.com.cn）和国别区域与全球治理数据平台（www.crggcn.com）了解更多信息

卡号：5136092604843791

图书在版编目(CIP)数据

也门/苏瑛,孙慧敏编著.--北京:社会科学文献出版社,2021.4(2022.3重印)
(列国志:新版)
ISBN 978-7-5201-7972-0

Ⅰ.①也… Ⅱ.①苏…②孙… Ⅲ.①也门-概况 Ⅳ.①K939.3

中国版本图书馆 CIP 数据核字(2021)第 029600 号

·列国志(新版)·
也门(Yemen)

编　　著 / 苏　瑛　孙慧敏
出 版 人 / 王利民
组稿编辑 / 张晓莉
责任编辑 / 郭白歌
文稿编辑 / 王　娇
责任印制 / 王京美
出　　版 / 社会科学文献出版社·国别区域分社(010)59367078 　　　　　　地址:北京市北三环中路甲 29 号院华龙大厦　邮编:100029 　　　　　　网址:www.ssap.com.cn
发　　行 / 社会科学文献出版社(010)59367028
印　　装 / 三河市尚艺印装有限公司
规　　格 / 开　本:787mm×1092mm　1/16 　　　　　　印　张:15.75　插　页:0.75　字　数:232 千字
版　　次 / 2021 年 4 月第 1 版　2022 年 3 月第 2 次印刷
书　　号 / ISBN 978-7-5201-7972-0
定　　价 / 89.00 元

读者服务电话:4008918866

▲ 版权所有 翻印必究